清代曲阜孔氏家族学术研究

陈冬冬 著

本书由华中师范大学出版基金全额资助

本书系2017年度教育部人文社会科学研究青年基金项目『晚清公羊学研究』、2017年度华中师范大学中央高校基本科研业务费专项资金项目『清代曲阜孔氏家族学术研究』（CCNU16HQ002）阶段性成果

華中師範大學出版社

新出图证(鄂)字 10 号

图书在版编目(CIP)数据

清代曲阜孔氏家族学术研究/陈冬冬著. —武汉:华中师范大学出版社,2017.12

ISBN 978-7-5622-7972-3

Ⅰ.①清… Ⅱ.①陈… Ⅲ.①孔丘(前 551—前 479)—家族—研究—曲阜—清代 ②儒家—研究—中国—清代 Ⅳ.①K820.9 ②B249.9

中国版本图书馆 CIP 数据核字(2017)第 238194 号

清代曲阜孔氏家族学术研究

作　　者:陈冬冬©

责任编辑:陈良军　　**责任校对**:王　炜

封面设计:甘　英　　**封面制作**:胡　灿

出版发行:华中师范大学出版社有限责任公司　　**电　　话**:027-67863220

社址:湖北省武汉市洪山区珞喻路 152 号

电话:027-67863426(发行部)　　027-67861321(邮购)

传真:027-67863291

网址:http://press.ccnu.edu.cn　　**电子邮箱**:press@mail.ccnu.edu.cn

印刷:武汉兴和彩色印务有限公司　　**督印**:王兴平

字数:250 千字

开本:710mm×1000mm　1/16　　**印张**:16.75

版次:2017 年 12 月第 1 版　　**印次**:2017 年 12 月第 1 次印刷

定价:42.00 元

欢迎上网查询、购书

序　言

战国时期，思想界异常活跃，形成百家争鸣的局面。经过众多学者尤其是孟子、荀子的宣传和阐释，以孔子为代表的儒家学说逐渐在思想界取得了主流地位。至汉代，在贾谊、陆贾、董仲舒等人的不断推动下，最终“罢黜百家，独尊儒术”，儒家学说被定于一尊，成为指导社会运行和思想文化的理论基础。此后，历代儒家学者为适应时代的变迁与需要，对儒家学说的丰富与发展作出了创造性的贡献，如魏晋时期的何晏、王弼，唐代的韩愈、李翱，宋代的周敦颐、张载、程颢、程颐、朱熹、陆九渊，明代的王守仁等，都在儒学传播史上留下深深的印迹。

在上述思想家系列之外，几千年的古代社会中还有一支特殊的群体，他们也为儒学的丰富与发展尽心竭力，功绩不可磨灭，他们就是孔子的后裔。《论语·季氏》记载了孔子之子孔鲤过庭受教的故事，“不学诗无以言”“不学礼无以立”的名言，即是孔子对孔鲤的谆谆告诫。可惜孔鲤年命不永，先孔子而卒，但孔鲤之子孔伋却隔代而盛，在光大孔子学说上大有贡献，《史记》称“子思作《中庸》”，是思孟学派的鼻祖。西汉前期，孔子十一世孙孔安国担任武帝博士，官至临淮太守，他在发现孔子旧宅所藏古书后研治儒家经典，著有《古文论语训》《古文孝经传》《古文尚书传》，还可能撰集了《孔子家语》，是汉代孔氏家学的奠基人，并对汉代的今古文经学之争产生了重大影响。其后，孔氏家业不坠，汉末涌现出孔昱、孔融等文化名人。魏晋时期，孔乂、孔羡、孔衍、孔晁等人都为传承家学有所贡献。当然，最值得称道的是隋唐之际的孔颖达，为解决南北朝以来“儒学多门”的问题，他受诏撰定《周易》《尚书》《诗经》《礼记》《春秋》义训，历时十二年，完成了170卷的《五经正义》。是书虽受到某些人的“驳杂”之讥，但它包罗了从汉到唐不同学派的思想资料，在儒家经典传承中的作用

不可替代 。时至今日，如欲把握五经精髓，我们仍然需要翻检《十三经注疏》中的《五经正义》。从以上简略的回溯，可见孔子后裔学术成果之丰硕，对之加以研究自然是大有可为的课题。这方面的工作，已有学者予以关注，如黄怀信等人所著《汉晋孔氏家学与“伪书”公案》就是孔子家学研究的一部力作。陈冬冬博士的《清代曲阜孔氏家族学术研究》（以下简称《研究》），则是在这一学术背景下踵武前贤，经数年探索而完成的一项新成果。

清初，随着社会经济和宗族制度的恢复，曲阜孔氏在衍圣公孔兴燮的推动下，族中大力开展文化教育活动，学术人才不断涌现。雍正朝以前学术成就最为突出的学者，无疑是以写作传奇剧本《桃花扇》而著称的孔尚任，他有《石门山集》《湖海集》《岸堂稿》《长留集》《出山异数记》等著作，不过他了不起的学术成就却为其艺术声名所掩。次为孔贞瑄，有《大成乐律全书》《大学正义约注》《泰山纪胜》等著述。乾隆时期，孔氏家族学术进入极盛阶段。此期第一位较为著名的学者是孔继汾，他的成就主要集中在阙里文献和家族礼乐制度研究，其 100 卷的《阙里文献考》代表了清代阙里文献研究的最高水平，此外还有《孔氏家仪》《乐舞全谱》《匡仪纠缪集》等著作。次为孔继涵，他与戴震等皖派学者交往密切，有《五经文字疑》《九经字样疑》《考工车度记补》等著述。孔继汾之子孔广森成就更突出，他从小学入经学，研究《诗经》有《诗声类》，研究礼学有《礼学卮言》《大戴礼记补注》，还有《经学卮言》，尤其是《公羊春秋经传通义》一书使他成为“清儒头一位治《公羊》者”。孔广森之兄孔广林也有较高的成就，代表作《孔丛伯说经五稿》专研三礼之学 ，《通德遗书所见录》是对郑玄文献的辑佚之作。可惜孔继涵因病早卒，孔继汾、孔广森父子因文致祸，孔氏家族学术由盛转衰，至嘉道时期跌入低谷，仅孔广森之子孔昭虔在学术界有一定影响。咸丰以后，由于清廷政策的调整和社会的变迁，孔氏家族的生存环境发生变化，学人们积极顺应，学术又重现生机。像光绪三年（1877 年）进士孔祥霖所著《曲阜清儒著述记》《曲阜碑碣考》都是清末阙里文献研究的集大成之作。他还兼习西方学术，有《请创建图书馆并拟定章程文》之类顺应社会转型的篇章。

总体上看，在清代长达两百多年的时间里，曲阜孔氏家族学术群体从未间断，成就相当可观。《研究》在宏观把握的基础上，对孔继汾、孔继涵、孔广林、孔广森四人进行了细致的个案分析。如对孔继汾的家庭礼学成果加以探索，归纳出《孔氏家仪》重视古礼讲求缘情、因时制宜参用今礼、顾及弱势群体的礼学思想，概括了《孔氏家仪》在传承家族古礼、记载特色礼仪、保存民间俗礼上的功用，并论及“孔氏家仪案”的原因、经过和影响。曲阜孔氏是中国历史上最悠久的文化世家，世世代代以诗礼传家，礼学是其学术传承的主线，故孔继涵、孔广林、孔广森都有此类研究成果，显示出孔氏家学的延续性。孔氏学人还结合时代学风和自身特色，开辟新的学术领域，如孔继涵的水经学、文字学研究，孔广林的郑玄著作辑佚，孔广森的春秋公羊学、音韵学以及测算学研究，都达到较高境界，显示出孔氏家学的开放性。他们既为家族赢得荣耀，也为清代学术作出了特殊贡献。至此，就把孔氏家学同清代学术联结起来，使读者得以窥见孔氏学术群体的较高造诣及其在学术史上的地位。

冬冬自本科至博士皆就读于华中师范大学历史文化学院，思想纯正，好学深思，专业基础牢固。攻读硕士学位期间，他以孔广森的《公羊春秋经传通义》为研究课题，故攻读博士学位期间做清代曲阜孔氏家学研究乃顺理成章之事。毕业后经过数年锤炼，学术进展颇大，时有论著发表。修订博士论文既成，索序于予。因之忆及冬冬十数年求学之经历，略述其书精华之所在，并志乐观其成之意云。

周国林

2017 年 1 月 18 日于武昌桂子山

目　录

绪　　论

一、本书的研究意义

我国古代社会中存在许多世代相传、长盛不衰的大家族。家族内部父子相传或世代相承的"累世之学"，称为家学。赵翼《廿二史札记》称："古人习一业，则累世相传，数十百年不坠。盖良冶之子必学为裘，良弓之子必学为箕，所谓世业也。工艺且然，况于学士大夫之术业乎?"① 这种世代相传的家学对古代大家族的维系以及同一时代的学术发展，都具有重要意义。

大家族通过家族教育，使子弟在文化上继承和发扬家族传统，家族学术得以长期延续。钱穆先生在论述六朝学术时曾指出："当时门第传统共同理想，所希望于门第中人，上自贤父兄，下至佳子弟，不外两大要目：一则希望其能具孝友之内行，一则希望其能有经籍文史学业之修养。此两种希望，合并成为当时共同之家教。其前一项之表现，则成为家风。后一项之表现，则成为家学。"② 这一论述，用以概括整个中国古代社会中的家学对家族的维系作用，是比较恰当的。

家学对同时代学术文化的发展也会产生重要影响。仅以清代学坛而论，若吴门惠氏之《易》学、绩溪胡氏之三礼学、仪征刘氏之《左传》学、高邮王氏之小学，皆号称五世传经，涌现出惠周惕、惠士奇、胡匡衷、胡秉虔、胡培翚、刘文淇、刘师培、王念孙、王引之等一批在当时学坛上有重

① 赵翼著，王树民校证：《廿二史札记校证》(上) 卷五《累世经学》，北京：中华书局1984年版，第100页。

② 钱穆：《略论魏晋南北朝学术文化与当时门第之关系》，《中国学术思想史论丛》卷三，合肥：安徽教育出版社2004年版，第159页。

大影响的学者，著成《易汉学》《周易述》《仪礼正义》《左传旧注疏证》《读书杂志》《经义述闻》等一批重要的学术著作。这些家族学术不仅是局限于家族内部的学术传承，也对清代学术的发展有较大推动作用。

曲阜孔氏家族是中国历史最为悠久的家族，自孔子之后历二千余年、七十余代，一直绵延不绝。孔氏家学，即作为孔子后裔的曲阜孔氏家族历代相传之学。孔子不仅以《诗》《书》《礼》《乐》教授弟子，而且传之于子孙。孔子教授其子孔鲤，《论语·季氏》中有明确记载：

> 陈亢问于伯鱼曰："子亦有异闻乎？"对曰："未也。尝独立，鲤趋而过庭，曰：'学《诗》乎？'对曰：'未也。''不学《诗》，无以言。'鲤趋而学《诗》。他日，又独立，鲤趋而过庭，曰：'学《礼》乎？'对曰：'未也。''不学《礼》，无以立。'鲤退而学《礼》。"[①]

其余如《论语·阳货》《孔丛子·记问》也分别记载了孔子教授孔鲤和其孙孔伋（子思）的内容。从中可以看出，儒家经典是孔子家族教育的主要内容。后代孔氏族人也能世代不忘祖业，长期保持了研习儒学的传统。而孔氏家族因祭祀孔子陵庙的需要，保持了特有的家族礼乐之学，其中多存上古遗制。儒家经典及家族礼乐之学，成为曲阜孔氏家学最主要的内容。

孔子后裔世代受到统治者的封赏尊崇，具有崇高的社会地位。传承家学、保持较高的文化素质，则是获得帝王尊崇的重要条件。西汉平帝册封孔子后裔为褒成侯，魏称褒成宗，晋、宋称奉圣，北魏称崇圣，北齐称恭圣，唐称褒圣侯，宋仁宗改封世袭衍圣公，此后直至清末相沿不改。朱元璋命孔子五十六代孙孔希学袭封衍圣公的诏书曾提到："至于孔子，虽不得其位，会前圣之道而通之，以垂教万世，为帝者师。其孙子思，又能传述而明言之，以极其盛。有国家者，求其统绪，尊其爵号，盖所以崇德报功也。"其希望孔希学"勤敏以进学，恭俭以成德，庶领袖世儒，益展圣道之用于当世，以副朕之至望"[②]。以衍圣公为代表的孔氏后人，必须保持家族

---

① 朱熹：《四书章句集注》卷八《季氏》，北京：中华书局1983年版，第173—174页。

② 孔继汾：《阙里文献考》卷九《世系第一之九》，《续修四库全书》第512册，上海：上海古籍出版社2001年版，第43页。

世代相传的学术与德行，才能保有爵号，维系家族地位。

在家族的文化传统熏陶和统治者的优礼之下，孔氏家族历代名儒辈出、著述不辍。例如，孔子之孙孔伋（子思），受业于曾参，作《中庸》，下启孟子，开创了思孟学派，是先秦孔氏家学的代表。孔子十一代孙孔安国，整理鲁恭王所坏孔子旧宅中古文经，作《尚书孔氏传》《古文孝经传》《论语训解》，开创了西汉古文尚书学派，是汉代孔氏家学的代表。孔子三十二代孙孔颖达，奉唐太宗之命编成集南北朝经学之大成的《五经正义》，是唐代孔氏家学的代表。

清代是孔氏家学发展史上一个重要的时期。清代是中国最后一个王朝，在传统社会制度与学术文化上具有集大成的特点。康乾盛世是中国传统社会最后一个盛世，而乾嘉学派也对中国传统典籍有深入整理与研究。具体到曲阜孔氏家族，在谱系划分、家谱修撰等宗族制度，衍圣公、翰林院五经博士、国子监学正等世爵职官制度，四氏学、尼山书院、洙泗书院等学校制度，优贡生、陪祀恩贡生等科举制度，祀田、林庙书院洒扫户等户田制度诸方面均空前成熟，形成了一套复杂而完整的体系。这些林林总总的制度，是清代孔氏家学产生与发展的基础。

清代孔氏家族在学术上的成就也较为突出。其表现主要有以下两点：其一，家谱文献、阙里文献与家族礼乐著作等传统家学研究的兴盛。孔氏家族长期绵延不绝的重要条件，便是拥有中国历史上延续时间最长、包罗最为丰富的家谱。孔氏家族的家谱，自晋代佚名《孔氏谱》之后，代有修撰。清代孔兴燮、孔毓圻、孔昭焕等人，先后修纂了《孔子世家宗谱》《孔子世家谱》《孔子世家谱纂要》《东家嫡系小谱》《孔氏大宗支谱》等十五种家谱①，是历代修谱次数最多的。特别是几种《孔子世家谱》在体例方面基本成熟，为民国时孔德成主持修纂集大成的《孔子世家谱》打下了基础。阙里文献如宋孔传《东家杂记》、金孔元措《孔氏祖庭广记》等，也是传统孔氏家学的重要文献。清代孔氏学人著有阙里文献类著作九部，特别是孔继汾《阙里文献考》共 100 卷，是历代阙里文献中内容最为详尽的。孔氏家族因林庙祭祀所需，保持了较为完整的礼乐祭祀制度，故礼乐专门之学

---

① 文中数据凡未注明引自他人者，均系笔者自行统计，详情可参见附录《清代曲阜孔氏学人著述汇录》。

也是孔氏家学的重要组成部分。清代孔氏学人著有家族礼乐著作多部，其中如孔贞瑄《大成乐律全书》、孔尚任《圣门乐志》、孔继汾《孔氏家仪》《劻仪纠谬》等，都是其中的代表作。

其二，吸收汉学学风，紧随时代潮流。乾隆时期，孔继涵、孔广森居官京师，孔继涵又与皖派经学大师戴震结为儿女亲家，得以与大批汉学学者交游，进入了当时的主流学术圈。孔继涵为戴震刊刻《算经十书》《戴氏遗书》，传播、弘扬皖派学术；孔广森受业于戴震，精通公羊学、大戴礼学、音韵学和测算学，与段玉裁、王念孙、任大椿并称戴震四大弟子①。其余如孔广林、孔广栻等人，也都著有不少汉学著作。清代曲阜孔氏学人对汉学学风的吸收，推动了家族学术与时代的接轨，他们自身也成为清代汉学发展重要的组成部分。江藩《汉学师承记》收录清代曲阜孔氏学者二人，支伟成《清代朴学大师列传》收录四人，阮元《儒林传稿》收录八人，均是学术界对清代曲阜孔氏家族学术贡献加以肯定的反映。

清代孔氏家学作为曲阜孔氏家族学术发展史上的重要一环，对研究孔氏家族史以及曲阜地方史有重大意义。由于清代孔氏学人吸收了主流考据学风、融入了乾嘉学派，研究清代孔氏家学对于梳理清代学术史有较高价值。

二、本书的研究现状

对于清代孔氏家学的研究，清代、民国学人亦有所关注。如清孔继汾《阙里文献考》中《孔氏著述考》及《子孙著闻者考》部分，即对清乾隆以前的孔氏著述及孔氏学人有所考察。清阮元《儒林传稿》则在卷四汇集了清嘉庆前衍圣公传记，并将孔继涵等孔氏学人附传其中，将八名清代衍圣公及孔氏学人作为整体进行考察②。其余如清孔祥霖《曲阜清儒著述记》

---

① 《清史稿·戴震传》称："震卒后，其小学，则高邮王念孙、金坛段玉裁传之；测算之学，曲阜孔广森传之；典章制度之学，则兴化任大椿传之：皆其弟子也。"（赵尔巽：《清史稿》卷四百八十一《儒林二》，北京：中华书局 1977 年版，第 13200 页）

② 阮元：《儒林传稿序》："仿《明史》'儒林'之例，别为孔氏传，以存《史记·孔子世家》之意。"（阮元：《儒林传稿》卷首，《续修四库全书》第 537 册，上海：上海古籍出版社 2001 年版，第 618 页）

及光绪《山东通志》、民国《续修曲阜县志》之《艺文志》，著录了许多清代孔氏著述；清孔尚任、孔昭焕，民国孔德成分别编纂的《孔子世家谱》、清卢见曾《国朝山左诗抄》、孔宪彝《阙里孔氏诗钞》，则保存有不少清代孔氏学人的传记资料。

现当代的清代孔氏家学研究，笔者则以研究角度为标准，简述如下：

（一）清代孔氏家学整体研究

对于该专题的研究，工具书有周洪才《孔子故里著述考》。该书清代著作部分，以前述民国《续修曲阜县志》所载人物著述为基础，参以历代诗文集、类书杂著、方志家乘、年谱碑传、公私藏目，是迄今对清代孔氏学人著作最为完备的归纳[①]。论文有赵兴盛《社会变迁与文化选择——近代山东孔氏家族》，论述了晚清及民国的曲阜孔氏学人践行儒学、接受新文化、完成近代转型的过程[②]；邸永君《清代翰林中的孔圣后裔》，据《词林辑略》对清代翰林中的孔氏学人做了简要介绍[③]；董倩倩《清代孔氏家族女性诗人诗作综考》，对清代孔氏家族女诗人及其诗作作了综考，并对诗作兴盛原因进行了探讨[④]。

（二）孔尚任专题研究

1. 孔尚任《桃花扇》研究

关于该专题的研究论述，据有学者统计，20 世纪初至 1978 年有近百部著作问世，新时期至 20 世纪末有逾二百部产生[⑤]。对于该专题的研究，主要集中在以下几点：(1) 关于孔尚任罢官原因的探讨。游国恩《中国文学史》认为孔氏罢官系因文肇祸[⑥]。黄卓明《有关评价孔尚任的几个问题》认为孔氏因官场矛盾而遭罢官，文字只是其遭人攻击的口实[⑦]。程荣华《孔尚任罢官原因初步探明》则认为孔尚任罢官与顺天乡试舞弊疑案有关[⑧]。

---

① 周洪才：《孔子故里著述考》，济南：齐鲁书社 2004 年版。

② 赵兴盛：《社会变迁与文化选择——近代山东孔氏家族》，《山东大学学报》2001 年第 5 期。

③ 邸永君：《清代翰林中的孔圣后裔》，《清史研究》2007 年第 11 期。

④ 董倩倩：《清代孔氏家族女性诗人诗作综考》，山东大学古典文献学专业 2010 年硕士论文。

⑤ 孟庆丽：《新时期以来孔尚任及其〈桃花扇〉研究述略》，《辽宁大学学报》1999 年第 4 期。

⑥ 游国恩：《中国文学史》（四），北京：人民文学出版社 1964 年版，第 1053 页。

⑦ 黄卓明：《有关评价孔尚任的几个问题》，《文学评论》1981 年第 2 期。

⑧ 程荣华：《孔尚任罢官原因初步探明》，《徐州师范学院学报》1983 年第 3 期。

(2) 关于《桃花扇》主旨的探讨。徐振贵《〈桃花扇〉的主旨和纲领》认为孔氏为明朝孤臣、清流儒士、下层市民抒发兴亡之感、亡国之恨，持“救末世之人说”[①]。井维增《〈桃花扇〉主题思想略说》，认为孔氏主要总结明朝灭亡的教训，为清廷做借鉴，持“拥护清廷说”[②]。黄天骥《孔尚任与〈桃花扇〉》认为《桃花扇》回避清廷入关和农民战争，本质上拥护清廷，但同时也表现了一些民族矛盾与民族情绪，持“挽明并拥清说”[③]。张燕瑾《历史的沉思——〈桃花扇〉解读》认为作者只是借历史的框架写“天崩地解”后对士林群体人格的反思，充满了“历史的沉思”，持“历史沉思说”[④]。

2. 孔尚任的年谱、传记、文集编纂及研究

容肇祖的《孔尚任年谱》是孔尚任生平研究的开山之作，不过内容稍嫌简略[⑤]。袁世硕的《孔尚任年谱》则在容氏基础上详考了孔尚任生平及交游，资料翔实丰富[⑥]。孔尚任诗文集编纂方面，则有汪蔚林所编的《孔尚任诗》及《孔尚任诗文集》，特别是后者包括了《湖海集》《岸堂稿》《长留集》《石门山集》，并将散见于各文集中的孔氏诗文词曲辑录出来，是孔尚任全部诗文首次结集出版[⑦]。徐振贵的《孔尚任评传》及《孔尚任全集辑校注评》，则代表了孔尚任传记及诗文集研究的最新成果。《孔尚任评传》主要从思想史的角度对孔尚任生平做了新的探讨[⑧]。《辑校注评》则收集了《圣门乐志》《阙里新志》《画林雁塔》《莱州府志》《平阳府志》等新材料，将孔尚任现存著作搜罗殆尽；体例上按照著作年代编排，便于查找；对孔尚任诗词文的校注，则弥补了孔氏诗文以前无注本的缺憾[⑨]。

(三) 孔广森专题研究

1. 孔广森公羊学研究

(1) 中国大陆研究成果。20 世纪学术界对孔广森公羊学的研究，发端

---

① 徐振贵：《〈桃花扇〉的主旨和纲领》，《东岳论丛》1987 年第 1 期。

② 井维增：《〈桃花扇〉主题思想略说》，《齐鲁学刊》1985 年第 3 期。

③ 黄天骥：《孔尚任与〈桃花扇〉》，《文学评论》1980 年第 1 期。

④ 张燕瑾：《历史的沉思——〈桃花扇〉解读》，《首都师范大学学报》1994 年第 2 期。

⑤ 容肇祖：《孔尚任年谱》，《岭南学报》1940 年第 3 卷第 2 期。

⑥ 袁世硕：《孔尚任年谱》，济南：山东人民出版社 1962 年版。

⑦ 汪蔚林：《孔尚任诗》，北京：科学出版社 1958 年版；《孔尚任诗文集》，北京：中华书局 1962 年版。

⑧ 徐振贵：《孔尚任评传》，南京：南京大学出版社 2000 年版。

⑨ 徐振贵：《孔尚任全集辑校注评》，济南：齐鲁书社 2004 年版。

于梁启超《论中国学术思想变迁之大势》《清代学术概论》和《中国近三百年学术史》三书。梁氏称："东原弟子孔羿轩，虽尝为《公羊通义》，然不达今文家法，肤浅无条理，不足道也。"[①] 其对孔广森贬评较多。新中国成立后国内史学界对孔广森公羊学的研究，多继承、发展梁启超的观点。杨向奎《清代的今文经学》是新中国成立后较早系统研究孔广森及其公羊学的论文。该文认为孔广森的思想主要反映了曲阜孔氏作为"世家大地主"的立场，《公羊春秋经传通义》既反对作为公羊学核心思想的"大一统"说，又违背以何休对公羊学派的总结为代表的"公羊学的优良传统"，"卑卑无甚高论"[②]。研究清代公羊学影响较大的还有陈其泰《清代公羊学》《孔广森的公羊学著述及其误区》等，认为孔广森用古文家的方法，自立"三科九旨"、抹杀今古文界限，"既无进步色彩，又无学术价值"[③]。陈氏《公羊家法及清代公羊学复兴之统绪》则认为存在一套自《公羊传》，历董仲舒、何休，一直贯穿到清代庄存与、刘逢禄的"公羊家法"，它是衡量一切治公羊学者、公羊学著作的标准，孔广森不通"公羊家法"，将"公羊学主张变革、干预政治的富有活力的学说庸俗化"[④]。其他与梁、钱二人观点相近的还有陈居渊《论孔广森与刘逢禄的公羊学研究》[⑤]、黄开国《孔广森与何休经学之异》等[⑥]。

国内史学界能跳出梁氏的窠臼，重新评价孔广森公羊学成就的，首推陆振岳《孔广森的公羊学》。该文认为孔广森"扎根于古文经学，从事今文经学的研究工作，破门户之见，取二者之长，提高了今文经学的研究水平，壮大了今文经学的声势"[⑦]。而朱维铮《晚清的今文经学》认为梁启超批评

---

① 梁启超：《论中国学术思想变迁之大势》，《清代学术概论》，北京：中国人民大学出版社 2004 年版，第 115 页。梁氏在《清代学术概论》《中国近三百年学术史》中亦有类似说法，兹不赘述。

② 杨向奎：《清代的今文经学》，《绎史斋学术文集》，上海：上海人民出版社 1983 年版，第 333—341 页。

③ 陈其泰：《清代公羊学》，上海：东方出版社 1997 年版，第 79—93 页；陈其泰：《孔广森的公羊学著述及其误区》，《孔子研究》1996 年第 2 期。

④ 陈其泰：《公羊家法及清代公羊学复兴之统绪》，《齐鲁学刊》2007 年第 4 期。

⑤ 陈居渊：《论孔广森与刘逢禄的公羊学研究》，《孔子研究》1995 年第 1 期。

⑥ 黄开国：《孔广森与何休的经学之异》，《齐鲁学刊》2006 年第 2 期。

⑦ 陆振岳：《孔广森的公羊学》，《孔子研究》1988 年第 4 期。

孔书“不明家法”，是梁氏的“偏见”[①]。张勇《孔广森与〈公羊〉“家法”》对《公羊春秋经传通义》常被批评的自立“三科九旨”、斥责“黜周王鲁”、援引《孟子》、调和三传、公羊义例及批评何休《解诂》等六个问题做了详尽考证，认为孔书基本不存在不通公羊家法的问题；又从孔广森的家庭出发，解释了孔广森反对“王鲁”的原因[②]。

(2) 台湾地区研究成果。台湾地区对该问题的研究，较早的有王财贵提要性质的《孔广森〈公羊通义叙录〉》[③]。近年来则有杨济襄的《孔广森公羊学“三科九旨”论述》探讨了孔氏公羊学“三科九旨”，并与汉代学者做了比较[④]；《孔广森〈公羊通义〉与何休〈公羊解诂〉释经观点之异同》比较了孔广森与何休公羊学旨趣的异同[⑤]；《通义与异义：孔广森对公羊学关键论题的统筹与澄清》《孔广森〈公羊通义〉的解经路线与关键主张》二文，则注意到孔广森发现董仲舒与何休的春秋学主张不同，而刘逢禄等人则混同看待董、何学说，是造成孔广森与今文学派公羊学路线分歧的主要原因，对孔氏《通义》在清代公羊学史上的地位有较为持平看法[⑥]；丁亚杰《孔广森〈公羊通义〉的学术系谱与解经方法》理清了孔广森与戴震、姚鼐、庄存与三位学者的师承上的联系与差异[⑦]；成玲《孔广森〈公羊通义〉取义之道》考证了孔广森《公羊春秋经传通义》的学术来源，分析此书的解经之道有“以经解经”“以《公羊传》解经”两种，提出本书中存在“博引汉学到旁征宋学”的态度[⑧]；胡凯闵《孔广森〈春秋〉学探究——以

---

① 朱维铮：《晚清的今文经学》，《中国经学史十讲》，上海：复旦大学出版社2005年版。

② 张勇：《孔广森与〈公羊〉“家法”》，《中国史研究》2007年第4期。

③ 王财贵：《孔广森〈公羊通义叙录〉》，《鹅湖》1990年第16卷第2期。

④ 杨济襄：《孔广森公羊学“三科九旨”论述》，2004年高雄中山大学清代学术中心“第三届国际暨第八届清代学术研讨会”会议论文集。

⑤ 杨济襄：《孔广森〈公羊通义〉与何休〈公羊解诂〉释经观点之异同》，《中山人文学术论丛》第6辑，澳门：澳门出版社2005年版。

⑥ 杨济襄：《通义与异义：孔广森对公羊学关键论题的统筹与澄清》，《常州学者的经学研究》，台北：学生书局2006年版；《孔广森〈公羊通义〉的解经路线与关键主张》，《文与哲》2008年第12期。

⑦ 丁亚杰：《孔广森〈公羊通义〉的学术系谱与解经方法》，2002年“中央研究院”中国文哲研究所“晚清时期常州学者的经学研究”第二次学术研讨会会议论文集。

⑧ 成玲：《孔广森〈公羊通义〉取义之道》，2007年台北大学中国语言文学系“第三届中国文哲之当代诠释学术研讨会”会前论文集。

〈公羊春秋经传通义〉为例》对孔氏春秋学的学术关怀、学术上承、方法开展、承继与创建等问题做了探讨[①]；郑东元《孔广森〈公羊〉学要义研究》对孔广森公羊学的继承与开创及书法问题进行了研究[②]。总体而言，台湾学者对文本的研究较大陆地区学者为胜，善于从文本出发分析原书内在概念，但也存在封闭研究、文本不足等问题。

2. 孔广森的音韵学研究

(1) 孔广森古音学综合研究。张林涛《孔广森古音学研究》对孔氏的生平、音韵学著作、阴阳对转理论、古韵分部、声调理论、声纽研究、《诗经》韵例研究、语言学思想、语言学学术史地位等问题进行了详尽考察，特别是对孔广森语言学思想的研究是目前仅见的[③]。江美仪《孔广森生平及其古音学研究》对孔氏生平及著述、《诗经》韵例、古韵分部、阴阳对转理论、古声调说等问题做了深入的探讨[④]。

(2) 孔广森《诗经》韵例研究。郑美宝《孔氏〈诗声分例〉正补》对孔氏《诗声分例》中二十七条韵例均能解释其含义，并能指出不当之处[⑤]。王秐婕《江永〈诗韵举例〉与孔广森〈诗韵分例〉比较研究》指出孔氏著述系在江氏基础上的创新之作，系统、体制更为详尽，不过局部也有不够精致之处[⑥]。

(3) 对孔氏诗声类注音研究。研究其注音问题的，有陈雪竹《〈诗声类〉注音考》。该文考察了诗声类注音字的范围、术语和方法，指出孔氏在注意声母变化及注意以押韵、方言、字型考察韵部的阴阳对转问题方面有所创新[⑦]。李鹏娟《孔广森〈诗声类〉音注理论述评》以诗声类音注问题

---

① 胡凯闵：《孔广森〈春秋〉学探究——以〈公羊春秋经传通义〉为例》，天主教辅仁大学中国文学系 2010 年硕士论文。

② 郑东元：《孔广森〈公羊〉学要义研究》，高雄师范大学经学研究所 2010 年硕士论文。

③ 张林涛：《孔广森古音学研究》，南京大学汉语史专业 1998 年博士论文。

④ 江美仪：《孔广森生平及其古音学研究》，台湾师范大学国文学系 2009 年硕士论文。

⑤ 郑美宝：《孔氏〈诗声分例〉正补》，台北中国文化大学中国文学系研究所 1975 年硕士论文。

⑥ 王秐婕：《江永〈诗韵举例〉与孔广森〈诗韵分例〉比较研究》，（台湾）《声韵学会通讯》1998 年第 7 期。

⑦ 陈雪竹：《〈诗声类〉注音考》，《前沿》2005 年第 9 期。

为关注对象，考察了孔氏音韵学脉络及时代材料上的局限[①]。研究诗声类韵部问题的成果亦不少。王玉堂《侵宵对转说与词的引以关系研究》指出孔广森“侵宵对转说”长期得不到认同，直到章太炎用声义互训之法重新揭示“阴阳对转”，才得到学界的认可[②]。张竹梅《孔广森“真文不分”刍议》认为“真文不分”系孔氏上古韵分部理论特色，但其是为了适应“阴阳对转”理论而提出，实例稍显不足[③]。李开《孔广森古韵冬部独立与〈郭店楚简〉韵例评价》，指出孔氏冬部独立理论较有价值，但其著作中举例不当，《郭店楚简》中的例子更能说明战国时期冬部已经独立的情况[④]。

3. 孔广森其他专题研究

全面研究孔广森经学思想的有黄佳骏《孔广森的经学思想研究》，对孔广森传略、治经特色、礼学趋向、公羊学思想等问题做了探讨，是目前研究孔广森经学成就最为全面的著作[⑤]。研究孔广森大戴礼学的，有黄佳骏《孔广森〈大戴礼记补注〉的思想取向》，从“孝”“明堂”及“阴阳”三个问题出发，认为孔氏理学思想上接汉代，与清代学术界亦有联系[⑥]。又有牛兴芬《〈大戴礼记补注〉训诂研究》对孔氏《大戴礼记补注》注音、释义、校勘、训诂等方面的成就进行了研究[⑦]。研究孔广森测算学的，有许义夫《孔广森关于高次方程的应用》利用孔氏《少广正负术内外篇》，探讨了高次方程方面的成就[⑧]。

（四）其他清代孔氏学人专题研究

研究孔继涵的有孔燕《献身图书事业的孔继涵》[⑨]、王嫦娥《曲阜藏书

---

① 李鹃娟：《孔广森〈诗声类〉音注理论述评》，2009 年台北第十一届国际暨第二十七届台湾声韵学学术研讨会论文集。

② 王玉堂：《侵宵对转说与词的引以关系研究》，《古汉语研究》1991 年第 3 期。

③ 张竹梅：《孔广森“真文不分”刍议》，《江苏大学学报》2005 年第 1 期。

④ 李开：《孔广森古韵冬部独立与〈郭店楚简〉韵例评价》，《古汉语研究》2007 年第 2 期。

⑤ 黄佳骏：《孔广森的经学思想研究》，彰化师范大学国文学系 2006 年硕士论文，又于 2011 年在台北花木兰文化出版社增订出版。

⑥ 黄佳骏：《孔广森〈大戴礼记补注〉的思想取向》，《中文标杆》2008 年第 1 期。

⑦ 牛兴芬：《〈大戴礼记补注〉训诂研究》，曲阜师范大学汉语言文字学专业 2010 年硕士论文。

⑧ 许义夫：《孔广森关于高次方程的应用》，《自然科学史研究》1989 年第 2 期。

⑨ 孔燕：《献身图书事业的孔继涵》，《山东图书馆季刊》2000 年第 3 期。

家与藏书楼考》对孔继涵校勘《戴氏遗书》《算经十书》及其他稀见古籍方面的成就，以及孔氏微波榭藏书楼藏书状况分别做了考察①。又有杨应芹《孔氏原抄本〈水地记〉》对江苏省南通市所藏孔继涵抄戴震《水地记》的版本情况做了考证②。研究孔继汾的有周洪才《孔继汾与〈阙里文献考〉》，介绍了孔继汾与《阙里文献考》一书的简况③。研究孔广林的有李梅训《孔广林生平资料一则》，利用孔氏《通德遗书所见录后序》考证出其卒年当在嘉庆十八年（1813 年）之后④。研究孔祥霖的则有周洪才、钟叔娥《简论孔祥霖的目录学成就》及陶善耕《曲阜孔祥霖在河南图书馆的奋斗》，分别考察了其目录学成就及对河南图书馆建设做出的贡献⑤。

纵观已有的清代曲阜孔氏家学研究，取得了较为丰富的研究成果，且在孔尚任《桃花扇》研究以及孔广森公羊学、音韵学研究等几个专题上，形成了热点。不过，其也存在以下几点不足：

其一，综合研究不足。从家学角度研究清代曲阜孔氏学人学术成就，考察孔氏家族对其学术产生发展影响的专著和论文寥寥无几，有待进一步推进。

其二，专题研究不够平衡。例如，孔继汾、孔继涵、孔广林等在清代学坛上有一定知名度和学术成就的学者，目前仅有少量论文涉及或无人研究。孔尚任、孔广森等人，虽在其《桃花扇》、公羊学、音韵学等几个点上已有的研究较多，但其他学术成就却少有问津。

其三，热点问题的部分研究结论，仍有重新商榷的必要。例如孔广森公羊学研究，虽已有大量研究成果，但大多延续 20 世纪初梁启超等人的结论，对其持有贬评。能够从文本出发，客观考察、评价其公羊学成就的论著，仍不多见。

其四，研究方法有待改进。例如，对孔广森等学者的学术成就研究，大陆地区学者善于从其社会背景出发知人论世，但有时脱离文本，不能深

---

① 王嫦娥：《曲阜藏书家与藏书楼考》，《晋图学刊》2001 年第 1 期。

② 杨应芹：《孔氏原抄本〈水地记〉》，《文献》1995 年第 4 期。

③ 周洪才：《孔继汾与〈阙里文献考〉》，《山东图书馆季刊》2000 年第 3 期。

④ 李梅训：《孔广林生平资料一则》，《中华文史论丛》2010 年第 1 期。

⑤ 周洪才、钟叔娥：《简论孔祥霖的目录学成就》，《山东图书馆季刊》1994 年第 1 期；陶善耕：《曲阜孔祥霖在河南图书馆的奋斗》，《山东图书馆季刊》2005 年第 2 期。

入著作之中；台湾地区学者能立足文本，从著作内部提炼概念，但也有人封闭研究文本，对作者生平、学派归属照搬成说。如能在方法上结合运用乃至创新，必能取得更多突破。

三、本书的写作构想与研究方法

鉴于清代曲阜孔氏家学已有研究中存在的成绩和不足，本书试图在前人基础上，对该问题做系统考察，并重点解决以下问题：

第一，对清代曲阜孔氏学人的著作做全面检索，对书名、作者、体例、内容、学术价值和版本做简要考证，撰成“清代曲阜孔氏学人著述汇录”，作为全书写作的基础。

第二，对清代曲阜孔氏家族学术简况以及地域背景、家学渊源、科举交游、宗族制度、世爵职官制度、学校制度、科举制度、户田制度等清代孔氏家学兴起的背景做简要考察，认真探讨曲阜孔氏家族学术的发展阶段与产生原因。

第三，对孔继汾、孔继涵、孔广林、孔广森等曲阜孔氏学人各方面的学术成就分别做个案研究，以此作为全书的主体。对以下方面分别进行具体深入的探讨：孔继汾在阙里文献研究和家族礼乐文献研究方面取得的成就，以及与“孔氏家仪案”的关系；孔继涵的刻书与水经学、文字学研究成就，以及与戴震的联姻交游关系；孔广林的辑佚学与三礼学成就；孔广森的公羊学、大戴礼学及音韵学成就。

第四，对清代曲阜孔氏家学在清代学术史上的地位做一总结，考察其在家族学术、汉学阵营中所取得的地位，归纳出孔氏家族学术在清代家学发展、对家族文献和阙里文献的总结以及乾嘉学术发展等学术史方面的意义。

本书的研究方法主要应用文献研究法，立足于清代孔氏学人著作，从文本出发，应用传统文史考证研究方法，分析孔继涵、孔继汾、孔广林、孔广森等多位孔氏学人著作其内在学术价值。同时注重社会史与学术史相结合的方法，注重从地域、家族、交游、制度等方面探讨曲阜孔氏家族学术的产生原因；在个案研究的基础上注重群体分析，以求总结出孔氏学人学术的宏观脉络与总体特征。注重思想史与学术史相结合的方法，在立足文献、梳理孔氏学人著作学术成就的基础上，着重提炼其中的思想内涵。除此之外，在研究中拟使用图表分析法和定量研究法作为补充，对孔继涵的刻书情况做列表分析，对孔广森的《公羊春秋经传通义》等著作的引书情况做定量分析，使得结论更为扎实可靠。

第一章　清代曲阜孔氏家族学术及其形成背景

第一节　清代曲阜孔氏家族学术的发展历程

曲阜孔氏家族自孔子之后绵延两千余年，是中国历史最为悠久的家族。作为圣人之后的文化世家，孔氏家族诗礼传家，历代学人辈出。孔氏家族学术在漫长的发展历程中，成就最为突出的有先秦、秦汉、唐代及清代四个时期。

先秦时期是孔氏家族学术发展的第一座高峰。这一时期，曲阜孔氏学人最杰出的代表是孔伋。孔伋（公元前 483 年—公元前 402 年），字子思，孔子之孙。孔伋受业于孔子弟子曾参，直接继承了孔子的学脉，其学术又传于孟子。故孔伋上承曾参，下启孟子，在儒学道统传承中起到了极其重要的作用。相传孔伋著有《子思子》23 篇，但大都亡佚，仅有《中庸》《表记》《坊记》《缁衣》等篇收入《礼记》中[①]。孔伋与孟子并称为思孟学派，特别强调心性义理之学，对后世宋明理学产生了重要的影响。思孟学派与荀子学派并列为战国时期影响最大的儒家学说。

秦汉时期是孔氏家族学术发展的第二座高峰。曲阜孔氏学人中成就较

---

① 先秦两汉孔氏家学存在许多争议问题，例如《中庸》是否为子思所作，《孔丛子》是否为孔鲋所作，《古文尚书传》《孔子家语》是否为孔安国所作等。清代以来，《古文尚书传》《孔丛子》《孔子家语》均为伪书几成学术界的定论。而近年来随着出土文献等新材料的涌现，亦有学者对伪书说作了翻案工作，如黄怀信《汉晋孔氏家学与伪书公案》（厦门大学出版社 2011 年版）就是其中的代表。本书因篇幅所限无法多作辨析，仅对争议问题冠以“相传”二字以示慎重。

为突出的是孔安国。安国生卒年不详，字子国，西汉武帝时人，孔子十世嫡孙孔忠次子。汉代经学家。少年时受今文诗于申公，受今文尚书于伏生。武帝时鲁恭王拆除孔子旧宅，于壁中得古文《尚书》及《礼记》《论语》《孝经》等数十篇，皆为古体文字。时人多不识，唯安国将其整理为古文《尚书》二十九篇，献给武帝以求立于学官，因“巫蛊”事件而作罢。相传孔安国著有《古文尚书传》《论语训解》《古文孝经传》《孔子家语》等书，开创了汉代的古文经学，与今文经学并列为汉代影响最大的经学流派，还曾对清代乾嘉学派产生了重大影响。

其余秦汉时期著名的孔氏学人尚有孔鲋、孔宙、孔融等人。孔鲋（约公元前 264 年—公元前 208 年），字子鱼，孔子九世孙。秦始皇时封鲁国文通君，拜少傅。陈胜起义后，聘孔鲋为博士、太师。秦始皇焚书坑儒时，孔鲋将《尚书》《诗经》等古文经藏于孔子故宅墙壁之中，后为鲁恭王所得。相传孔鲋编纂有《孔丛子》，记述了孔子、子思、子上、子高、子顺、子鱼等历代孔氏学人的言行。孔宙（103—163），字季将，孔子十九代孙，东汉时人，治严氏《春秋》，历任郎中、元城令。孔融（153—208），字文举，孔子二十代孙，孔宙之子，东汉末年人，曾任北海相，为建安七子之首，后为曹操所杀。

经历了魏晋南北朝时期漫长的社会动乱，进入唐代，孔氏家族学术迎来了第三座高峰。唐代孔氏家学的代表人物是孔颖达。孔颖达（574—648），字冲远，孔子三十二代孙。隋大业时举明经，历任河内郡博士、太学助教。隋末大乱，避地虎牢。唐代授国子监祭酒。孔颖达受业于刘焯，曾与魏征同撰《隋书》，为太子李治作《孝经章句》。特别是奉唐太宗敕令编纂《五经正义》，集魏晋南北朝以来经学之大成，融合了南北朝经学家的不同见解，成为《十三经注疏》的重要组成部分。

唐末黄巢起义中，世家大族受到重大打击，社会影响有所下降。孔氏家族学术经历唐末孔末之乱以及北宋末南北孔分裂等影响，进入了一个漫长的衰落期。虽学人不少，但成就不高。宋元时期孔氏学人中较有影响的有孔宗翰、孔文仲、孔平仲、孔传等。孔宗翰，字周翰，生卒年不详，孔子四十六代孙，北宋进士，任仙源知县，编有《孔氏宗谱》《阙里世系》。孔文仲（1038—1088），字经父，孔子四十七代孙，北宋时任秘书省校书郎、礼部员外郎、中书舍人，著有《孔文仲文集》。孔平仲，字义甫，生卒年月不详，孔子四十七代孙，孔文仲弟，著有《续世说》等。孔传，字世文，晚号杉溪，生卒年不详，孔子四十七代孙，南宋建炎年间，随衍圣公孔端友南渡，著有《东家杂记》《白孔六帖》。

明代孔氏学人亦成就不高，仅有孔克坚、孔衍植成就略为突出。孔克坚（1316—1370），子璟夫，孔子五十五代孙，元末袭封衍圣公，明代沿袭不变，通《左氏春秋》，曾重编孔氏谱牒，并刻《孔氏宗谱碑》。孔衍植（1592—1647），孔子六十五代孙，天启时袭封衍圣公，主持修纂了天启《孔子世家谱》，又著有《述圣图》。

清代由于学术研究出现了专门化的趋势，再次涌现出大批世代相传的学术家族。孔氏家族学术在这一时期亦迎来了第四座高峰。清代孔氏家族学术，依据社会历史发展以及学术自身的流变，可以划分为“雍正以前：萌芽时期”“乾隆时期：极盛时期”“嘉庆以后：衰落时期”以及“咸丰以后：开新时期”四个阶段，现分别介绍如下：

一、雍正以前：萌芽时期

曲阜在明末清初受到灾荒、战乱等影响，社会经济遭到了严重破坏。如天启十三年（1633 年），“山左大饥，疠疫继作”，山东境内出现饥荒与疫病。自然灾害又引发了民众起义，“是岁姚贼倡乱，率众数万围阙里”。崇祯十六年（1643 年），清贝勒阿巴泰入塞攻明，“克河间、顺德、兖州三府、州十八、县六十七，降州一、县五，与明大小三十九战，杀鲁王朱衣珮及乐陵、阳信、东原、安丘、滋阳五郡王，暨宗室文武凡千余员，俘获人民、牲畜、金币以数十万计”[①]，对河北、山东地区大加杀掠。顺治二年（1645 年），清王朝定鼎北京后出兵平定山东，“命多罗饶余郡王阿巴泰为总统，固山额真准塔为左翼，梅勒章京谭泰为右翼，代豪格征山东”[②]，曲阜亦受到战争波及。在这种社会动荡、民生凋敝的局面下，学术活动难以开展，顺治年间曲阜孔氏家学几乎是一片空白。

康熙初年，在衍圣公孔兴燮的努力下，“凡祖庭之圮坏者，礼乐之残缺者，以及百事之颓废者，悉纲举而目张之”，改变了“阙里自明季寇乱，礼

① 赵尔巽：《清史稿》卷三《太宗本纪二》，北京：中华书局 1976 年版，第 80 页。明代曲阜县隶属于兖州府。

② 赵尔巽：《清史稿》卷四《世祖本纪一》，北京：中华书局 1976 年版，第 93 页。

乐不修，百事废坠”[①] 的衰败局面。社会经济和家族制度的恢复，为孔氏学人开展学术活动奠定了物质基础。

清初衍圣公继承家族重视文化教育的传统，在族中大力推广文化教育活动。例如，六十六代衍圣公孔兴燮“自少至老，敦率礼义，倡明教学，以风俗人心为己任”[②]。孔兴燮及六十八代衍圣公孔传铎又拥有良好的文化素质。孔兴燮通书画，著有《恭纪圣祖幸鲁圣典》及《兰堂遗稿》。传铎工于文辞、究心理学、通晓礼乐制度，著有《三传合纂》《礼记摘藻》《恭纪世宗修庙盛典》《读书偶志》《安怀堂文集》《申椒诗集》《盟欧草》及《古文源》等著作。衍圣公的提倡与实践，为孔氏学人积极投身学术研究，起到了表率作用。

清初帝王对孔氏家族优礼有加，其中一项措施是向孔府颁赐书籍。例如雍正二年（1724 年），雍正帝一次就颁赐衍圣公传铎《世祖圣制人臣儆心录》《世祖圣制文集》《诗经春秋传说汇纂》《周易折中》《性理精义》《朱子全书》《资治通鉴纲目》《古今图书集成》《历代纪事年表》《四朝诗》《全唐诗》《律历渊源》《音韵阐微》《万言广训》及《圣制朋党论》《周易本义》《义例启蒙附论》《日讲四书》《易经、书经解义》《性理大全》《渊鉴古文》《康熙字典》《渊鉴类函》《绎史》《佩文韵府》等二十七种书籍[③]。这些书籍不少是康雍时期官方编纂，《古今图书集成》《全唐诗》等更是普通学者无力购置的大型书籍。这些御赐书籍也为孔氏学人开展学术活动创造了良好的条件。这一时期社会经济的恢复、衍圣公的提倡以及帝王颁赐书籍，为乾嘉时期孔氏家族学术的腾飞做好了铺垫。

雍正以前学术成就最为突出的孔氏学人当属孔尚任。孔尚任（1648—1718），字聘之，又字季重，号东塘，别号岸堂，自称云亭山人，孔子六十四代孙，授国子监博士，迁户部员外郎。孔尚任著有《桃花扇》《小忽雷传奇》等传奇剧本，又著有《石门山集》《湖海集》《岸堂稿》《长留集》《出

---

① 孔继汾：《阙里文献考》卷十《世系十》，《续修四库全书》第 512 册，上海：上海古籍出版社 2001 年版，第 46—47 页。

② 阮元：《儒林传稿》卷四，《续修四库全书》第 537 册，上海：上海古籍出版社 2001 年版，第 681 页。

③ 阮元：《儒林传稿》卷四，《续修四库全书》第 537 册，上海：上海古籍出版社 2001 年版，第 681—682 页。

山异数记》等，编纂有《人瑞录》《画林雁塔》《享金簿》《阙里志》《平阳府志》《莱州府志》《圣门乐志》《康熙甲子重修孔子世家谱》等大批著作。其中《人瑞录》《画林雁塔》分别是清代百岁老人和历代著名画家的传记，《阙里志》《平阳府志》《莱州府志》是方志，《圣门乐志》《康熙甲子重修孔子世家谱》是孔氏家族文献，《石门山集》《湖海集》《岸堂稿》《长留集》等属于诗文集。孔尚任虽以传奇剧创作而闻名，其学术成就也相当广泛。

另一位相对突出的孔氏学人则是孔贞瑄。孔贞瑄生卒年月不详，字璧六，一字用六，号聊园，一号历洲，晚号聊叟，孔子六十三代孙。顺治十七年（1660年）举人，官大姚知县。孔贞瑄著有《大成乐律全书》《大学正文约注》《泰山纪胜》《豫楚黔滇行程记》《缩地歌》《琴瑟谱》，成就主要集中在乐律及地学方面。

雍正以前的曲阜孔氏学术研究虽不乏亮点，但知名学人和代表著作数量不多。除孔尚任的传奇创作有较高知名度外，学术成就相对有限。不过这一时期学人的学术研究，对乾隆时期孔氏家族学术的兴盛做好了铺垫。乾隆年间学术成就突出的孔氏学人中，孔继汾是孔传铎之子，孔广林、孔广森为孔传铎之孙，孔继涵为孔传铎从子。孔传铎等学者的学术研究，或多或少被他们所传承。孔传铎著有《三传合纂》《礼记摘藻》，涉及春秋学与礼学，孔尚任、孔贞瑄的著作亦涉及孔氏家族礼乐制度与阙里文献。乾隆时期，孔继汾擅长阙里文献与家族礼乐制度研究，孔广森擅长公羊学、三礼学研究，均可看作是对雍正以前孔氏学人研究的深化拓展。

二、乾隆时期：极盛时期

乾隆时期，清王朝的统治臻于极盛，经济、文化发展达到中国古代社会的最高峰。乾隆帝为显示盛世的“稽古右文”，推行了编纂《四库全书》等一系列重大文化工程，带动了学术的全面繁荣。以惠栋、戴震为代表的乾嘉学派在这一时期登上了历史舞台。乾嘉学者所提倡的考据学风不仅在乾隆时期占据了统治地位，对有清一代的学术的影响也至为深远。梁启超称“夫无考证学则是无清学也，故言清学必以此时期为中坚”[①] 形象地说明了乾嘉考据学的历史地位。经过清初到雍正时期的准备期，曲阜孔氏家族也在乾隆时期切合了当时时代发展的脉搏，进入极盛时期，涌现出一批

① 梁启超：《清代学术概论》，北京：中国人民大学出版社2004年版，第158页。

杰出的学者。

孔继汾是乾隆时期第一位较为著名的孔氏学人。孔继汾（1721—1786），字体仪，号止堂，孔子六十九代孙，衍圣公孔传铎第四子。恩贡生，历任内阁中书、户部主事。孔继汾的学术成就主要集中在阙里文献和家族礼乐制度研究，其洋洋洒洒一百卷的《阙里文献考》，是迄今为止最为详尽的阙里方志，代表了清代阙里文献研究的最高水平；《孔氏家仪》《乐舞全谱》《匡仪纠谬集》等著作，对孔氏家族礼乐制度有深入研究。孔继汾曾以《说文解字》作为蓝本校勘经史著作，以作为家塾读本，其《阙里文献考》《孔氏家仪》等著作中亦能广收材料进行考辨，其学风开始带有考据学风格。

孔继涵亦为乾隆时期的著名孔氏学人。孔继涵（1739—1783），字体生，一字埔孟，号荭谷，别号南州，自称昌平山人，孔子六十九代孙，衍圣公孔毓圻之孙，正一品荫生孔传钲之子。乾隆二十五年（1760 年）举人，三十六年（1771 年）进士，官户部河南司主事兼理军需局事、《日下旧闻》纂修官。孔继涵与戴震、卢文弨等皖派学者交好，与戴震结有姻亲关系。他最知名的学术活动是为戴震刊刻了《算经十书》五十卷、《戴氏遗书》六十一卷等大型丛书，又刻有汉赵岐《孟子注》，西晋杜预《春秋长历》《春秋土地名》，唐张参《五经文字》，唐玄度《九经字样》，宋宋庠《国语补音》，元赵访《春秋金钥匙》等一批古书。孔继涵本人的著作则有《五经文字疑》《九经字样疑》《考工车度记补》《林氏考工记解》《解勾股粟米法》《同度记》《水经释地》等，涉及文字学、礼学、算学与水经学。孔继涵的学术成就虽不特别突出，但他与戴震等学者关系密切，学风与乾嘉学者无异，因而被江藩收入《汉学师承记》，成为第一位被清代主流学术圈认可的孔氏学人。

在孔继汾、孔继涵之后，更出现了清代孔氏家族学术的最高峰——孔广森。孔广森（1752—1786），字众仲，又字撝约，号顨轩，孔子七十代孙，衍圣公孔传铎之孙、孔继汾次子、孔继涵从子。乾隆三十三年（1768 年）举人，乾隆三十六年（1771 年）进士，改庶吉士，散馆授翰林检讨。孔广森因孔继涵与戴震的联姻关系，成为戴震门下“姻娅而执弟子之礼者”[①]。他秉承“以小学入经学”的考据学方法，精于音韵学，将古韵分为十八部，

① 江藩撰，漆永祥笺释：《汉学师承记笺释》（下）卷六《孔广森传》，上海：上海古籍出版社 2006 年版，第 588 页。

提出了阴阳对转的理论，著成研究诗经韵部的《诗声类》；将精于礼乐制度的家学学风与考据学研究方法结合起来，著有《礼学卮言》《大戴礼记补注》等礼学著作；用考据学方法研究《公羊传》，并继承了戴震肯定“人情”等义理思想，著有《公羊春秋经传通义》，成为“清儒头一位治《公羊传》者”①；还著有《经学卮言》《少广正负术内外篇》《骈俪文》。其中《经学卮言》《礼学卮言》《大戴礼记补注》《春秋公羊经传通义》均被阮元收入《清经解》，《诗声类》被王先谦收入《续清经解》，成为乾嘉学派的代表著作。

孔广森之兄孔广林亦有较高的学术成就。孔广林（1746—约1814），字丛伯，号幼髯，自称赘翁、温经老人。孔子七十代孙，衍圣公孔传铎之孙、孔继汾长子。廪贡生，历任太常寺博士、刑部广东司候补主事。其代表作有《孔丛伯说经五稿》《通德遗书所见录》，前者是对三礼学著作的研究，后者全面辑佚了郑玄著作，与黄奭、袁钧并列成为清代辑佚郑学文献成就突出者，分别在经学和辑佚学方面取得了一定成就。《孔丛伯说经五稿》中的《周礼臆测》，发源于孔广林协助孔继汾校勘家塾读本；在《明堂亿》的写作过程中，曾与孔广森进行探讨，有明显的家族传承性。而《通德遗书所见录》对郑玄著作的辑佚，体现出清代考据学家崇尚以郑玄为代表的汉代学术的风尚。

曲阜孔氏家族学术在乾隆时期达到极盛，孔继汾、孔继涵、孔广林及孔广森等学者，一方面继承发展了雍正以前孔氏学人的研究领域，一方面又积极学习以戴震为代表的乾嘉考据学。四人的研究既有联系，又各有专长，学术研究广泛而深入。特别是以孔继汾为代表的擅长家族礼乐制度研究的传统，与以孔继涵为代表的对考据学风的吸收这两种倾向，在孔广森身上形成了交汇与升华，显示了清代曲阜孔氏学术兼具继承性与开放性的特征。

可惜乾隆四十八年（1783年），孔继涵突发急病早卒。乾隆五十年（1785年），孔继汾又因族人上告所著《孔氏家仪》一书牵涉违碍字样，被判遣戍伊犁。虽经孔广森四处奔走营救得到赦免，但父子二人在此案中均受到重大打击，在次年先后郁郁而终。三位优秀学者在三年之内相继离世，

① 梁启超：《中国近三百年学术史》，上海：东方出版社1996年版，第216页。

标志着孔氏家族学术由盛转衰。

“孔氏家仪”这一文字狱案件不仅影响了孔继涵、孔继汾、孔广森等人，还使多位孔氏学者受到牵连。孔广林因此案中“遭家多故”[①]，多部著作的写作长期搁置，到晚年才重新整理完稿。孔继涵的长子孔广栻亦曾在此案中遭到官方“讯问”。孔广栻幼时曾旁听孔继涵与戴震、卢文弨论学，其弟孔广根为戴震之婿，二人对孔继涵及戴震等人的学术当有所继承，且均在嘉庆初年去世，得享天年，却并没有多少学术著作传世，可能是对“孔氏家仪案”心有余悸，害怕因文致祸。

三、嘉道时期：衰落时期

孔继汾等学者相继去世，孔氏学人在“孔氏家仪案”中广受波及，导致孔氏家学后继无人。嘉庆以后孔氏家族庄田经济又开始面临入不敷出的困境，家族最重要的经济来源受到影响，学术活动的物质基础遭到动摇。嘉庆、道光时期，孔氏家族学术进入了衰落期。

嘉庆、道光年间，孔广森之子孔昭虔在学术界有一定影响。孔昭虔(1775—1835)，字元敬，号荃溪，孔子七十一代孙。嘉庆六年（1801 年）进士，改庶吉士，散馆授编修，历任台湾道、陕西按察使、署布政使。他因继承其父孔广森的公羊学，在嘉庆十一年（1806 年）主顺天乡试时慧眼识珠，录取了后来常州学派代表人物的刘逢禄。他又继承孔广森的音韵学，曾撰写《古韵》《词韵》等音韵学书籍，惜未完稿，仅有《镜虹吟室诗室集》《词集》《经进稿》《葬华》等文学作品传世。

这一时期有影响的孔氏学人，尚有孔昭杰、孔宪庚、孔宪逵等。孔昭杰初名昭辰，字汉瞻，号俊峰，孔子七十一代孙，嘉庆六年（1801 年）举人，官盐城知县，著有《学庸指掌》《论语集注》《孟子摘要》。宪庚字和叔，号经之，昭杰第三子，道光二十八年（1848 年）拔贡，曾问学于盛大士，著有《十三经阁诗录》《疏华馆纪年诗》。孔宪逵字仪鸿，号逸泉，道光时廪生，圣庙四品职事官，专治史学，尤精谱牒，著有《历代帝王总纪》。

嘉庆、道光时期，孔氏家族虽出现几位学人，但传世著作数量有限，成就不高，是清代曲阜孔氏学术的最低谷。

---

① 孔广林：《仪礼士冠笺》卷末，《孔丛伯说经五稿》，《山东文献集成》第二辑第一册，济南：山东大学出版社 2007 年版，第 204 页。

四、咸丰以后：开新时期

咸丰以后，曲阜孔氏家族的生存环境发生了很大变化：一方面，清政府延续了部分优礼孔氏家族的政策，如晚清政府多次划拨土地补充孔府祀田，使得孔氏家族的经济条件略有恢复。另一方面，西学东渐以及近代教育制度的兴起，特别是清末新政停办科举，四氏学及曲阜考院的文童考试遭到废止，堵塞了孔氏学人仕进之路。面对前所未有的社会变局，孔氏学人也不得不做出调整以适应时代发展①。

这一时期较为引人注目的孔氏学人有孔祥霖。孔祥霖（1852—1917），字少沾，号惘民，孔子七十五代孙。光绪三年（1877 年）进士，改庶吉士，授编修，历官河南学政、布政使。孔祥霖一方面有旧学根底，著有《经史孝说》《曲阜清儒著述记》《曲阜碑碣考》《四书大义辑要》《强自宽斋杂著》等传统经史著作。其中《曲阜清儒著述记》著录曲阜学人一百二十多家的著作，较《清史稿·艺文志》仅著录三十多家丰富许多；又附有著者小传，可以考见其生平，是时人著作中记载清代曲阜人著述最为完备的。《曲阜碑碣考》则分类著录曲阜碑碣九百七十多种，且对其来历、碑文、所在、题跋等记载详细，是迄今为止收录曲阜碑碣最多的一部著作。二书堪称清末民初阙里文献研究的集大成之作。孔祥霖又曾赴日本考察学务及实业，创办多处新式学校，特别是曾将四氏学改建为曲阜四氏中学堂和曲阜官立四氏师范学堂；在河南学政任上又曾发起创办建立河南图书馆，写有《请创建图书馆并拟定章程文》，文末附有《河南图书馆章程》十二章三十三条，符合近代图书馆的运行规范②。这一时期，孔祥霖之外兼习中西学术的孔氏学人，还有孔令贻、孔祥柯、孔昭增等。

本时期孔氏学术成就虽不及乾隆时期，但在孔祥霖等一批兼具中西学术背景的学人努力下，不仅在阙里文献研究等方面有所成就，而且推动了孔氏家族在清末民初完成了近代转型，为清代曲阜孔氏家族学术发展画上了圆满的句号。

---

① 孔氏家族的近代转型，可参见赵兴盛《社会变迁与文化选择——近代山东孔氏家族》（《山东大学学报》2001 年第 5 期，第 73—77 页）一文。

② 参见陶善耕：《曲阜孔祥霖在河南的图书馆奋斗》，《山东图书馆季刊》2005 年第 2 期，第 1—4 页。

第二节 清代曲阜孔氏学人的治学环境

清代曲阜孔氏家族学术再次振兴，并在清代学坛上占有一定地位，有着复杂的社会历史背景。本节将分为世居曲阜的地域环境、世代相传的家学渊源以及科举仕宦的交友阅历三个部分，梳理清代孔氏学人的治学环境，力求寻找清代孔氏家学兴起的原因。清代孔氏家族制度，同属孔氏学人的治学环境之一。因其内容庞杂，富有家族特色，本书第三节将另文探讨。

一、世居曲阜：地域环境

曲阜古为少昊氏都城，商为奄国之地。周公东征平定奄地之后，成王封其长子伯禽于此，是为鲁国。战国时入楚，为鲁县。秦并天下，置薛郡。汉晋以后，屡次易名为鲁国、东海国、鲁郡、任城郡、鲁县等。隋开皇十六年（596 年），始定县名为曲阜，属兖州。宋大中祥符五年（1012 年），改曲阜为仙源县，徙置寿邱。金太宗天会七年（1129 年），改仙源县复为曲阜。明属山东省兖州府，正德六年（1511 年），盗犯阙里，为防卫三孔，复徙置县城于今址，入清因之不变。

曲阜在商代以前本属于东夷文化圈，伯禽封鲁之后，因周公之功业，受赐了一批周王室的典章文物，享有郊祀周文王等天子礼仪，鲁国由此得以较为完整地继承了周代的礼乐文化。至春秋末，曲阜为孔子故里，又为孔子讲学之地，孔子所创立的儒家学说由此传播于天下。太史公游曲阜时，曾感叹："适鲁，观仲尼庙堂车服礼器，诸生以时习礼其家，余祗回留之不能去云。天下君王至于贤人众矣，当时则荣，没则已焉。孔子布衣，传十余世，学者宗之。自天子王侯，中国言六艺者折中于夫子，可谓至圣矣。"[①] 曲阜作为当时中国的文化中心，对中华文化的形成和发展产生了极为深远的影响。

就经济社会条件而言，春秋战国直至唐中叶，山东属于全国经济最发达的区域之一；而唐中叶以后，中国北方地区屡经战乱，加之江南经济的崛起，山东在中国经济版图中的地位大为下降。明清以后，山东地区主要

---

① 司马迁：《史记》卷四十七《孔子世家》，北京：中华书局 1959 年版，第 1947 页。

形成了两个区域经济中心，即鲁西大运河沿线地区和鲁中东地区。而曲阜县所在的兖州府主要属于农业区，经济不及大运河沿线及鲁中东地区发达。清代曲阜以农业生产为主，兼有林业。农业生产也以粮食作物为主，经济作物种植有限："本县农作物以小麦、大豆为大宗，稷、粟次之，花生、芋又次之，棉花、芝麻为最少。"由于缺乏特产，工商业从业人数不足，经济不太发达："境内农民居多，商业智识宿称缺乏。……而境内更无大宗物产之运出，故财源短涩，市面颇呈萧条景象。城内如此，乡镇可知。"[①] 较江南等经济发达地区有相当大的差距。不过清代前中期，鲁西大运河沿线地区的漕运经济相当繁荣，管理山东、河南两省河道的东河总督就设在济宁。曲阜距离济宁等运河区仅百余里旱路，由济宁等处中转，经水路北上京师，南下扬州、苏州、杭州，联系经济、文化发达地区较为便捷，为学者的出行交游提供了便利条件[②]。咸丰以后，战乱和黄河改道造成漕运废弛，运河区域的交通、经济条件一落千丈，这一优势不复存在。

就文教水平而言，山东地区在清代尚位居全国前列。清代科举人数分布虽总体上呈南多北少的格局，但有清一代山东省进士达 2259 人，位居江苏省 2920 人、浙江省 2708 人、直隶省 2701 人之后，居全国第四位[③]。不过，清代山东文教水平较为发达、进士数量较多的府州，基本位于鲁西大运河沿线地区和鲁中东地区等经济发达区域。如清代济南府有进士 402 人、登州府 340 人、莱州府 330 人、青州府 310 人，以上 4 个府州的进士总数，超过清代山东 12 个府州进士总数的半数。曲阜所在的兖州府进士为 118 人，并不特别突出。但曲阜县共有进士 43 人，占了兖州府的近半数，在清代山东 107 个州县中位居第 14 位，尚属前列[④]。清代山东共设立府州县学共 118 所，其中雍正二年（1724 年）以前有大学 28 所，有廪生名额 20 人；雍正二年以后，又升 30 所中学为大学，有廪生名额 15 人。曲阜四

---

① 民国《曲阜县志》卷五《政教志》，台北：成文出版社 1968 年版，第 409—411 页。

② 乾隆时期，乾隆帝驾幸阙里多取道运河。孔氏学人如孔广森游历开封后，"适广陵东归"回到曲阜；孔继汾于"孔氏家仪案"遇赦之后，由曲阜南游杭州，均取道于运河。

③ 据朱保炯、谢沛霖：《明清进士题名碑索引》（上海：上海古籍出版社 1980 年版）统计。

④ 参见张泗州：《清代山东进士地域分布初探》，曲阜师范大学中国古代史专业 2008 年硕士论文，第 3—6 页。

氏学位居雍正二年以前第一批大学之列[①]，对曲阜地方教育的发展大有裨益。由此可见，清代曲阜县虽经济较为落后，但由于具备历史文化积淀，文教水平在山东乃至全国仍属于中等偏上的水平。

就学术研究水平而言，清代经学最为发达的地区是苏州、徽州、扬州、浙江等江南地区，其次为山东、广东，再次为四川、两湖；另有江西专习理学，不受考据学影响[②]。山东在其中属于次发达区域。而清代山东最为知名者唯孔继涵、孔广森、桂馥、郝懿行四人。这其中孔继涵、孔广森属曲阜孔氏学人，桂馥亦为曲阜人，唯郝懿行为山东栖霞人。以孔氏学人为代表的曲阜学者，在清代山东学坛独树一帜，成为除江南地区以外，清代学术版图重要的组成部分。

曲阜地区拥有悠久的历史文化传统，入清以后虽经济发展相对滞后，但文教条件及学术研究水平在全国范围内仍占据重要地位。世居曲阜这一地域环境，对清代孔氏家族学术的发展提供了弊大于利的条件。

二、世代相传：家学渊源

清代学坛，曾涌现出多个世代传习经学的学术家族，如吴门惠氏之易学、绩溪胡氏之三礼学、仪征刘氏之左传学、高邮王氏之小学，皆号称五世传经，涌现出惠周惕、惠士奇、胡匡衷、胡秉虔、胡培翚、刘文淇、刘师培、王念孙、王引之等一批在当时学坛上有重大影响的学者。而曲阜孔氏家族，作为历史悠久的学术家族，在清代不仅涌现出一批杰出学人，其家族内部也存在确实可考的父子、兄弟之间传习学术的关系，为家族学术的发展和传承起到了重要影响。

曲阜孔氏家族作为中国历史最为悠久的家族，世代礼乐传家，本有编纂各类文献的传统。因祭祀孔庙的需要，保存了许多特有的家族礼乐制度。开始撰写著作、系统总结此类制度的，可以追溯到清康熙时孔尚任《圣门乐志》、孔尚忻《圣门礼志》。其后经历雍正时孔传铎、乾隆时孔继汾，直到晚清孔令贻、孔祥霖《圣门礼志》结束。因追溯家族历史及曲阜地方历

① 参见张泗州：《清代山东进士地域分布初探》，曲阜师范大学中国古代史专业2008年硕士论文，第14—15页。

② 参见章太炎：《清代学术之系统》，章太炎、刘师培：《中国近三百年学术史论》，上海：上海古籍出版社2006年版，第36页。

史的需要，编纂有不少阙里文献类著作。此类著作最早的有宋孔传《阙里祖庭记》《东家杂记》，金元明历代亦不乏孔氏学人编纂。入清以后，顺治、康熙时孔允植编有《阙里志》、孔尚任编有《阙里新志》，直到光绪时亦修纂不辍，有孔昭玺《增补孔庭摘要》。而作为历史悠久、繁衍日盛的大家族，修纂家谱的工作亦必不可少。孔氏家谱最早可以追溯到晋佚名《孔氏谱》。宋孔宗翰《孔子世家谱》后，体例开始完备。明天启年间衍圣公府定下了三十年一小修、六十年一大修，定期编纂《孔氏世家谱》的制度。清代这一修谱制度得到严格执行，孔尚任、孔继汾等都曾主持大修《世家谱》。孔氏家族各宗各府又有支谱，如孔继汾编有《孔氏大宗支谱》、孔昭焜编有《孔氏炊经堂支谱》等。家族礼乐制度、阙里文献和孔氏家谱的编纂，可以视为广义的孔氏家学。

而清乾嘉时期最重要的几位孔氏学人如孔继汾、孔继涵、孔广林及孔广森，其家学传承亦清晰可考。这批学人的家族学术传承，主要可以归入六十七代衍圣公孔毓圻之后孔氏家族大宗分出的两个支脉。孔毓圻长子传铎袭爵，孔传铎第四子孔继汾，孔继汾一支在孔氏家族中称为“十府”，孔广林、孔广森分别为孔继汾长子、次子。孔毓圻三子为孔传钲，孔传钲一支在孔氏家族中称为“二府”，又称“炊经堂”，孔继涵为孔传钲独子。

十府之家学，最早可追溯到六十八代衍圣公孔传铎。孔传铎晚年将衍圣公爵位传给长孙孔广棨，与继室徐氏一同搬去，与徐氏之子孔继汾、孔继涑同住，将府中事务交给孔继汾、孔继涑兄弟打理。孔传铎著有《圣门乐志》，而孔继汾则著有《孔氏家仪》《家仪答问》《乐舞全谱》。作为孔传铎诸子中较得信任的一位，孔继汾擅长家族礼乐制度研究，很可能继承自孔传铎。孔广林的经学研究，发轫于孔继汾校勘家塾读本：“乾隆甲午，家大人将校十三经定本，刊藏敦本家塾以示子孙。因欲授季弟广衡《周官》经，先勘梓之。广林承命校雠，竭心从事于订正伪脱，外则参考义训，有疑者窃以己意测之。每成一稿，必质之家大人。大人曰：‘小子心则专矣，工良勤矣，安得经师为尔指画。姑录存以俟就正焉可。’广林敬受命，乃序次若干条而为之录云。”[1] 孔广林《周官肊测》一书的写作不仅起源于受孔

① 孔广林：《周官肊测》卷七，《孔丛伯说经五稿》，《山东文献集成》第二辑第一册，济南：山东大学出版社 2007 年版，第 55 页。

继汾委托校勘经史著作，其初稿撰写过程中也曾多次与孔继汾探讨。孔广森少时很可能也受到孔传铎、孔继汾精通家族礼仪制度的影响，故而能在结合考据方法的前提下，从事礼学研究。孔广林因孔广森专治礼学，其《明堂臆》一书的写作，曾与孔广森相互探讨："广林年方及状，品媿通经不能明理，于典籍又未锐精，于括囊践迹，恒恐愤车毁步，敢云合辙。顾窃念经有不明，赖注章之；注有乖舛，即经匡之；信注之过，而与经背违，失之愈甚矣。用是不揣梼昧，䌷绎遗经，独辟新义，与仲弟广森朝夕考证，億其规制。若颇不谬于古经。仲弟曰：'伯氏之说，所得未闻，盍笔之书，公之同志可乎？'广林惧然曰：'吁乎敢！'继而自惟明堂之解，虽于古制未敢谓不差，累黍而校汉魏齐梁隋唐诸家所说，傥或得之信于心，不妨著为说，独信之不若与群贤共商之。乃应仲弟之请，录为《明堂臆》一卷，以就正考古之君子。"① 孔广林、孔广森之后，十府子孙亦能传承家学。孔广林长子孔昭薪，"癸未末，承父志重修《大宗支谱》十四卷"②。孔广森子孔昭虔能继承其春秋学及音韵学。孔昭虔因"故世传《公羊春秋》"，于嘉庆十一年（1806年）主顺天乡试时，曾对后来成为常州学派代表人物的刘逢禄"得其卷大惊，国士遇之"③；又曾撰写《古韵》《词韵》以分定韵书，惜未完稿。

二府之家学，最早则可追溯到六十七代衍圣公孔毓圻。孔继汾"幼时曾读书于先恭悫公囱偏之兰堂"④，可能受到过孔毓圻的教导。幼时的教育，为孔继涵日后与戴震、卢文弨论学订交，融入主流学术圈，打下了良好的基础。孔继涵有子五人，其中长子孔广栻、次子孔广根、五子孔广权均能传承家学。例如，孔广栻幼时曾亲见其父与戴震、孙星衍探讨学术，而孔继涵去世后，"其父之著作多版行，惟蒐集诸家解麟经书厥绪未竟，公力终之"；孔广根为戴震之婿，"幼承家学，学礼学诗，长入儒林，克承先志，又加以父兄教诲，卒成一代闻人……故炊经堂一支绳绳继继，代有闻人，公与有力焉"；孔广权"学有渊源，以席丰履厚之家，性恬淡不仕，以

---

① 孔广林：《明堂臆》卷一，《孔丛伯说经五稿》，《山东文献集成》第二辑第一册，济南：山东大学出版社 2007 年版，第 182 页。

② 孔德成：《孔子氏家谱》卷三之一《大宗户》，济南：山东友谊出版社 1990 年版，第 128 页。

③ 支伟成：《清代朴学大师列传》（上）卷七《刘逢禄传》，长沙：岳麓书社 1986 年版，第 245 页。

④ 孔继涵：《杂体文稿》卷三《因居记》，《续修四库全书》第 1460 册，上海：上海古籍出版社 2001 年版，第 436—437 页。

诗酒自娱，著作等身，与长兄伯诚、次兄心仲齐名”[①]。而孔继涵对十府孔广森的学术亦有影响。孔广森受业于戴震是因为孔继涵与戴氏的联姻关系；而孔继涵与孔广森同为乾隆三十六年（1771 年）进士，又同时居官京师。孔继涵“数过从者，钱唐卢抱经文弨、嘉兴钱晓征大昕、休宁戴东原震、程瑶田易田、长洲胡表士震、大兴朱笥河筠、歙程渔门晋芳、杭郡邵二云晋涵、鹤庆李仙嶌根玉、兴化任幼植大椿、桐城姚惜抱鼐、历下周林汲永季、扬州罗金牛聘、吴张瘦铜埙、汪明之元亮”[②]，均为一时名士，孔广森亦多因孔继涵引荐而结识。

孔氏家族学术如家族礼乐制度、阙里文献的编纂传习，或可追溯到宋元，或可追溯到清初，广义的家学传承渊源悠久。乾嘉时期以二府、十府的二支可以明确考证学术传承的学脉，亦传承多代。二府孔继涵传至孔广栻、孔广根、孔广权三子，传二代；若追溯到孔继涵幼时读书曾受到祖父毓圻教导，则为四代。十府孔继汾传子孔广林、孔广森，孔广森又传子孔昭焕，传三代；若追溯到孔继汾学术受其父孔传铎影响，亦为四代。传承代数虽略逊于吴门惠氏、绩溪胡氏、仪征刘氏、高邮王氏五世传经，但家中的领军人物孔继涵、孔广森亦知名于学坛，无愧为清代著名的学术家族。

清代曲阜孔氏家族学术的传承方式亦多种多样，如衍圣公孔毓圻挑选族中优秀子弟如孔继涵读书于府中，孔继汾通过家塾培养子弟，以及孔继汾、孔广林、孔广森一门中父子、兄弟相互传习、讨论学术，可以视为清代家族学术传承的一个样本。

三、科举仕官：交游阅历

曲阜孔氏家族成员因是圣人后裔，享有许多世爵职官、科举学校制度上的优待，多数成员可以居于家乡，获得单独录取的四氏学廪生、恩贡生等功名，担任孔府、四氏学、洙泗书院等处世袭官职。这些优待有时也会阻碍学人的奋斗精神，限制学人的视野。清代曲阜孔氏学人中的杰出学人，则大都参加了普通科举考试，曾入京担任官职，特别是翰林院、四库馆等文学撰述之任。这些经历使他们建立了广泛的学术交际网，具备了开阔的学术视野。

---

① 孔德成：《孔子世家谱》卷三之一《大宗户》，济南：山东友谊出版社 1990 年版，第 121 页。

② 孔继涵：《杂体文稿》卷三《因居记》，《续修四库全书》第 1460 册，上海：上海古籍出版社 2001 年版，第 436 页。

清代曲阜孔氏学人中如孔继涵、孔广森、孔昭虔等，均曾先后通过乡试、会试、殿试，考取举人、进士。其中，孔广森与其叔孔继涑通过乾隆三十三年（1768年）山东乡试成为举人。姚鼐为乡试主考，“乾隆三十三年，余主山东乡试，得君及君兄户部之子广森。时广森才十七岁”[①]。日后姚鼐亦与孔广森多有诗文酬唱，姚鼐曾为孔广森作《复孔撝约论禘祭文》《赠孔撝约假归序》《仪郑堂记》等文及《孔撝约集石鼓残文成诗》，孔广森也有《上桐城座主姚大夫书》致姚鼐。乾隆三十四年（1769年），孔广森赴京会试不第，与崔述结识[②]。孔继涵、孔广森同为乾隆三十六年（1771年）恩科进士，其中会试副主考为庄存与。翁方纲在孔广森去世后，曾为其作《孔撝约集序》；孔广森曾代同年进士作《辛卯进士祭座主庄侍郎太夫人文》一文，悼念庄氏亡母。孔继涵、孔广森的同年进士有林树藩、程晋芳、邵晋涵、洪朴等人，二人又多次参加以同年进士为核心的陶然亭宴集活动。如乾隆四十二年（1777年）八月陶然亭宴集，徐书受《教经堂谈薮》曾有记载：“丁酉秋八月，王大理述庵先生宴客于陶然亭，一时日下文人以不与斯会为耻，自公卿至布衣之士集者四十余人。曲阜孔检讨撝约为序其事。时先生参阿公军初自蜀还，文有云：‘聚米作山，指平高之第一；以鞍为几，草奏牍之三千。嘉西河之记室，即问班彪；为淮右之名辞，无过韩愈。《从军赋》罢，愿识公孙；绝幕归来，仍多揖让。’诚盛举也。客为笥河先生、大兴翁学士覃溪、歙程吏部鱼门、阙里孔民部荭谷、龙溪李畏吾、吴县张瘦铜、上海赵少钝，高邮王孝廉怀祖、嘉定钱明经献之、海宁陈竹厂、秀水王秋塍、乌程张萼楼、长洲胡眉峰、溧阳许介山、休宁金振之及予邑钱鲁思、黄仲则八上舍，结与素交。”[③] 孔昭虔为嘉庆六年（1801年）恩科进士，同年中有邓廷桢、伊里布等鸦片战争时期的重臣。这些座师、同年的交游，极大地扩展了孔氏学人的交际面。

孔继汾、孔继涵及孔广森等人，还曾居官京师。孔继汾因恩贡生而历

---

① 姚鼐：《惜抱轩文集》卷十三《孔信夫墓志铭并序》，《续修四库全书》第1453册，上海：上海古籍出版社2001年版，第97页。

② 相关记载参见崔述：《洙泗考信余录》卷三附《孔检讨大戴礼记补注叙录跋》，《崔东壁遗书》，上海：上海古籍出版社1983年版，第408页。胡适：《科学的古史家崔述》（《崔东壁遗书》，第970页），考订二人结识于乾隆三十四年（1769年）会试。

③ 徐书受：《教经堂谈薮》卷一《孔撝约序事》，《丛书集成续编》第91册，上海：上海书店1994年版，第342页。

任内阁中书、户部主事、军机处行走，“既官京师，时与名公卿上下其议论，更得质扣典坟，习熟掌故”①。孔继涵曾充《日下旧闻》纂修官，窦光鼐、朱筠任总纂官，潘曾起、吴锡麟、关槐、陆伯焜、戈源、孔继涵、德隆、宋调元同为纂修官，其中朱筠为知名学者，吴锡麟、关槐等多以诗文、书画知名。孔广森中进士后改翰林院庶吉士，散馆授检讨，庄存与曾任其翰林院庶吉士教习。在此期间，广森“及官翰林，与窥中秘，得见王孝通《稽古算法》、秦九韶《数学九章》、李治益《古演段测圜海镜》诸书，由是精研九数，学益大进”②，通过查阅内府所藏秘籍，极大地提高了算学水平。孔广森任官翰林期间，还曾入四库全书馆与翁方纲等人共同校勘《音韵述微》。“是月，（翁方纲）于四库全书馆，承办校《钦定述微》一书，同事者有曹仁虎、孔广森。……今自歌麻以下纂校。曹仁虎分歌、麻、阳三韵，先生分庚、青、蒸三韵，孔广森分尤、侵、覃、盐、咸五韵。”③ 孔广森受业于戴震，很可能也是在居官京师期间④。

清代士大夫及学者，通过科举、仕宦等关系，结成了复杂的人际交游网络。京师与江南同为清代文人学者聚集之地，特别是乾隆时期四库全书馆等机构，更是笼络了纪昀、戴震、邵晋涵等当时学术界的翘楚。孔继汾、孔继涵及孔广森等乾嘉时期著名孔氏学人，正是通过科举、仕宦等途径，成功地结交了一批著名学者，融入京师学者交际圈，扩展了学术视野，扩大了孔氏学者在主流学术圈中的知名度。

第三节 清代曲阜孔氏家族制度对学术的影响

夏、商、西周以及春秋时期，由于世袭制及宗法制的盛行，中国社会

① 孔继汾：《阙里文献考》卷一百《叙考第十六》，《续修四库全书》第512册，上海：上海古籍出版社2001年版，第473页。

② 罗士琳《畴人传补》卷四十八《孔广森传》，《续修四库全书》第516册，上海：上海古籍出版社2001年版，第471页。

③ 沈津：《翁方纲年谱》引北京图书馆藏手稿本《音韵述微》，台北：“中央研究院”中国文哲研究所2002年版，第78页。

④ 章太炎《清儒》云：“震又教于京师，任大椿、卢文弨、孔广森，皆从问业。”（章太炎、刘师培：《中国近三百年学术史论》，上海：上海古籍出版社2006年版，第6页）

呈现出一种“家国同构”的形态。世代为官的大家族，既是家庭的组织形式，又成为国家政权的组成部分。战国以后，随着各国变法废除了世卿世禄制度，这种“家国同构”的形态逐步解体。孔氏家族由于受到历代统治者的优礼，不仅形成了规模庞大的家族，又通过衍圣公等世袭爵位和官职，同时成为一套政权机构。孔氏家族在清代仍保存有一套复杂的家族制度，并对家族学术的发展产生了特有影响。本节将分为宗族制度、职官世爵制度、学校科举制度及户田制度四个部分，介绍清代孔氏家族制度，并探讨其与家族学术发展之间的联系。

一、宗族制度

曲阜孔氏家族是中国历史最为悠久的家族之一，自孔子之后绵延不绝二千五百余年。这一家族在长期的传承过程中，子孙繁衍众多、谱系修纂井然，形成了复杂的家族体系和宗族制度。

孔子的先世，据《史记·孔子世家》记载：“孔子，宋微子之后。……睾夷生防叔，畏华氏之逼而奔鲁，故孔氏为鲁人也。”孔子的先人本为宋国人，因曾祖孔防叔奔鲁而为鲁人。“防叔生伯夏，伯夏生叔梁纥。”[①] 叔梁纥即孔子之父。

孔子的后代，据《孔子氏家谱》记载：“圣祖以下，单传者八代；至九代，始有兄弟三人。”这才不断繁衍、形成宗族，并不断向曲阜以外扩散。到了唐末五代时，孔氏家族曾遭遇致命的危机。“四十二代光嗣公当唐末失世爵，授泗水令，被孔末害；枏公为庐江令，致仕不归；桧公为兖州参军，逃于平阳；庄公为太常少卿，隐于河南。至四十三代，我孔氏家门零落，阙里中惟尚书仁玉公一人独存。”曲阜的孔氏宗脉，几乎到了山穷水尽的地步。孔仁玉禀明后周太祖，将冒充孔子之后的孔末治罪，这才中兴曲阜孔氏，故而称作“中兴祖”。“中兴祖有四子：曰宜、曰宪、曰冕、曰勗。”其中，孔宪、孔冕二人的后代失传，故而“自此之后，孔氏子孙，皆宜、勗二公之后矣”。到了南宋五十三代孔浣时，孔宜的子孙除了失传者外，分出“浣、沂、澣、治、澄、济六公”；孔勗的子孙除了失传者外，分出“淙、

① 司马迁：《史记》卷四十七《孔子世家》，北京：中华书局1959年版，第1905—1906页。

莅、演、淑、泗、滨、滋、浩、淋、瀹、洵、汭、泾、灨十四公”，这二十人的后代，称为“二十派”[1]。

到了明朝初年五十六代孔希学时，“而居于曲阜者，人丁日众，又分为六十户”[2]。这六十户的名称分别是：大宗户、临沂户、孟村户、道沟户、滕阳户、旧县户、终吉户、蔡庄户、戴庄户、栗园户、时庄户、泗北户、店北户、西郭户、仙源户、泉南户、齐王户、盛果户、苗孔户、文献户、沂北户、黉门户、石村户、鲁贤户、沂阳户、孔村户、王堂户、小庄户、宫端户、华店户、古城户、冈山户、鲁城户、孔屯户、西城户、旧城户、吕官户、林前户、防西户、林门户、官庄户、大薛户、广文户、小薛户、陶乐户、北公户、纸坊户、董庄户、防上户、高庄户、南公户、星村户、古柳户、吴孙户、东村户、磨庄户、张曲户、息陬户、西林户、林西户[3]。这六十户即是阙里孔氏家族，即曲阜孔氏家族的本支。其中，衍圣公所在的为大宗户是本支的核心。清代曲阜孔氏家族的著名学者如孔继汾、孔继涵、孔广森、孔广林等均属于大宗户。

清代曲阜孔氏家族内部形成了复杂的组织，严格遵照宗法制度进行管理。居于嫡长子地位的衍圣公成为宗子，其所在的大宗户在族中处于大宗地位，其管理的衍圣公府成为全族的统治机构。衍圣公府之下专门设置“孔庭族长”一人管理族中事务。据《阙里文献考》记载：“孔庭族长一人，掌申明家范，表率宗族。子弟有不率不若者教治之。”族长一职始于宋代，本来只是“衍圣公择年长行尊有德者为之，无品秩也”，清代设有圣庙执事官，“族长率兼执事官”。族长之下，设有“林庙举事”一职，“提领监修林庙，佐家长之事”。本来“俱由衍圣公选委，无品秩”，清代则“亦如族长兼圣庙执事官”[4]。六十户内，每户又设户头、户举若干管理族中事务。

---

① 孔德成：《孔子世家谱》卷首《宗派总论》，济南：山东友谊出版社 1990 年版，第 60 页。

② 孔德成：《孔子世家谱》卷首《宗派总论》，济南：山东友谊出版社 1990 年版，第 60 页。

③ 孔德成：《孔子世家谱》卷首《二十派分六十户图》，济南：山东友谊出版社 1990 年版，第 60 页附图。

④ 孔继汾：《阙里文献考》卷十八《世爵职官第四》，《续修四库全书》第 512 册，上海：上海古籍出版社 2001 年版，第 103 页。

族长等人管理族中事务，则主要依靠族规。据孔档［1114］记载，公开颁布的《孔氏祖训箴规》记有如下数条："一、春秋祭祀，各随土宜，必丰必洁，必诚必敬，此报本追远之道，子孙所当知者。一、谱牒之设，正所以联同支而亲一本，务宜父慈子孝，兄友弟恭，雍睦一堂，方不愧为圣裔。一、崇儒重道，好礼尚德，孔门素为佩服，为子孙者，勿嗜利忘义，出入衙门，有亏先德。一、孔门子孙，徙寓各府州县，朝廷追念圣裔，优免差徭。其正供国课，只凭族长催征，皇恩至为浩大。宜各踊跃输将，照限定纳，勿误有司奏销之期。一、谱牒家规，正所以别外孔而亲一本①，子孙勿得互相誊换，以混来历宗枝。一、婚姻嫁娶，理伦首重，子孙间有不幸，再婚再嫁，必慎必戒。一、子孙出仕者，翻遇民间词讼，所犯自有虚实，务从理断，而哀矜勿喜，庶不愧为良吏。一、圣裔设立族长，给予衣顶，原以总理圣谱，约束族人，勿要克己秉公，庶足以为族望。一、孔氏子孙，男不得为奴，女不得为婢。凡有职官员，不可擅辱，如遇大事，申奏朝廷，小事仍请本家族长责究。一、祖训宗规，朝夕教训子孙，勿要读书明理，显亲扬名，勿得入于流俗，甘为人下。"② 涉及春秋祭祀、宗族团结、尚礼止讼、定纳国课、婚姻嫁娶、出仕为官、族长权限、职业选择、族规教育等多个方面。

由于曲阜孔氏家族的悠久历史和特殊地位，在当时社会上有很高的声望。作为孔氏家族的成员，在当时的学术界亦能得到特别的尊重。例如姚鼐就曾经称赞孔继涑："君与检讨之生世第一家也，又以文学才艺名著天下。"③ 孔广森官于京师时因出身曲阜孔氏，"年少入官，翩翩华胄，一时要人争与之交"④。这种特别的声望，使孔氏学人在学术交游中具有一定优势。

又由于孔氏家族的特殊地位，清代的著名学者多与之联姻。如六十八

---

① 外孔，即孔末的后裔。孔末本不姓孔，因成为洒扫户而随主姓，又曾趁唐末大乱几乎将孔氏子孙杀尽，并冒宗冒爵，故曲阜孔氏家族十分强调"别外孔"。

② 孔档［1114］，中国社会科学院近代史研究所中华民国史研究室、山东省曲阜文物管理委员会：《孔府档案选编》（上），北京：中华书局 1982 年版，第 85—86 页。

③ 姚鼐：《惜抱轩文集》卷十三《孔信夫墓志铭并序》，《续修四库全书》第 1453 册，上海：上海古籍出版社 2001 年版，第 97 页。

④ 阮元：《儒林传稿》卷四，《续修四库全书》第 537 册，上海：上海古籍出版社 2001 年版，第 673—674 页。

代户部主事孔继涵之子广根，娶戴震之女为妻；第七十三代衍圣公孔庆镕夫人毕氏，是湖广总督毕沅的三女；而孔庆镕女孔璐华，成为阮元的继室。直到民国初年，衍圣公孔德成的二姐，嫁给柯劭忞的三子，仍保持与著名学者联姻的传统。这种姻亲关系，也为孔氏学人在学术界的活动提供了便利。

二、职官世爵制度

历代统治者为了显示对孔子及其子孙的礼遇，给予曲阜孔氏家族许多职官世爵作为优待。其中孔子嫡系后代常被赐封世袭爵位。据孔继汾《阙里文献考》记载："按孔氏世嫡，自汉高帝过鲁，封九代孙腾为奉祀君，创推恩之例，尚未有世爵。元帝即位，赐十三代孙霸爵关内侯，号褒成君。诏以所食邑嗣孔子，子孙世袭，于是始有世爵。……元宗开元二十七年追谥孔子为文宣公，遂加封璲之为文宣公。传至四十六代孙宗愿，凡袭封者十二世。宋仁宗至和二年，以直集贤院祖无择言，不宜以祖之美谥加其后嗣，岂别定封号，于是诏改封宗愿为衍圣公。……以迄国朝，皆相沿无异。"清代衍圣公，"阶正一品，班列尚书上"①，享有很高的政治地位。

据《阙里文献考》记载，清代衍圣公的属官计有："翰林院五经博士、太常寺博士、国子监学录、学正、四氏学教授、学录、至圣庙执事官、六品官、族长、举事、典籍、司乐、屯田管勾、守卫林庙百户、知印、掌书、书写、奏差、伴官等员。"②

翰林院五经博士、太常寺博士、国子监学录、学正、四氏学教授、学录等学官，多由孔氏子孙世袭。例如，"翰林院五经博士十五员，正八品"。其中，"孔氏北宗一员，奉中庸书院祀"，始于明代宗，"由衍圣公次子承袭"。"太常寺博士一员，正七品，奉圣泽书院祀"，不知始于何时，"以衍圣公第三子承袭"。"国子监学录二员，正八品，一奉尼山书院之祀，一奉洙泗书院之祀"，始于元代，由"衍圣公保举族人之贤者为之"。"国子监学正一员，正八品，奉仪封圣庙祀"，始于明世宗，由孔氏子孙流寓仪封者世袭。只有四氏学教授、学录并非世袭，而由衍圣公保用。"孔、颜、曾、孟

---

① 孔继汾：《阙里文献考》卷十八《世爵职官第四》，《续修四库全书》第512册，上海：上海古籍出版社2001年版，第98—99页。

② 孔继汾：《阙里文献考》卷十八《世爵职官第四》，《续修四库全书》第512册，上海：上海古籍出版社2001年版，第99页。

四氏学教授一员，正七品，掌训课四氏生徒”，“令衍圣公将拣选应用人员移送抚臣验看，再送部具题”。“孔、颜、曾、孟四氏学学录一员，正八品，掌副教授，训迪生徒而教公之胄子。”① 由衍圣公保举，上报巡抚、吏部核准。盖因翰林院五经博士等所掌管的“尼山、洙泗、圣泽、中庸四书院，止奉禋祀，而不设生徒”②，只有祭祀职责；而四氏学教授、学录负有教育四氏子弟乃至衍圣公长子的实际责任，必须选举贤能而不可世袭。

至圣庙执事官公、世袭六品官等祭祀官，亦由孔氏子孙担任。执事官四十员，计有：“三品二员、四品四员、五品六员、七品八员、八品十员、九品十员。”“凡祭祀，掌分献及爵帛、香祝之执事。”始于雍正年间，“着衍圣公于孔氏子孙内选择人品端方、威仪闲雅者报部充补”③。

“世袭六品官一员，掌分献崇圣祠”，“由世职知县改任”。曲阜知县，后唐由文宣公兼任，宋真宗以后由衍圣公世袭兼任。明代起则改为世职，由衍圣公保举族人担任。乾隆二十一年（1756年）取消世职知县，“着加恩授为世袭六品官”④。

孔庭族长及林庙举事均是主管孔氏宗族事务的官员，由执事官兼任，《清代曲阜孔氏宗族制度》已有介绍，此不赘述。

典籍、司乐、屯田管勾、守卫林庙百户、知印、掌书、书写、奏差、伴官等孔府事务官，因负责具体实务，亦可由外姓担任，均由衍圣公保举，户部批准任用。其中最为重要的是典籍、司乐、管勾及百户四员。“孔庙于汉元嘉三年，设立百户一员，掌管祭器及洒扫守卫。至宋元祐间，又添设典籍一员，掌管书籍及礼生；司乐一员，掌管碑刻及乐舞生；管勾一员，掌管祭田及祭品；谓之礼、乐、兵、农四科。”⑤

---

① 孔继汾：《阙里文献考》卷十八《世爵职官第四》，《续修四库全书》第512册，上海：上海古籍出版社2001年版，第99—101页。

② 孔继汾：《阙里文献考》卷二十七《学校第八之一》，《续修四库全书》第572册，上海：上海古籍出版社2001年版，第155页。

③ 孔继汾：《阙里文献考》卷十八《续修四库全书》第512册，上海：上海古籍出版社2001年版，《世爵职官第四》，第101页。

④ 孔继汾：《阙里文献考》卷十八《世爵职官第四》，《续修四库全书》第572册，上海：上海古籍出版社2001年版，第101—102页。

⑤ 孔档［2433］，中国社会科学院近代史研究所中华民国史研究室、山东省曲阜文物管理委员会：《孔府档案选编》（上），北京：中华书局1982年版，第5页。

“知印一员、掌书一员、书写一员，并正七品，掌公府文书、印信。”掌书设于元成宗时，知印、书写设于明太祖时。“奏差一员，正七品，掌赍衍圣公表笺章奏，置设诠除通知印等官。”“随朝伴官六员，正七品，凡朝觐则随从办事。”[①] 随朝伴官始于明太祖时。

曲阜孔氏家族受到历代王朝的优礼，世爵职官则是其地位得以长盛不衰的重要保证。即如衍圣公封号自宋代起，至民国时废除，一直持续了八百余年，在中国历史上绝无仅有。衍圣公下属官职，或者由孔氏子孙世袭，或者由衍圣公保举，具有很大的独立性。特别是在明清皇权专制空前加强的背景下，孔氏家族这样的世家与皇权之间，便不免出现此消彼长的关系。世爵职官制度，便是矛盾斗争的一个焦点。

清朝建立初期，清政府出于巩固统治的需要，对衍圣公笼络有加，对孔府旧有制度大都予以沿袭。如顺治元年（1644 年），曾敕令山东巡抚：“先圣为万世道统之宗，礼当崇祀，昭朝廷尊师至意。这本内所开各款，俱应相沿，期于优渥，以成感典。”[②] 历顺治至雍正，清室对曲阜孔氏家族恩礼不改，甚至增加了对孔府世爵职官的优待。例如，明清时期孔府百户一度由衍圣公委用，未在兵部备案。康熙二十三年（1684 年）时，衍圣公孔毓圻等上奏，请求将百户报部备案，使得“今见有供事之人，但求职名达部，而祀典有光”[③]。康熙予以批准。雍正八年（1730 年），雍正帝为优待孔氏，“备举崇奉之仪，用申报享之愿”，“查世袭官爵历代俱有成规，而圣庙执事之员，向来未加爵秩所，当广置官僚以光祀典”，专门加恩增设执事官四十员。这些世爵职官的设置，无疑为孔氏学人提供了更多的进身之阶，为其治学提供了一定的物质基础。

而到了乾隆以后，乾隆帝对于孔氏家族的特权与独立性不再优容，对孔府的世爵职官进行削弱。例如，雍正年间规定四十员执事官“各按品级给与章服”。乾隆三年（1738 年），监察御史陶正靖上奏，认为“执事各

---

① 孔继汾：《阙里文献考》卷十八《续修四库全书》第 512 册，上海：上海古籍出版社 2001 年版，第 103 页。

② 孔府散档照片第 4 袋（中国社会科学院近代史研究所存），中国社会科学院近代史研究所中华民国史研究室、山东省曲阜文物管理委员会：《孔府档案选编》（上），北京：中华书局 1982 年版，第 2—3 页。

③ 孔档［2433］，中国社会科学院近代史研究所中华民国史研究室、山东省曲阜文物管理委员会：《孔府档案选编》（上），北京：中华书局 1982 年版，第 5 页。

官，虽分品级，只属虚衔”，只能按照“本身实在职衔酌量分别给以应得封典”。乾隆帝准奏，降低了执事官的待遇。又如，乾隆二十一年（1756 年）巡抚白钟山认为世职知县“向由衍圣公保举，每多瞻顾营私，若其人懦弱，即听挟制；若其人才干，则诸事阻挠”，建议“特颁谕旨将曲阜知县一缺在外拣选调补，不必拘用孔氏族人”①。乾隆帝准奏，将曲阜知县由世职改为流官，改为授予孔氏家族专管祭祀的世袭六品官一人。一批孔氏学人如孔继汾、孔继涑、孔广林、孔广森，都在这种皇权与世家的矛盾之中，受到直接打击或间接波及。曲阜孔氏家族的学术受此影响，在乾隆之后由盛而衰。

三、学校科举制度

曲阜孔氏家族作为孔子后裔，历来诗礼传家，重视子弟教育。而历代统治者在学校与科举制度中，给予了孔氏许多优待。

清代时专门教授孔、颜、曾、孟四氏子弟的四氏学，属于官办学校。其性质如《阙里文献考》所言，“今孔、颜、曾、孟四氏学，官为置师，比于郡国，其实孔氏之家塾也”。传说孔子去世后，“子孙即宅为庙，藏车服礼器，世以家学相承，自为师友，而鲁之诸生亦以时习礼其家”。魏文帝黄初二年，下诏重修孔子庙，并在庙外修建学校，“此孔氏家学所由仿也”②。北宋大中祥符年间，孔氏家学开始称为“庙学”。元祐年间，庙学教授改由官派，允许颜、孟子孙入学，并拨赐学田，作为经费来源。明洪武年间，将孔氏家学定名为“三氏学”。万历年间，又加入曾氏子孙，定名为“四氏学”。

清代四氏学设教授、学录各一人，教授统管教育四氏生徒，而教谕则负责教导衍圣公长子并协助教授管理生徒，其俸禄“于曲阜县正项钱粮内岁给”。其学生则由四氏“儒童岁科两试入学四十名”为廪生，其中旧廪三十名，开销在“曲阜县存留粟米内支取”，后添廪十名，开销“在本学田籽粒内取给”。乾隆年间，廪生名额减为二十人。四氏学生享有成为岁贡生和于乡试中单独录取的特权。岁贡自明嘉靖二年（1523 年）起，“以廪膳名次起贡，每三年贡二人”。另外自明熹宗时，山东省考选贡生时，“于山东

① 孔继汾：《阙里文献考》卷十八《世爵职官第四》，《续修四库全书》第 512 册，上海：上海古籍出版社 2001 年版，第 101—102 页。

② 孔继汾：《阙里文献考》卷二十七《学校第八之一》，《续修四库全书》第 512 册，上海：上海古籍出版社 2001 年版，第 154 页。

省额中试外，每科加举一二人，贡之阙下”。清代时仍给予三个名额，惟“不拘孔颜曾孟，凭文章取中”[①]。除岁贡外，又有陪祀恩贡生，始于明代。凡帝王驾临孔庙，“凡幸学召取陪祀者，生监奉祀，生皆以恩例准贡”[②]。

四氏学的教学内容今已不可考，但诸如六十八代衍圣公孔传铎“喜读书，工文辞，究心濂、洛、关、闽之学，熟于三礼庙堂器物，悉假厘定，又精律吕书”[③]，具有多方面知识储备来看，授课范围应当较为广泛。而乾隆时，孔继汾又曾“手校经史，刊板为家塾读本，字画皆本《说文》”[④]，在教学内容中添加汉学因素，与时俱进。四氏学等官办学校，为曲阜孔氏子弟打下了良好的文化基础，使得其中资质优良者能够进一步从事学术活动。

清代给予孔氏子孙及四氏学生员优待性的科举功名，则对孔氏学人产生了正反两面的效果。如孔继汾在乾隆五年（1740 年）随衍圣公“入京陪祀”，得为恩贡生。乾隆十三年（1748 年）乾隆帝幸鲁时，继汾“讲书导驾”，“由圣裔蒙恩擢用”，入京为内阁中书，得以“时与当世名公卿上下其议论，更得质扣典坟，熟悉掌故”[⑤]，获得难得的机遇。不过多数孔氏子弟，因为容易获得各种世袭官职、恩典功名，多家居曲阜、安享富贵，失去了进一步奋斗的动力。据《阙里文献考》统计，乾隆以前曲阜孔氏子弟考中进士者，仅有孔兴釪、孔衍治、孔传堂、孔传炣四人。以至于姚鼐曾感慨：“于是又间数十年无孔氏举进士，天下歉然。”直到乾隆三十六年（1771 年），孔继涵、孔广森叔侄同中进士，才打破这一空白，“天下不以为孔氏荣而以为朝廷庆”[⑥]。而孔继涵、孔广森得以为官京师，与戴震、翁方纲、卢文弨等著名学者交游，其学术成就才得以达到清代曲阜孔氏学人中最高水平。

---

① 孔继汾：《阙里文献考》卷二十七《学校第八之一》，《续修四库全书》第 512 册，上海：上海古籍出版社 2001 年版，第 154—155 页。

② 孔继汾：《阙里文献考》卷二十八《学校第八之二》，《续修四库全书》第 512 册，上海：上海古籍出版社 2001 年版，第 157 页。

③ 阮元：《儒林传稿》卷四，《续修四库全书》第 537 册，上海：上海古籍出版社 2001 年版，第 681 页。

④ 孔德成：《孔子世家谱》卷三之一《大宗户》，济南：山东友谊出版社 1990 年版，第 113 页。

⑤ 孔继汾：《阙里文献考》卷一百《叙考第十六》，《续修四库全书》第 512 册，上海：上海古籍出版社 2001 年版，第 473 页。

⑥ 姚鼐：《惜抱轩文集》卷七《赠孔撝约假归序》，《续修四库全书》第 1453 册，上海：上海古籍出版社 2001 年版，第 55 页。

四、户田制度

清代曲阜孔氏家族拥有大批的土地，并享有优免差徭的特权。仅清代衍圣公府直接拥有的土地，包括宋代以来历代帝王的赐田，以及孔府购置的土地，仍达数千顷之多。这些土地带来的巨额收入，为孔府和孔氏家族提供了雄厚的物质基础。

清代孔府拥有的赐田，据《阙里文献考》记载，乾隆时分布在郓城、巨野、平阳、东阿、独山等五厂，郓城、巨野、平阳、独山等四屯，张羊庄、西大庄、春亭庄、红庙庄、齐王庄、南池庄、安基庄、齐王坡、颜孟庄、马草坡、下地屯、胡二窑、西岩庄、安宁庄、魏庄、戈山长、鲁颜庄、黄家庄，共五厂、四屯、十八官庄，其土地面积计有“原额地二千大顷”。而“见存熟荒地一千九十六顷四分五厘八毫四丝七忽”①。又有购买民田及接受民间投献若干。其中赐田免粮免差，自购及投献土地则有免粮地和轻粮地之分，较一般民田，享受较多的税赋优惠。

为管理下属田地，孔府除设有管勾总理其事之外，四屯又设有屯官9人，负责“征收祀银、以供祀事”②，五厂、十八官庄则设有庄头、甲首、小甲，负责管理庄务及催征事宜。孔府田地下辖民户则分为佃户和庙户二种。佃户则有明代钦拨佃户500户，至清代时“有在五屯者，有在官庄者……康熙五十二年……时在五屯者存四千一百二十丁……在官庄者存八百九十四丁”③。这部分佃户世为孔府“户人”，有人身依附关系，称为“实在户”。孔府有多余土地，则另外招揽民间佃户耕种，这部分人称为“寄庄户”，没有人身依附关系。佃户之外，又有一种“庙户”。清代衍圣公府共有“钦拨庙户一百一十五户”，其中“在庙者百，在书院者八，在林者七”，负责“洒扫庙庭，以供祀典”④，可以优免差徭。

---

① 孔继汾：《阙里文献考》卷二十六《户田第七》，《续修四库全书》第512册，上海：上海古籍出版社2001年版，第150—151页。

② 孔档［1641］，中国社会科学院近代史研究所中华民国史研究室、山东省曲阜文物管理委员会：《孔府档案选编》（上），北京：中华书局1982年版，第9页。

③ 孔继汾：《阙里文献考》卷二十六《户田第七》，《续修四库全书》第512册，上海：上海古籍出版社2001年版，第151页。

④ 孔档［6674］，中国社会科学院近代史研究所中华民国史研究室、山东省曲阜文物管理委员会：《孔府档案选编》（上），北京：中华书局1982年版，第241页。

由于有户田制度作为保障，乾隆以前曲阜孔氏家族具有较为雄厚的经济实力，其成员也有较好的条件从事学术活动。清初衍圣公孔毓圻“工擘窠书，兼通绘事”、孔传铎工文辞、究心理学、熟于礼器、精通音律，孔广棨“好经术，娴礼仪”[①]，均有较好的文化素养。即如大宗户中六十九代孔继涵，即有财力为戴震刊刻《算经十书》五十卷、《戴氏遗书》六十一卷等大型丛书。七十代孔广森有财力筑仪郑堂、读书其中，又能在其父孔继汾被流放时“奉版舆者百舍，质田券者十双”[②]，入京奔走，使继汾获宥。

嘉庆以后，衍圣公府的庄田经济开始出现危机，曲阜孔氏家族经济面临入不敷出的困境。造成这一局面的原因，据有学者概括，主要有如下五点：(1) 自然灾害的影响。因孔府庄田位于鲁西、苏北，属于黄淮平原的一部分，地势低洼，面临严重的水患，庄田土地逐渐流失。(2) 清代赋役改革的冲击。清代摊丁入亩之后，孔府编审户口制度逐渐废弛，以雇役逐渐取代佃户、庙户服徭役的制度，佃户、庙户开始追求土地所有权的完整。(3) 土地商品化的结果。佃户开始千方百计变卖孔府祀田，孔府本身也开始变卖私置庄田。(4) 庄田管理制度的弊端。孔府庄田管理体制弊端重生，各管事人员对上敷衍塞责致使祀田迷失，对下克扣盘剥引发佃户的不满与逃亡。(5) 地方势力的兴起。清代中叶之后，依仗着官府势力的士绅、豪强、孔府的属官和戚党以及孔府的豪佃和抗租的佃户，这些地方势力使用各种手段侵渔祀田，令孔府穷于应付，造成祀田的迷失[③]。由于上述原因，孔府财力的衰落到了十分严重的程度。光绪二十年（1894 年），衍圣公孔令贻进宫觐见时，竟向光绪帝表示：“上年奉上谕命臣延请明师，奈臣家空乏，请不起。”[④] 衍圣公都无力延请名师，一般孔氏族人自然也缺乏经济能力开展学术活动。乾隆时孔氏学人人才辈出，而嘉庆以后则寥寥无几，庄田经济的衰落造成财力匮乏是一个重要的原因。

---

① 阮元：《儒林传稿》卷四，《续修四库全书》第 537 册，上海：上海古籍出版社 2001 年版，第 681—682 页。

② 朱中翰：《仪郑堂文跋》，孔广森：《仪郑堂文》卷末，《丛书集成新编》第 77 册，台北：新文丰出版公司 1985 年版，第 617 页。

③ 参见赖慧敏：《清代的皇权与世家》，北京：北京大学出版社 2010 年版，第 140—152 页。

④ 孔档［6313］，中国社会科学院近代史研究所中华民国史研究室、山东省曲阜文物管理委员会：《孔府档案选编》（上），北京：中华书局 1982 年版，第 30 页。

第二章　孔继汾的学术成就

孔继汾（1725—1786），字体仪，号止堂，山东曲阜人，孔子六十九代孙。父衍圣公传铎，母继室徐氏。乾隆三年（1738 年）恩贡生，乾隆十二年（1747 年）举人，历任内阁中书、户部主事。乾隆二十一年（1756 年），归家预备乾隆帝幸鲁事宜，因卷入衍圣公昭焕上告山东地方官额外派办曲阜庙户一事而罢官。后虽得捐复原职，也只是居家闭门著书。乾隆五十年（1785 年），继汾族人孔继成上告继汾所著《孔氏家仪》内有违碍字样，酿成了一起文字狱案。经乾隆帝干预以及大学士公阿等会审，继汾被判遣戍伊犁。次年得其子孔广森营救而被赦免，遂不乐家居，南游杭州，卒于友人梁同书家。

孔继汾的著作有《阙里文献考》一百卷、《孔氏家仪》十四卷、《乐舞全谱》二卷、《匡仪纠谬集》三卷、《嫡系小谱》十卷及《行余诗草》二卷等，在曲阜地方文献和孔氏家族礼仪等方面均取得了一定成就。又曾“手校勘经史刊版为家塾读本，字画皆本《说文》”[①]，学风开始受到乾嘉考据学的影响。其子孔广林、孔广森等能在经学研究方面取得较高成就，继汾的发轫功不可没。而“孔氏家仪”一案，给孔继汾及孔氏家族学人带来的打击十分严重。孔继汾的著作大都遭到禁毁，流传不广。其子孔广林、孔广森都被波及，孔广森受此影响而早卒。此后清代曲阜孔氏家族学术受到较严重的打击，再无杰出学者出现。

孔继汾著述数量较多，但大体集中于对曲阜地方文献和孔氏家族礼乐

---

① 孔德成：《孔子世家谱》卷三之一《大宗户》，济南：山东友谊出版社 1990 年版，第 113 页。

的研究。本书前两部分将分别介绍《阙里文献考》研究曲阜地方文献的成就以及《孔氏家仪》研究孔氏家族礼学的成就，勾勒出继汾的学术特色。第三部分则将研究“孔氏家仪”一案，试图探讨该案对继汾及清代孔氏学人的影响，揭示出清代文字狱与学术活动的关系。

第一节　孔继汾的阙里文献成就

阙里（即今山东曲阜）作为圣人孔子的家乡，历史上专门研究其地方文献的著作层出不穷。清乾隆以前较有代表性的有《东家杂记》《孔氏祖庭广记》《孔氏实录》《孔庭纂要》《孔门佥载》《素王记事》《孔门志》《阙里志》《阙里新志》等。其中多数著作或亡佚不存，或家藏手稿，未经刊刻。仅有明弘治年间陈镐所著《阙里志》及清康熙孔尚任所著《阙里新志》内容完备、流传较广。但二书也不无缺点，陈书虽然“纲举目张，事迹粗备”，但“顾考据失精，去取无当，其后载经增辑，止缀述恩荫，更杂以薄书之文章，而于前人纰缪繁漏之失举，未有所匡正，君子病焉”；孔书虽然在陈书基础上“一变《旧志》体例，颇有所增益”，但是“芜杂傅会，失之更过”①。

孔继汾早年就十分留意收集阙里地方文献，“所遇残篇脱简、金石断烂之文，莫不掇拾摩挲，手自著录；复稽之故家遗老，以证辨所闻，而益恢扩其所未见，杂有所得，记而存之”。居官京师后因公务繁忙，一度中辍。乾隆二十年（1755年），因归家准备乾隆帝驾幸阙里时，与地方官发生冲突，因“袒庇户人”的罪名而落职。此后，继汾“因念变化气质，惟在读书谢客杜门，以赎罪过，偶检废簏，见未成旧稿，颇自惜其散漫”，于是“乃更翦芜秽刊谬误，益以迩年”②，终于著成了《阙里文献考》。此书经衍圣公孔昭焕作序并送乾隆帝预览，故而在后来的“孔氏家仪案”中，被山

① 孔继汾：《阙里文献考》卷一百《叙考第十六》，《续修四库全书》第512册，上海：上海古籍出版社2001年版，第473页。

② 孔继汾：《阙里文献考》卷一百《叙考第十六》，《续修四库全书》第512册，上海：上海古籍出版社2001年版，第473页。

东巡抚判定“臣查《阙里文献考》一书，计一百卷，乾隆二十七年曾经前衍圣公孔昭焕恭呈御览，无须再为磨勘”[①]，是继汾著作中唯一逃过禁毁命运，能够广泛流传的。

《阙里文献考》体例仿照元马端临《文献通考》，凡正文一百卷、卷末一卷，分为十六门。卷一至十为《世系考》，卷十一至十三为《林庙考》，卷十四至十七为《祀典考》，卷十八为《世爵职官考》，卷十九至二十二为《户田考》，卷二十七至二十八为《学校考》，卷二十九为《城邑山川考》，卷三十为《宗谱考》，卷三十一为《孔氏著述考》，卷三十二至四十一为《艺文考》，卷四十二为《圣门弟子考》，卷四十三至七十二为《从祀贤儒考》，卷七十三至九十九为《子孙著闻者考》，卷一百为《叙考》，卷末为《辨讹》。有的门类下又分有细目，如《世爵职官考》之下，就有衍圣公、翰林院五经博士、太常寺博士、国子监学录、国子监学正、四氏学教授、四氏学录、圣庙执事官、世袭六品官、孔庭族长、林庙举事、司乐、奎文阁典籍、屯田管勾、守卫林庙百户、知印、掌书、书写、奏差、伴官（附奉祀生），计二十个子目。该书篇幅巨大，是迄今为止阙里地方文献中最为详尽的。

目前学术界关于《阙里文献考》一书的研究，仍十分有限[②]。笔者将分为《阙里文献考》对阙里制度的考证、对孔氏家族著述的考证以及对孔门人物、历代大儒传记的记载等三个部分，对《阙里文献考》的学术价值做初步探讨。

一、《阙里文献考》对阙里制度的考证成就

《阙里文献考》在体例上多仿照典志体史书《文献通考》，在对阙里礼乐制度、职官沿革、林庙建筑、户田赋役及学校考选等制度问题的考证中，都取得了不少成就。

《阙里文献考》对阙里制度的考证，首推对礼乐制度的考证。孔继汾对礼仪制度素有研究，他在《孔氏家仪》《劻仪纠谬》等书中，比较偏重对孔氏家礼的研究，而在《阙里文献考》一书中，则比较偏重对阙里官方礼仪

---

① 《东抚为查明孔继汾别无不法书籍缘由奏折》[关于族人孔继汾增减会典服制刊著孔氏家仪一书奉旨查办遣成伊犁（一）（三六三一）之二十五]，《曲阜孔府档案史料选编》第三编第一册，济南：齐鲁书社 1980 年版，第 541 页。

② 笔者所见仅有周洪才：《孔继汾与〈阙里文献考〉》（《山东图书馆季刊》1992 年第 3 期，第 54—56 页），对孔继汾及《阙里文献考》的基本情况作了简要梳理。

制度的研究。孔氏家族重视孔庙、孔林的祭祀，其祭祀活动代有传承，能够保持古代的祭祀仪式的器物。乾隆十三年（1748 年），乾隆帝驾幸阙里时，“驻驾庭庙，周览古物，慨有更革礼器之意”，于是“命工绘事制造，而郊庙坛壝笾豆尊罍簠簋，悉复古初”，可见阙里祭仪保存古礼的价值。而“《旧志》所载，除封谥、章服、祀典、乐章外，虽有礼器、乐器二图，不过略指其名义而已，仪注未登，象数多缺”①，记载不甚详尽。故孔继汾在《阙里文献考》中对礼乐制度，特别加以重视。

该书对阙里释奠礼的考证，就比较有特色。继汾认为：“古者释奠，有乐无尸，本礼之简者；释菜则并无乐，又其简者也。菜仪久绝不传，而释奠之文，古亦无考。自唐《开元礼》始有国学郡县释奠之制。宋《开宝礼》全采用之。《政和新仪》，本书自多抵牾，将祀者又迫不能习。朱子病之，重依《开元礼》定仪注条上，且请下他州为式。元导江张须来鲁教授三氏子孙，以阙里自罹兵革，宫室荆榛，牲杀、器皿、衣服不备者垂三十年，慨然欲修复旧仪，乃取朱子所考订，《仪礼》《开元礼》而下，裒为一书，俾孔氏子孙世习之。今考《祖庭广记》，尚存此仪，而《阙里旧志》竟阙而弗录，汾甚憾焉。按唐宋之制，国学以祭酒、司业、博士充三献官，州则以刺史、上佐、博士，县则以令、丞、薄、尉。阙里旧仪，本以衍圣公为初献，家尊、族长为亚、终献。是献官有异，升降拜跪之仪则一也。兹考于唐，取《开元礼》，凡称刺史、州佐、博士者，皆易为初、亚、终献官。于宋元则述朱子及张教授所定，以备往代释奠之仪注。至明时《阙里仪注》，视今惟少崇圣祠；而今见行仪注，惟并奠帛于初献，改四拜为三跪九叩头，其他多沿旧式，祭文亦相同，故不复载。”② 以下列举了唐代《开元礼》、宋代朱子以及张教授等几种代表性释奠礼的详细内容。列举旧礼时，并不满足于抄录旧文，而能指出历代释奠礼的因革变化。在论及南宋、元初释奠礼的变化时，继汾就指出：“当时文庙配食者犹沿北宋，惟兖、邹二公。迨度宗咸淳之三年，始增以郕、沂二国公配。时南北隔绝，故制未行阙里。阙里庙堂之增为四配，始于元文宗至顺五年，又在张教授之前。今

① 孔继汾：《阙里文献考》卷一九《礼第五之一》，《续修四库全书》第 512 册，上海：上海古籍出版社 2001 年版，第 104 页。

② 孔继汾：《阙里文献考》卷二一《礼第五之三》，《续修四库全书》第 512 册，上海：上海古籍出版社 2001 年版，第 118 页。

《仪注》不能依时考录，录其祝辞。”[①] 考证了宋元之交阙里释奠礼配享的变化，指出了前人的错误。最后，《阙里文献考》又在考证历代释奠礼的基础上得出结论：“古者尸席在西，主人及祝西面妥尸，神道尚右也。主人初献，主妇亚献，宾长终献，三献酳尸，尸亦各酢主人、主妇及宾，神惠示均也。今述《开元礼》，非惟备制，亦取其近古之义者多焉。”[②] 指出在以上各家释奠礼中，《开元礼》最符合古礼的原貌。

《阙里文献考》对阙里制度的考证中，较有成就的还有对阙里及孔府职官制度的考证。例如，对孔府中守卫林庙百户一职的记载如下：“守卫林庙百户一员，秩比卫守备。掌林庙之户籍，供其洒扫户役之事；主守礼器祭祀，则司涤濯、掌牺牲之宰割，在汉魏即百石卒史之职也。汉桓帝元嘉三年，鲁相乙瑛尝以孔子庙有礼器无人掌领，请置百石卒史一人掌之。后世以其管辖洒扫百户，其官遂为百户。又以职司巡徼，有武备焉，合典籍、司乐、管勾等三员为兵农礼乐四司。始用孔氏，后以生员。明孝宗弘治间，始以洒扫户才德兼优者充之。止由衍圣公委用，不由部铨注。国朝康熙二十三年，六十七代衍圣公奏准与司乐、典籍、管勾等官，一体咨部题授，食卫守备俸。”短短二百余字，对守卫林庙百户这一职官的职掌、历史、品秩等内容的记载十分详细。现存其他史料，如现存孔府档案关于百户的部分，记载康熙二十三年（1684 年）衍圣公启奏将百户官咨部题授的过程以及准奏的诏书文字较为详尽，对于守卫林庙百户这一官职的沿革、品秩的记载，则不及《阙里文献考》详尽[③]。孔府档案中记载百户的沿革，言“孔庙于汉元嘉三年，设立百户一员，掌管祭器及洒扫守卫。至明洪武年间……而百户止由衍圣公委用，并未达部”，相比《阙里文献考》所载简略许多；而对于清代百户的品秩，孔档言“相应将供事百户姓名咨送兵部注册，所给俸禄照例官员于祭田内支给可也”[④]，不及《阙里文献考》直接指

---

① 孔继汾：《阙里文献考》卷二一《礼第五之三》，《续修四库全书》第 512 册，上海：上海古籍出版社 2001 年版，第 121 页。

② 孔继汾：《阙里文献考》卷二一《礼第五之三》，《续修四库全书》第 512 册，上海：上海古籍出版社 2001 年版，第 123 页。

③ 参见孔档［2433］、［5103］，中国社会科学院近代史研究所中华民国史研究室、山东省曲阜文物管理委员会：《孔府档案选编》（上），北京：中华书局 1982 年版，第 5—7 页。

④ 参见孔档［2433］，中国社会科学院近代史研究所中华民国史研究室、山东省曲阜文物管理委员会：《孔府档案选编》（上），北京：中华书局 1982 年版，第 5—6 页。

明“食卫守备俸”具体。《阙里文献考》与其他典志体史书、方志、档案文献，同为研究阙里、孔府职官制度的重要材料。

《阙里文献考》一书，对于阙里的林庙建筑、学校考选及户田赋役等典制问题，也有较为详尽的考证，篇幅所限，此不赘述。

二、《阙里文献考》对孔氏家族著述的著录

《阙里文献考》一书，对于曲阜孔氏家族的著述情况，亦有较为详尽的著录。

孔继汾在《阙里文献考》卷三十一《孔氏著述考》一门中，根据孔氏家藏和前代典籍所载详细著录了清代以前孔氏学人的著作情况。体例按照四部分类法，分为经、史、子、集四部，其下又分若干子目。共著录孔氏学人著作二百三十部（含卷数不明者四十七部），一千七百七十四卷，其中经部四十四部（含卷数不明者十二部）三百八十七卷，史部六十一部（含卷数不明者二十一部）七百四十六卷，子部三十八部（含卷数不明者六部）一百六十八卷，集部八十八部（含卷数不明者八部）八百七十三卷。对于每部书籍都能注明作者的世系、朝代、官职、姓名以及书名、卷数等基本事项。

而孔继汾在《孔氏著述考》中并不仅仅满足于记录书名、卷数等内容，更能在各部类作小序，梳理学术源流，勾勒出孔氏家族学术的授受传承；在一些书名后加以小注，考释一些具体问题。在对学术著作的记载中，这一特点尤其突出。例如，在《经部·春秋类》中继汾先作《小序》：“《春秋》，鲁史也。东周之世，世衰道微，臣弑其君者有之，子弑其父者有之，先圣惧焉。以鲁周公之国，礼文备物，史官有法，故与左邱明观其史记，据行事，仍人道，因兴以立功，就败以行罚，假日月以定历数，藉朝聘以正礼乐。有所褒讳贬损，不可以书见，口授弟子，弟子退而异言。邱明恐弟子各安其意，以失其真，故论本事而作传。及口说行，又有公羊、穀梁之传。左氏亲受经先圣，而公、穀实子夏弟子。授受相承，皆有端绪，故传说虽有不同，要皆依附圣经，非由臆说。汉兴，诸儒守师传，互相攻击，或立或否，迭为盛衰。”总体勾勒了孔子以来春秋学发展的大致脉络。以下著录了汉十三代驩《公羊训诂》《穀梁训诂》，十六代奇《左氏义诘》三十一卷，十七代嘉《左氏说》一卷，二十代融《春秋杂议难》五卷，宋二十二代衍《左氏训注》十三卷、《公羊集解》十四卷、《穀梁训注》十四卷，宋二十六代默之《穀梁注》一卷，唐三十二代颖达《左传正义》三十六卷、

《公羊疏》三十卷，清六十八代衍圣公传铎有《三传合纂》十二卷，共十二部孔氏学人的《春秋》学著作。其中孔驩《公羊训诂》《穀梁训诂》后有小注“卷并佚”，孔衍《穀梁训注》十四卷后有小注“《旧唐志》十三卷”，孔颖达《左传正义》三十六卷后有小注“《旧唐志》三十七卷”[①]，分别对这几部著作的卷数等问题注明异说，以备参考。

孔继汾在对阙里文献和孔氏家族文献的记载中，也比较重视对学术源流的梳理和对具体问题的考证。又如，在《史部·谱牒类》中，继汾亦先做《小序》：“古者天子建德，因生以赐姓；诸侯建家，因生以命族。《周官·小史》定系世，辨昭穆，谱系亦柱下之职也。秦并天下，划除旧迹，公侯子孙失其本系。汉兴，稍稍别之。魏晋谱系之书渐广。迨西晋丧乱，百宗荡析，冠冕舆隶混为一区，不可遽知。是以周齐而还，谱牒之学益贵于世。”对谱牒之学的兴起与发展过程，也介绍得比较详细。其下列举了唐三十三代志约《姓氏谱》二百卷，三十六代至《姓氏杂录》一卷、《百家类例》三卷等三部孔氏学人写作的谱牒类著作。最后介绍了《孔子氏家谱》的发展过程：“至孔子系叶，传始于唐黄恭之。然止叙传袭一人，殊多疏略。至宋元丰中，四十六代孙刑部侍郎宗翰病之，上自孔子，下止四十九代，作《孔子世家谱》。四十八代孙宋国子博士端明，四十九代孙金曲阜主簿瓌，五十代孙元济、兖、单三州宣课提领鼐，五十一代孙元衍圣公元措、宋谏议大夫应得，五十三代孙元参知政事淑、翰林院检阅泾、吴江州判涛，五十四代衍圣公及处士思敬，六十代孙明处士承懿皆相继续修。厥后时有增辑，然书只抄录，未有刻本。明天启间，六十五代衍圣公始重修锓版。此后小修则书之，大修则刊之，皆以三十年为限。”不仅罗列了九种《孔子氏家谱》，更是介绍了《氏家谱》的创始、变化以及明以后形成的纂修程序。而在孔宗翰、孔承懿、六十五代衍圣公《孔子世家谱》之下，则分别以小注注明“卷佚”“右十一书卷并佚”“是书卷佚”[②]，考订了这几部《氏家谱》的卷数及存佚。

不过孔继汾在《阙里文献考》中对孔氏学人著作的著录，也不无缺失之处。他对于学术类和孔氏家族文献类著作特别关心，记载、考证较为仔

---

① 孔继汾：《阙里文献考》卷三一《孔氏著述第十一》，《续修四库全书》第512册，上海：上海古籍出版社2001年版，第167页。

② 孔继汾：《阙里文献考》卷三一《孔氏著述第十一》，《续修四库全书》第512册，上海：上海古籍出版社2001年版，第168页。

细，而对于戏曲、诗文类著作，则有遗漏。仅以清初著名文学家孔尚任的著作而言，《阙里文献考》仅记载了《阙里新志》二十四卷、《节序同风录》十二卷、《会心录》四卷、《岸堂文集》六卷、《湖海集》十三卷等五种。据有学者统计，遗漏了《桃花扇》《小忽雷传奇》《石门山集》《长留集》《出山异数记》《人瑞录》《享金簿》《画林雁塔》《平阳府志》及《莱州府志》等十一种著作[①]。孔尚任卒于康熙五十七年（1718年），距《阙里文献考》的编纂时隔不远，孔尚任又是继汾的同族前辈，其著作遗漏之多，恐怕与继汾不重视《桃花扇》等非戏曲著作有关。而《阙里文献考》中对于孔氏学人著作的著录，仅注明卷数亡佚者，而对著作本身存亡则不加考证，使读者无法知晓著录书籍在清代的存佚情况，也是一个不小的缺失。

三、《阙里文献考》对孔门人物、历代大儒传记的记载

除阙里制度、孔门著述问题之外，《阙里文献考》记载了孔子、孔门弟子、历代大儒及孔氏家族后人共一千余人的传记，也是该书学术上的一大成就。

对于孔子、孔门弟子及历代大儒等旧有传记者，继汾能够在前人基础上，考证一些问题。例如，对于孔子弟子，继汾在《阙里文献考》中考证了其人数："《史记·仲尼弟子列传》曰：'受业身通者七十有七人，自子石已右三十五人，颇有年名及受业见于书传。其四十二人，无年及不见书传者，纪于左。'《家语·弟子解》云：'右七十二弟子，皆升堂入室者。'然所载颜渊以下，实七十六人。古本《家语》无颜祖，今本《家语》无颜何。《史记》则兼有颜何、颜祖，无琴牢、陈亢、县亶，而别有公伯寮、秦冉、鄡单。合二书所载弟子，共得八十人焉。考唐开元二十七年从祀者凡七十七人，宋初裁为七十二人，大观间又增至八十二人，明嘉靖时复减为七十六人。议论纷纭，去取不一。我朝考订文庙祀典，专以《史记》《家语》二书为据，第黜公伯寮而进《孟子》所引之牧皮，然后八十人之数始复其旧。"[②] 通过《史记》《孔子家语》记载以及历代从祀情况，考证孔子弟子人数，最后确定清代文庙祀典八十人最为符合《史记》《家语》的记载，予

① 参见周洪才：《孔继汾与〈阙里文献考〉》，《山东图书馆季刊》1992年第3期，第55页。

② 孔继汾：《阙里文献考》卷四二《圣门弟子第十三》，《续修四库全书》第512册，上海：上海古籍出版社2001年版，第264页。

以采信。对于孔门弟子及先儒的从祀情况，继汾亦能予以考证："又弟子及从祀先儒传中所载历朝封爵舛错甚多。如宋初封曾子参为瑕邱侯，后以封邑与先圣名同，改封为武城侯。今乃讹瑕邱侯为郕侯，审是则何必有改封之事。又《宋史·礼志》载崇宁四年追封秦商冯翊侯，其后序南宋文宣王庙制东庑位次，则又云冯翊侯秦祖、甄城侯秦商，则前后错乱，必有一误。秀水朱彝尊作《弟子考》，据咸淳《临安志》定秦祖为甄城侯、秦商为冯翊侯，而以史所载南宋位次为误，似为有据。今于秦子祖作甄城侯，而于秦子商亦作甄城侯，误中更误，其谬殊甚。其他讹者，如以有子若下伯作汴伯，颜子祖临沂伯为临邑伯，穀梁子赤睢陵伯为睢阳伯，司马子耕睢阳侯为绥阳侯，琴子张阳平侯为平阳侯，又周子敦颐元仁宗延佑六年封道国公，乃作至顺中。种种讹错，不可枚举。《新志》相沿，悉未改正。至讹宋封陈子亢南顿侯为南邢侯，则又《新志》之失考者也。"[①] 利用《宋史·礼志》、朱彝尊《孔子弟子考》等材料，纠正了许多《阙里旧志》《阙里新志》中关于孔子弟子封号、从祀等问题的记载讹误。

对于孔氏族人的传记写作，孔继汾在《阙里文献考》中也取得了一定成就。他曾参与乾隆甲子（1744 年）《孔子世家谱》的修纂，故而能接触到许多原始资料。孔氏族人中他处有传者，《阙里文献考》或能较为详尽；部分族人的传记不见于史书及方志，《阙里文献考》中亦略备小传，可资参考。例如，六十八代衍圣公传铎，阮元《儒林传稿》卷四、赵尔巽《清史稿》卷四八三均有传。《阙里文献考》卷十中传铎的传记写作早于阮、赵，且字数有近千字，较《儒林传稿》二百余字、《清史稿》五百余字详尽不少。特别是其中保存了不少传铎生平的细节。如"恭悫公晚年多疾，祀事辄命公代摄，而于兴建诸大务所襄赞尤多"，显示传铎少年参与府务，又关心三孔营建事务。孔庙营建过程中，"命礼部侍郎留保、山东巡抚岳濬、前巡抚陈世倌率众营建，而以公共董其事"，"明年诏修孔林，仍命公与陈世倌监理"[②]，则显示出在三孔营建过程中传铎与陈世倌有过较多的合作，建立了良好的私人关系。后来孔府与陈世倌联姻，乾隆帝在孔昭焕"祖庇户

① 孔继汾：《阙里文献考》卷末《阙里志辨伪》，《续修四库全书》第 512 册，上海：上海古籍出版社 2001 年版，第 481 页。

② 孔继汾：《阙里文献考》卷十《世系第一之十》，《续修四库全书》第 512 册，上海：上海古籍出版社 2001 年版，第 49 页。

人”案中怀疑孔府与陈氏有勾结，都可以在此找到线索。这些不见于他书的细节，是研究孔传铎生平重要的材料。又如孔传铎之弟孔传鋕，传记资料极为缺乏，仅在《孔子世家谱》中有几十字的生平介绍，孔继汾在《阙里文献考》卷七十三为其立了百余字的传记，是其传记中最为详尽的。

对于孔氏族人生平前代记载有疑问者，继汾也能多加考证。如对于《宗子世纪》中对于秦至唐几位孔氏子孙的生平记载，都做了考辨：“又《宗子世纪》云，九代鲋字子鱼，秦始皇并天下，召为鲁国文通君，拜少傅。考《孔丛子》，子鱼在秦时隐居不仕，至陈涉起兵乃聘为博士、太傅。今谓鲋仕于秦，不知何据。又云十代忠征为博士、褒成侯。考褒成之封，始于十三代霸，此前未有也。今于十代先书此爵，殊属失考。又云二十八代灵珍孝文帝太和十九年仍封崇圣侯，食邑一千户。考崇圣之改为侯爵，实始于二十八代，前此盖崇圣大夫也。今云仍封崇圣侯，甚不可解。又于三十三代褒圣侯传中，唐太宗贞观十一年，诏朝会位同三品，下注云：此后世召孔子子孙朝会之始。考汉武东巡，褒成侯序在东后；章帝东巡，亦助祭明堂，与朝会者已久，盖不始于唐贞观也。”① 通过文献资料与史实，纠正了前代文献中记载孔鲋、孔忠徵、孔灵珍、孔传中四人生平的一些错误。

《阙里文献考》作为一部详尽的阙里地方文献，对阙里制度、孔氏家族著述以及对孔门人物、历代大儒传记等问题的记载和考证，都取得了不少成就，是研究曲阜地方历史重要的资料。全书较早将考据方法引入孔氏学人著作之中，虽不十分精密，却是清代孔氏家族学术汉学化转型的一个重要标志。作为孔继汾著作中少数未被查禁的一部，在社会上有一定流传，扩展了继汾学术的影响。

第二节　孔继汾的家族礼学成就

中国古代文明以礼乐文明作为特征，各种礼仪在社会生活中扮演了重要角色。而曲阜孔氏家族的先人孔子，在儒家学说中也特别重视“仁”和

① 孔继汾：《阙里文献考》卷末《阙里志辨伪》，《续修四库全书》第 512 册，上海：上海古籍出版社 2001 年版，第 479 页。

"礼"的概念，将礼作为人处事的根本。不过，唐宋以降，随着社会的发展和地域的不同，人们在社会生活中使用的礼仪越来越多种多样，先秦古礼遭到了变形和废弃。虽有司马光和朱熹分别创作《书仪》和《朱子家礼》，试图在古礼的基础上重新制定一套礼仪规范。但是各地礼俗分化的趋势仍然存在，特别是到了清代之后，作为孔子故里的阙里以及孔子后人的曲阜孔氏家族，虽然保存着部分历代相传的古礼，但实际生活中的礼节出现不少从俗的现象。孔继汾痛感这种情形，有心编纂一部记载孔氏家族家礼的书籍，作为族内后辈的行为规范。"欲及今犹有可以考见先型者，编为一书，俾子孙知所法守。"乾隆二十七年（1762 年），衍圣公孔昭焕续娶铅山程氏女。"将亲迎，程氏来请曰：'阙里礼宗，今将举嘉礼，其仪节愿有闻焉，谨率以行事。'"昭焕问礼于继汾，继汾"具旧仪以对"。继汾的友人江衡听闻此事，又建议创作一部全面介绍孔氏家族礼仪的书籍："善乎！兹请礼有乎敬慎重正昏礼也。抑某亦有请。鲁，秉礼之国也，而子又先圣之裔也。微特昏礼而已，凡吉凶诸礼，当集有成典，可得备观乎？"[①] 继汾得此机缘，正式撰写《孔氏家仪》一书。后来继汾"尝取《家仪》正集之外取意所未尽，事欲所商，及平时与友朋相往复者"[②]，著成《家仪答问》一书，作为《孔氏家仪》的补充。二书是孔继汾研究曲阜孔氏家族礼仪最集中的代表。

《孔氏家仪》凡十四卷，其中卷一至卷三为"吉礼"，分别论及"庙祭""祔""墓祭"；卷四至卷十为"凶礼"，其中卷四分为上下，分别论及"丧服""丧服表"，卷五至卷十分别论及"初终至既殡""葬""丧祭""奔丧扶榇""改葬""吊赙会葬"；卷十一至卷十三为"嘉礼"，分别论及"昏""家庭燕会相见及对宾客""修家谱"；卷十四为《自序》。《家仪答问》凡四卷，附《续篇》三卷，《外篇》一卷，其中卷一为"《总序》一章"及"答吉礼十五章"，卷二为"答凶礼十二章"，卷三为"答凶礼二十一章"，卷四为"答嘉礼十二章"，《续篇上》为"答吉礼九章"，《续篇中》为"答凶礼十六章"，《续篇下》为"答嘉礼六章"，《外篇》为"答殇服四章"。

---

① 孔继汾：《孔氏家仪》卷十四《自序》，济南：山东友谊出版社 1989 年版，第 535—537 页。

② 孔继汾：《家仪答问》卷一，济南：山东友谊出版社 1989 年版，第 562 页。

作为孔氏学人论及孔氏家族礼仪的著作，前人对《孔氏家仪》《家仪答问》的研究局限于与此相关的《孔氏家仪》文字狱案（本书第三节将有专文涉及，此不赘述），而关于二书内在的学术价值，则尚无专文论及。笔者将分为礼学思想、对孔氏家族礼仪的研究二部分，对两部著作研究孔氏家礼的成就进行初步探讨。

一、《孔氏家仪》的礼学思想

孔继汾在《孔氏家仪》《家仪答问》等家礼著作中，不仅罗列考证了具体的礼仪内容，而且提出了许多有价值的礼学思想。现分为部分论述如下：

（一）重视古礼，讲求缘情

孔继汾认为上古礼仪最为完美，“先王以礼防民之意厚矣哉”。而后世不能严守先王之礼，视之为条文，“乃奉行者视为故事，各以便其私”，纷纷对先王之礼加以窜改。宋代虽有司马光《书仪》、朱熹《朱子家礼》试图纠正，但“经五百余年，群儒多以己意联辑补缀，世人复以乡俗沿袭之事棼然杂出乎其间，虽号尊《家礼》，其所行者已非复朱子之旧”。到了清代，情况更为严重，曲阜民间“如吾乡素称守《朱子家礼》者也，亦素以古礼参用《朱子家礼》者也，又素以乡俗相沿之陋习附会《朱子家礼》者也”；而孔氏家族内部在继汾“冠以后迄今二十年中，涉阅吉凶诸事变易已非一端，其变而从古者故多，变而从俗者，亦时不免”[①]，都出现了严重的违背古礼的情况。继汾对此十分痛心，他撰写《孔氏家仪》的原则是：“往往以古今互为参考，其今之克循古者，则据古以证之；其古之未可通于今者，则引古以申之；其今之显悖于古者，则援古以折之；惟时俗之万万不可从者，乃削而不著，非敢依回于俗，故为骑墙之见也。”虽然古今参照，但却以古作为标准来衡量今。试图达到“苟我子孙谨修而审行之，于区区复古之苦心，庶无负焉”的目的[②]，最终的落脚点还是“复古”。

而在评价具体礼仪的时候，继汾也多以是否符合古礼作为标准。如卷五论及“讫复举尸奠其上，主人哭踊，执事者敛衾”这一礼节时，继汾云：

---

① 孔继汾：《孔氏家仪》卷十四《自序》，济南：山东友谊出版社 1989 年版，第535—537 页。

② 孔继汾：《孔氏家仪》卷十四《自序》，济南：山东友谊出版社 1989 年版，第538—539 页。

"复古礼而救非礼，不亦善乎。"[①] 又如卷六提到"大祥弃杖"时，继汾云："古礼大祥始埋杖，俗有于复三时即置杖于塚上者，非夫杖所以辅病也。"[②] 均是以古礼作为去取的标准。

孔继汾何以如此推崇古礼？他认为："（先王）以人之有夫妇也，为制昏姻嫁娶之礼，以人之有父子也；为制服劳奉养之礼；以人之有亲党朋友也，为制交接酬酢之礼；以人之乐其群也，为制饮食燕飨之礼；以人之哀其死也，为制棺椁衰麻之礼；以人之不忘其本也，为制庙祧尸祝之礼；以礼之不可无文也，饰之以升降跪拜之容焉；以礼之不可无节也，辨之以亲疏贵贱之等焉。上自朝廷，下达邦国，师儒之所传习，闾巷之所遵循，罔不以是为兢兢。传曰：'礼也，犹体也。'体不备，君子谓之不成人；设之不当，犹不备也。故《礼经》三百，《曲礼》三千，其致一也，未有入室而不由户者。"[③] 即古礼是先王根据人情所制定，讲求实践的礼仪，并非虚文。如前述他主张"大祥弃杖"，即是因为："《记》云'虞杖不入于室，祔杖不升于堂'者，皆哀杀之节，岂谓遂不至于病乎？且古人云'杖必埋之'者，重之，惟恐亵之也。若葬甫三日，汲汲焉置于塚上而还，直是弃之而已，何重之足云。"[④] 认为大祥弃杖乃是重视丧礼，"复三时即置杖于塚上"违背了古礼背后重视丧礼的情感，而不是拘泥于古礼的条文。

孔继汾强调古人缘情制礼，是符合儒家本义的。孔子在《论语》中回答宰我问三年之丧时，提到："予之不仁也！子生三年，然后免于父母之怀。夫三年之丧，天下之通丧也。予也，有三年之爱于父母乎？"[⑤] 强调"三年之丧"这一古礼背后体现的回报父母养育之恩的意义。这种因重视古礼背后的情感因素而提倡恢复古礼的做法并不等同于简单的保守复古，是

---

① 孔继汾：《孔氏家仪》卷五《凶礼二》，济南：山东友谊出版社 1989 年版，第 452—453 页。

② 孔继汾：《孔氏家仪》卷六《凶礼三》，济南：山东友谊出版社 1989 年版，第 480 页。

③ 孔继汾：《孔氏家仪》卷十四《自序》，济南：山东友谊出版社 1989 年版，第 535 页。

④ 孔继汾：《孔氏家仪》卷六《凶礼三》，济南：山东友谊出版社 1989 年版，第 480 页。

⑤ 何晏注，邢昺疏：《论语注疏》卷十七《阳货》，阮元：《十三经注疏》，北京：中华书局 1980 年版，第 2526 页。

值得肯定的。而继汾之子广森在《大戴礼记补注》等书中亦强调“缘情制礼”，很可能是受到了继汾的影响。

（二）因时制宜，参用今礼

孔继汾虽然十分强调古礼的重要性，但他在实际的操作过程中，也认识到时代在发展，不可能对古礼盲目照搬，需要适当吸收今礼的内容。他提到后人并不完全袭用《朱子家礼》时，认为“况唐宋故事，实有不可通于今日者，变而加厉，何怪其然也”[①]。承认《家礼》在后世有不适用的内容，不可不变。在《家仪答问》中，更是提到：“独是一俗者，有先进焉，有后进焉。先进多质质之弊，不免于拙，后进益文文之弊，易趋于浮。彼此相权，亦互有失得。苟舍夫失而从得，礼意原不甚相远也。若于先进之得者断然曰‘非今所用矣，非近所行矣’，而于其失万不可从者乃斤斤曰‘自古则然，在昔则然’，是尽弃其得，两收其失，不但非用礼之意，并失从俗之意矣。”[②] 直接指出古礼与今礼只是“先进”“后进”之别，各有优劣，必须互相参考。一味强调古礼，与盲目从俗一样，都是不可取的。

在讨论具体礼仪之时，孔继汾亦能贯彻这种参用今礼的思想。例如前述论及“执事者敛衾”这一礼节时，继汾虽认为今礼违背了古礼：“古者既袭以冒韬尸，冒作两囊，上曰质，下曰杀，所以掩其形恐为人所恶也。今既不用冒衾，复露首。又敛时恐死者有秽气，以酒湿纸覆尸面，若是者皆非也。夫凿巾以饭，《记》犹讥之，况以纸覆面之亵乎。”但也并未一味提倡复古，而是提出一种参用今礼，保留古礼立意的方案：“今纵不用冒，若掩衾韬首而后结绞，则秽气不出，则孝子可无恶其事亲之嫌。”[③] 就显得比较通达，是一种两全其美的做法。

（三）顾及弱势群体

中国古代礼仪是宗法等级制度下的产物，一定程度上被当作维护尊者利益的工具，而处于弱势群体往往被忽视。孔继汾在《孔氏家仪》中能够根据人情，顾及弱势群体的利益，在丧服等制度中赋予其一定地位。

子为母服丧服，本无疑义，但是是否需要为出母（被休弃的生母）、嫁

---

① 孔继汾：《孔氏家仪》卷十四《自序》，济南：山东友谊出版社 1989 年版，第 536 页。

② 孔继汾：《家仪答问》卷一，济南：山东友谊出版社 1989 年版，第 562—563 页。

③ 孔继汾：《孔氏家仪》卷五《凶礼二》，济南：山东友谊出版社 1989 年版，第 452—453 页。

母（改嫁的母亲）等人服丧，历来存在争议。继汾在处理这一类疑难问题时，采用了缘情照顾弱势群体的态度。“为出母”条之下，继汾云：“律云：‘谓亲母被父出者。’古礼为父后者不服出母。《传》云：‘与尊者为一体，不敢服其私亲也。’明以来为父后者亦服。”“为嫁母”条下，继汾云：“律云：‘谓父死再嫁他人者。’古礼为父后者无服。明以来并服。”① 按照古礼，为已没有宗法关系出母和嫁母服丧，有违背父亲、触犯尊者的嫌疑。但继汾在这里没有拘泥于古礼，而是列举了明以后“并服”的做法，允许亲子为出母、嫁母服丧，给予了相对父权、夫权处于弱势地位的出母、嫁母一定地位。

妾为家长服丧本无疑义，而家长是否应当为妾服丧？在“妾为家长”条之下，继汾云：“律无家长为妾之服。《礼·丧服·缌章》有‘贵妾’，注云：‘谓公、士、大夫之君也。’《丧服·小记》云：‘士妾有子而为之缌，无子则已。’故今世亦有为妾服缌者。但律既不载，必缘饰礼文而为之服，似近于私矣。或云心丧三月可也。”② 清代律文中并无家长为妾服丧的规定，继汾虽不同意后世“缘饰礼文”为妾服丧的做法，但是也提出“心丧三月”的折中方案，给予了传统社会中身份低下的妾一定地位。以上这些根据人情，顾及弱势群体的做法，都反映了继汾相对开明的思想。

孔继汾在《孔氏家仪》《家仪答问》中的礼仪思想，看似追求复古、比较保守，但实际上强调缘情制礼，主张恢复古礼背后的感情因素，同时能够根据实际情况、参用今礼，还能够给予弱势群体一定关照，具有一定的进步意义，对中国古代礼学思想有所贡献。

二、《孔氏家仪》对孔氏家族礼仪的研究

孔继汾在《孔氏家仪》等书中，对曲阜孔氏家族历代相传的礼仪进行了详尽的记载与研究。本书将依照传承家族古礼、记载特色礼仪及保存民间礼俗三个部分，对本问题论述如下：

（一）传承家族古礼

曲阜孔氏家族作为孔子后裔以及历史悠久的家族，其家族礼仪世代相

① 孔继汾：《孔氏家仪》卷四上《凶礼一上》，济南：山东友谊出版社 1989 年版，第 393—394 页。

② 孔继汾：《孔氏家仪》卷四上《凶礼一上》，济南：山东友谊出版社 1989 年版，第 393 页。

传，其中保存有不少接近先秦古礼的内容。孔继汾在《孔氏家仪》和《家仪答问》中着重记载了这一部分的内容。

例如，在吉礼部分“祔”的内容中，继汾就记载了孔氏家族比较符合古礼的迁主仪式。他先是详细记载了仪式的内容：“主人及众皆复位，司馔者彻馔，出送神。主人及众皆鞠躬四拜，兴。祝恭奉祝文诣燎位。主人望燎毕，复位升堂，诣正位前跪。执事者进请主。主人俯伏，兴。祔位亦如之。曾祖考妣神主在前，考神主在后。主人恭送入祠堂，还曾祖考妣神主于原位，纳考神主于最后一室。”接下来，继汾肯定这种迁主制度保存了先秦古礼：“凡昭主、穆主初祔，皆纳右室，易世乃迭迁而左，此孔氏家庙之旧制也。盖古者诸侯五庙，大夫三庙，皆同宫异庙，故昭常为昭，穆常为穆。”然后继汾记载了乾隆十年（1745 年），孔府为迁主仪式产生的一场争执。此时衍圣公孔昭焕年幼，执事官孔广柞向继汾请教迁主仪式。继汾认为：“今古异宜，当一如旧式。迁汝曾祖父之主于左，迁汝祖之主于右，而祔汝兄之主于最后一室。”而同时“客有为常昭常穆之说者”，提出：“古者昭常为昭，穆常为穆，百世不可改。如子之说，其如昭穆之序何?”[①] 反驳了继汾的意见。最后经过讨论，“客乃无以应”[②]，孔庙的旧志以及继汾的意见得到执行。

又如在“奔丧扶榇”部分，继汾记载了“初闻丧将至家”的礼仪。以下记载了康熙二十六年（1687 年）大学士宋德宜卒，其子“白礼部请移文护送入城”，礼部对是否应当归家、入城治丧产生了争执。而继汾认为：“而卒于外而归葬，还家而治丧，无不入城者。乃近世惑于阴阳拘忌之邪说，或谓城门不可入，而殡于郊外者有之；或原居郊外亦不容入宅，而寄于别馆者有之。”只会导致“生既不能返迹乡闾，没复不能归魂家室”的恶果[③]。以下又详细记载了归葬家中的种种仪节，保存了归家治丧这一较为接近古礼的家族礼仪。

孔继汾在《孔氏家仪》等著作中记载的较为接近古礼的家族礼仪，保

① 孔继汾：《孔氏家仪》卷四上《凶礼一上》，济南：山东友谊出版社 1989 年版，第 393 页。

② 孔继汾：《孔氏家仪》卷二《吉礼二》，济南：山东友谊出版社 1989 年版，第 381—382 页。

③ 孔继汾：《孔氏家仪》卷八《凶礼五》，济南：山东友谊出版社 1989 年版，第 494 页。

存了先秦古礼沿用到后世仍具有生命力的部分片段，是孔氏家族历代相传的礼仪文化结晶，对后世的礼学研究，具有重要的参考价值。

（二）记载特色礼仪

孔继汾在《孔氏家仪》等著作中，除了保存古礼之外，又记载了孔氏家族礼仪中起源虽不很早，但是具有家族特色的一些礼仪制度。

例如，在“家庭燕会及对宾客”部分中，继汾则记载了许多古礼无明文孔氏家族中习用的做法。如子妇对长辈的请安制度：“每日子妇夙兴盥漱、冠栉毕，请安于父母之侧。子鞠躬，妇肃拜，问左右曰安否。曰安，则俟命之退而退；否，则留侍供药物。晨省毕，子出治外事、对宾客。食时，妇供晨所进馐膳罢，子入问亲所进。夕膳亦如之。夜，子妇复诣亲所，省视寝具毕，父母就寝，命之退则出。事祖父母亦如之。”[①] 保存了孔氏家族生活中日常请安礼仪细节。其余如家族宴会、招待宾客等礼仪，继汾亦有较为详尽的记载，都是仅记载乡饮酒礼、乡射及大夫食、聘、宾等的古礼没有明文的。

又如，在“修家谱”部分中，继汾详细记载了曲阜孔氏家族编纂《孔子世家谱》的流程：“《孔氏家谱》大修用甲子岁，小修用甲午岁。大修刊版，小修则书于册，藏之祖庙。凡义子、凡赘婿为子者，凡娶再醮妻因抚其前夫之子者，凡僧道干犯名义者，凡流入下贱者并毋入。先期宗子以例申告族长及举事，族长、举事集六十户之户头、户举申诫之。宗子乃颁其版，版式曰：‘某户、几十几代、名某字某、年若干、岁居某县某社某村、职何习何业何，曾祖名某职何习何业何，祖名某职何习何业何，父某职何习何业何，子若干人各名某职何习何业何，如有假冒错遗，户长甘罪，某年月日给，某年月日缴，钤以印。’子姓各给一版，令自填注。凡命名不依行辈定字者不得书于版。自注版讫，取五服以内诸亲族公结，本房之长汇送本户户头、户举，户头、户举查察加结，汇送族长、举事。族长、举事覆核加结，汇送宗子，宗子乃简族中之长者开局纂辑。将开局，宗子具礼服，率族长以下有事者，告于始祖庙及报本堂。告文曰：‘今当修谱之年，谨同族众分曹办理，涓以今日今辰开馆编纂，敢具牲牷，用伸虔告。’遂誓

① 孔继汾：《孔氏家仪》卷一二《嘉礼二》，济南：山东友谊出版社 1989 年版，第 521 页。

于庙。执事者陈誓词于诗礼堂正中香案上。宗子诣诗礼堂西面立，族长以下序进北面鞠躬，宗子答鞠躬。宗子诣香案前，率族长以下北面跪。族长兴，恭奉誓词，西面读曰：‘凡我宗族执事人等，毋便己私，毋徇情面，毋存疑致滥，毋挟怨生嫌。各宜精白乃心，恪供厥事。渝此盟者，宗族所不齿，名教所不容，天地祖宗其殛之。’读毕仍安案上复位跪。宗子以下行三叩头礼，兴，退。族长奉誓词藏于家庙，取庙藏旧谱及新版送于局。宗子至局燕有事者。宗子之席在户内西南北向，族众之席列东西序相向北上。族长居首席，族众以昭穆为次序齿。宗子西门立，族长以下序进北面鞠躬，宗子答鞠躬。侍席者斟酒进盏，宗子受盏安族长席上鞠躬，族长答鞠躬。宗子向族众鞠躬，族众答鞠躬。侍席者斟酒进盏，族长受盏安宗子席上，南面鞠躬，宗子答鞠躬。族长复位鞠躬，宗子答鞠躬。族众序进向宗子鞠躬，宗子答鞠躬。族长以下序进向宗子鞠躬告座，宗子答鞠躬。族众之卑者递向其尊者鞠躬告座。乃各就坐席，彻复序立鞠躬，共揖而退。谱成各书应给者之名于末，谱首并钤印。族长率执事者陈谱于诗礼堂，宗子具礼服率族长以下告于始祖庙及报本堂，如初开局之仪，告文曰：‘荷神之庥，新谱告成，敢具牲牷，用伸虔告。’告毕遂藏谱与版籍于庙，宗子以下诣诗礼堂颁谱。宗子西面立，族长以下序进北面鞠躬，宗子答鞠躬，族众退俟于阶下。宗子诣香案前跪，执事者跪授谱一，宗子受，兴，授从僚，从僚奉以退，宗子西面立。族长诣香案前跪，执事者授谱一，族长受，兴，授侍者，侍者奉以退，族长西面立于宗子之次。族众以次进领，族长以次授，先举事，次有事者，次户头、户举，次族众，皆跪受，捧以兴，退。颁谱毕，削毁谱版。宗子归燕有事者于厅，事如开局之仪。”[①] 《孔子氏家谱》的修纂起源于北宋，是已知延续时间最久的修谱活动。孔氏家族命名的规范、修谱活动的严密，在各大族中也是少有的。记录孔氏家族修谱的全套礼仪，有助于研究中国古代的家谱纂修制度。孔继汾记录的这些有家族特色的礼仪活动，对考察中古以后大家族的生活状态，有很高的参考价值。

（三）保存民间俗礼

孔继汾虽最为重视古礼和家族特色礼仪，但作为对立面也记载了许多

---

① 孔继汾：《孔氏家仪》卷一三《嘉礼三》，济南：山东友谊出版社 1989 年版，第529—533 页。

与古礼不合的俗礼，客观上起到了保存当时民间习俗的作用。

例如，在“吊赙会葬”部分，“主人出拜谢，宾答拜，宾向殡者鞠躬辞”条目下，孔继汾先是指出：“古礼练祥之祭，凡侍祭者，丧者告宾，祭荐而不食。练祥且然，况未葬乎？”认为古礼不留吊丧宾客饮食。接下来指出：“今或迟留而饮食，于丧次非礼也。”[①] 虽然持反对态度，但是却显示了当时民间已出现宴请吊丧宾客的习俗。

又如，在“昏”部分，“出见使者”条目下，继汾先指出：“古使者大夫使群吏，士使隶子弟，所以敬其事也。故主人拜迎于门外，三揖而入，三让而升，授予楹间。宾告事毕，乃礼宾。”认为古礼纳采时，使者地位较高，主人亦较为慎重。接下来指出：“今世使者通用老仆，故主人之礼杀矣。”[②] 虽持否定态度，但反映了当时民间对纳采之礼已出现简化的趋势，无论是男方的使者地位与女方主人的礼节，都不如古礼那么庄重了。

以上继汾记载的一些清代当时的俗礼，虽然与古礼和孔氏家族礼仪不合，但却是民间极为流行对阙里与孔氏家族产生了影响的。保存这些材料，客观上对于考察清代山东民俗有参考价值。

《孔氏家仪》《家仪答问》等书十分重视古礼和家族特色礼仪，保存了大量此类内容，对研究礼学和望族生活有很高的参考价值；而作为批驳对象记录的民间俗礼，也是研究民俗学不可多得的材料。

孔继汾《孔氏家仪》等记载曲阜孔氏家族礼仪的著作，在礼学思想和记录古代礼仪内容等方面均有很高的价值，与其研究曲阜地方文献的著作同为其代表性著作。可惜由于这部著作有“复古”的字样，一些内容与《大清会典》不完全相合，后来引发了“孔氏家仪案”，使孔继汾及其子广森、广林的学术活动受到重大打击，继汾、广森均郁郁而终。《孔氏家仪》等书也遭到了禁毁，在社会上传播有限。孔氏后人曾回忆：“孔府及孔氏家族虽重视礼仪，各种场合礼仪繁琐，但家仪二书被禁毁后也就无法可依。”[③] 不能不说是一大遗憾。

---

① 孔继汾：《孔氏家仪》卷一〇《丧礼七》，济南：山东友谊出版社 1989 年版，第 503 页。

② 孔继汾：《孔氏家仪》卷一一《嘉礼一》，济南：山东友谊出版社 1989 年版，第 510 页。

③ 孔德懋：《孔府内宅轶事》，天津：天津人民出版社 1982 年版，第 33 页。

第三节 孔继汾与“孔氏家仪案”

乾隆五十年（1785年），曲阜原任四品执事官孔继戍上告孔继汾所著《孔氏家仪》一书内有违碍字样。乾隆帝及山东曲阜明兴等据此大做文章，兴起一场文字狱案。经大学士公阿等会审，孔继汾被判遣戍伊犁。后其子孔广森入京奔走，终使继汾得到赦免。继汾遇赦后南游杭州，当年即卒。不久，孔广森亦哀毁而亡。“孔氏家仪案”是清代重要的文字狱案件，与孔继汾的命运乃至清代曲阜孔氏家族学术的兴衰都息息相关。本书将在前人的基础上[①]，对“孔氏家仪案”的原因、经过及影响作新的探讨，试图揭示出此案与清代曲阜孔氏家族学术的关系。

一、“孔氏家仪案”的前奏

在孔昭焕“袒庇户人”事件发生之前，孔继汾便与乾隆帝产生了渊源。乾隆帝最初对这位衍圣公之子颇为欣赏，对其多次加以关照，使其早期仕途一帆风顺。乾隆三年（1738年），乾隆帝在北京国子监辟雍举办祭祀活动，孔继汾随衍圣公孔广棨入京陪祀，“礼成，随宗子诣阙谢，召见乾清宫，赐予殊渥，俾肄业国子学”[②]，成为恩贡生。十三年（1748年）乾隆帝驾幸阙里时，孔继汾“以讲书导驾受恩命，授内阁中书舍人……旋被选入军机处，旋擢户部主事，儤直禁庭”[③]，更是达到了他官场的高峰。

乾隆二十年（1755年），乾隆帝预计于次年再次驾幸阙里，继汾自告

---

① 对《孔氏家仪》一案的研究，据笔者所见仅有黄立振：《〈孔氏家仪〉禁毁及作者罹难经过考》（收入孔继汾：《孔氏家仪》，山东友谊出版社1989年版，第643—664页）、张勇：《孔广森与〈公羊〉“家法”》（《中国史研究》2007年第4期，第157—172页）。前者结合孔府档案对“孔氏家仪案”的过程作了考证，但个别史实有误。如查办“孔氏家仪案”的山东巡抚实为明兴，作者误为白钟山，与“袒庇户人”案时在任巡抚混淆。后者在《孔广森排斥“王鲁”发微》部分中，对“孔氏家仪案”与孔广森《公羊》学的关系做了考证，认为孔继汾在“袒庇户人”案、“孔氏家仪案”中两次受到乾隆帝打击，是孔广森在公羊学著作中反对“王鲁”，以免“悖上”触怒清廷的原因。

② 孔继汾：《阙里文献考》卷一百《叙考第十六》，《续修四库全书》第512册，上海：上海古籍出版社2001年版，第473页。

③ 孔继汾：《阙里文献考》卷一百《叙考第十六》，《续修四库全书》第512册，上海：上海古籍出版社2001年版，第473页。

奋勇告假归乡办理接驾事宜，却因此与地方官为预备迎驾的差役、采买等事项发生冲突。其情由可由孔府档案《抄件为衍圣公听任孔继汾等主持祖庇庙户干碍地方应革职事》窥见。乾隆帝幸鲁时人马众多、耗费不少，不可能携带所有物资，“所有营尖顿宿，需用粮食曹豆……不得不于本境零星采买”，又“派令修路，则修路皆动官项雇夫”，需要通过官银采购物品、雇佣民夫。“曲阜本弹丸小地邑，庙佃户及乐舞礼生居其大半，民户仅有三分之一”，各种免差户较多，“但庙佃裔户人等，类多附托，盖不承应，以致地方官呼应不灵，甚为掣肘”[①]，造成预备工作进度缓慢。山东巡抚、曲阜知县等地方官员为不耽误迎驾准备工作，不免出现逼迫孔府及庙户配合的情形。衍圣公孔昭焕及其叔祖孔继汾、孔继涑等对此不满，上奏提出：“至圣庙户在庙纳丁供差，一切本身徭役俱蒙恩优免之人，历来遇地方官有额外派买事件，难以随心呼应，每事调剂，殊属非易。请将现存户丁改归民籍，交地方官编审，与民一体当差。”[②] 表面上是请求减少庙户，配合地方官员调派人丁，实则抗议地方官存在“额外派买”的行为。

乾隆帝对孔昭焕的上奏十分震怒，下旨将孔继汾革职、孔继涑革去贡生、孔昭焕降二级留用。而惩处孔继汾等人的理由，则有以下几点值得注意之处：其一，将政治斗争引入地方纠纷，并不就事论事。孔府庙佃户及乐舞礼生等的免役资格，并非没有依据。例如，“洪武元年，特置洒扫户一百一十五户……杂泛差役，一概豁免。国朝顺治元年秋九月，巡抚方大猷题准仍依旧制”[③]。洒扫户的免役，就是明太祖赐予，清朝官方核准的。山东地方官员在差役、采买等事件中即使动用了“官帑”给予物质补偿，强征免役户仍属不当。衍圣公就此上奏保护下属免役户，亦属职责所在。乾隆帝却认定：“此不过依大学士陈世倌外姻之势，干预地方公事。所陈奏大

---

① 《抄件为衍圣公听任孔继汾等主持祖庇庙户干碍地方应革职事》[录存乾隆三十六年驾幸阙里有关档册（六）（五一四六）之三十]，《曲阜孔府档案史料选编》第三编第一册，济南：齐鲁书社1980年版，第526—527页。

② 《抄件为衍圣公听任孔继汾等主持祖庇庙户干碍地方应革职事》，《曲阜孔府档案史料选编》第三编第一册，济南：齐鲁书社1980年版，第525页。

③ 孔继汾：《阙里文献考》卷二六《户田七》，《续修四库全书》第512册，上海：上海古籍出版社2001年版，第152页。

都发礼部议，又系陈世倌管理，可以互相依庇。”[①] 并不实事求是地裁断这一衍圣公府与山东地方官员的纠纷，而是将其纳入政治斗争背景加以裁断。

其二，对衍圣公府享有的优待以及内部事宜加以干涉侵夺。历代帝王为标榜稽古右文，尊礼孔子后代，都对衍圣公加以优待。乾隆帝却认为，“且朕展谒先师，衍圣公即躬身却扫尚属当然，督令庙户除道清尘以供奔走之役，更理所应”，“衍圣公在之在曲阜本一大乡宦耳”[②]。在专制帝王的权威下，衍圣公作为圣人后裔历代享有的一点点优渥，顿时荡然无存。而据孔府后人回忆，衍圣公传铎晚年将爵位传给长孙广棨，自己与继室徐氏搬去与徐氏之子孔继汾、孔继涑同住，并由继汾、继涑协助处理府务。长此以往，“孔广棨去世时，他的儿子孔昭焕仍旧每天去向十二府的两位叔祖（孔继汾、孔继涑）和曾祖母徐夫人请安问事，这已形成了家规”[③]。继汾、继涑兄弟与衍圣公共同主持孔府事宜，已成为孔府的惯例。在处理府务时，继汾、继涑兄弟有很强的责任感，“其遇曲阜公事，以祖父体自认也，其气皆刚直，人或与之或否之”[④]，也是人之常情。乾隆帝却指责：“且称孔昭焕年少怯懦，皆伊叔祖孔继涑、孔继汾主持怂恿等语。其凭借家世，把持生事殊不能安分自爱。”[⑤] 将孔继汾参与孔府事务，作为革职的理由，亦属于干涉孔府内部事务。

其三，将个人恩怨掺入其中。在三十年后《孔氏家仪》一案的上谕中，乾隆帝仍然记得“袒庇户人”一事：“孔继汾曾任司员，在军机处行走，其人小有才干，若能安分供职，自必早加擢用。以其居乡多事革职，本非安分之人，故弃而弗用耳。”[⑥] 对此事依然耿耿于怀。

---

① 《抄件为衍圣公听任孔继汾等主持袒庇庙户干碍地方应革职事》，《曲阜孔府档案史料选编》第三编第一册，济南：齐鲁书社 1980 年版，第 527 页。

② 《抄件为衍圣公听任孔继汾等主持袒庇庙户干碍地方应革职事》，《曲阜孔府档案史料选编》第三编第一册，济南：齐鲁书社 1980 年版，第 527—529 页。

③ 孔德懋：《孔府内宅轶事》，天津：天津人民出版社 1982 年版，第 32 页。

④ 姚鼐：《惜抱轩文集》卷十三《孔信夫墓志铭》，《续修四库全书》第 1453 册，上海：上海古籍出版社 2001 年版，第 97 页。

⑤ 《抄件为衍圣公听任孔继汾等主持袒庇庙户干碍地方应革职事》，《曲阜孔府档案史料选编》第三编第一册，济南：齐鲁书社 1980 年版，第 526 页。

⑥ 《吏部咨为抄知孔继汾增减会典服制一案原奏谕旨事》［关于族人孔继汾增减会典服制刊著孔氏家仪一书奉旨查办遣成伊犁（二）（三六三二）之十］，《曲阜孔府档案史料选编》第三编第一册，济南：齐鲁书社 1980 年版，第 548 页。

在孔昭焕“袒庇户人”一案中，孔继汾第一次受到了乾隆帝的打击。而乾隆帝在打击他人时，借题发挥、干涉家事以及掺杂个人恩怨的做法，在此都已埋下了伏笔，而在日后的“孔氏家仪”一案中彻底爆发。

二、“孔氏家仪案”的过程

孔继汾在“袒庇户人”一事中受到打击之后，“乃蒙天恩湔洗，旋予赐环”，得以捐复官职，于是“谢客杜门，以赎罪过”①。居家之余，则著书以自娱。乾隆二十六年（1761 年），衍圣公孔昭焕续娶，问礼于继汾。继汾得此机缘，考订曲阜孔氏家族的吉礼、凶礼、嘉礼，开始写作《孔氏家仪》一书。乾隆三十年（1765 年）时，《孔氏家仪》一书刊刻完毕。而到了数十年之后的乾隆五十年（1785 年），孔府原任四品执事官孔继戍忽而上告称：“革职捐复主事孔继汾著《孔氏家仪》一书，内有增减《会典》服制，并有‘今之显悖于古者，于区区复古之心’字样。”② 山东巡抚明兴得报后，派遣布政使冯晋祚驰赴曲阜，“会同衍圣公孔宪培，至孔继汾家严行搜查在案”。办案过程中曾“当即传唤孔继汾之胞弟孔继涑，亲子广森，亲侄广彬等，隔别追讯”，又曾“查传孔氏族长孔贞梓，族中举人孔广棻、广栻等，逐一询问”，反复追查孔继汾除《孔氏家仪》外是否别有著作，直到诸人“佥称平日耳闻目见孔继汾所著之书，实止此五种，情愿具结，此外若敢隐讳，情甘认罪”，才放过族中诸人。山东省最后将孔继汾“送交刑部，听候会审”，并将其所著书籍一并送上。而乾隆帝得报后再次对孔继汾加以打击，谕旨将“孔继汾着革职，拿交刑部，交大学士九卿会同该部严审定拟具奏”③。大学士公阿等经会审，判决将孔继汾遣戍伊犁。这便是“孔氏家仪案”的简要过程。而乾隆帝在对此案的干预过程及理由中，再次小题大做，并不就事论事，而是借文字狱案，干预孔府内部

---

① 孔继汾：《阙里文献考》卷一六《叙考第十六》，《续修四库全书》第 512 册，上海：上海古籍出版社 2001 年版，第 473 页。

② 《吏部咨为抄知孔继汾增减会典服制一案原奏谕旨事》［关于族人孔继汾增减会典服制刊著孔氏家仪一书奉旨查办遣戍伊犁（二）（三六三二）之十］，《曲阜孔府档案史料选编》第三编第一册，济南：齐鲁书社 1980 年版，第 545 页。

③ 《东抚为查明孔继汾别无不法书籍缘由奏折》［关于族人孔继汾增减会典服制刊著孔氏家仪一书奉旨查办遣戍伊犁（一）（三六三一）之二十五］，《曲阜孔府档案史料选编》第三编第一册，济南：齐鲁书社 1980 年版，第 540—541 页。

事务。

“孔氏家仪”一案，就《孔氏家仪》本身而言理由并不充分。继汾的著书理由不过是：“只因我曾经出仕，缘事革职后在家闲居，妄意著一部书，希图宗族中说我是有学问的人，可以邀名取誉。”书中的“违碍字样”继汾亦有解释：“书内所说‘今之显悖于古’及‘时俗之万万不可从’的两条，今字我实指今俗而言，并不敢指斥今制。因此书中说丧仪的最多，我见家中遇此事仪节多与礼相悖，如卷五内所说，古礼敛必掩形，今俗衾不覆首；古礼束帛依魂，今俗魂帛结成人形。又如卷六内所说，古礼大祥弃杖，今俗葬后三日内即弃杖等事，都是世俗显悖于古而不可从的。……又说中所说，律本简略遂成漏文，及指出增减《会典》内图次字样各节，我因《会典》降服、报服间有无明文的，如妻为夫之庶母一条，服制未详，是以于书内增入。……后王德薄是指晋唐时而言，下文才说到朱子作家礼一节。”[①] 都是针对具体礼节问题，并非不满清王朝统治。孔继戍所上告的“内有增减《会典》服制，并有‘今之显悖于古者，于区区复古之心’字样”等理由并不成立。而孔继戍的上告动机也十分值得怀疑。孔继汾在对山东巡抚供称时，曾提到：“至继戍去年曾因太常博士悬缺，继戍图得此缺，前衍圣公不允，咨补继汾之子广册，想因此诬首。”东抚亦认为：“孔继戍收藏此书有年，既知其有违碍，何以不早行举首，有无挟嫌，亦应解部质询。”[②] 对孔继戍的上告动机不无怀疑。《孔氏家仪》一书内容本无大碍，而上告者动机不纯这一文字狱大案就案情而言并不成立。

既然此案内容、动机都值得怀疑，乾隆帝为何会强行介入？乾隆在上谕中所言：“其书中动以遵圣为辞，则伊从前于启圣林内，为伊母预造生圹，上年欲将伊母营葬一节，为遵圣乎？为违圣乎？”[③] 一语道破了天机，

---

① 《大学士公阿等为遵旨会审孔继汾奏折》［关于族人孔继汾增减会典服制刊著孔氏家仪一书奉旨查办遣戍伊犁（一）（三六三一）之三十一］，《曲阜孔府档案史料选编》第三编第一册，济南：齐鲁书社 1980 年版，第 542—543 页。

② 《东抚为查办孔继汾一案请旨奏折》［关于族人孔继汾增减会典服制刊著孔氏家仪一书奉旨查办遣戍伊犁（一）（三六三一）之三十一］，《曲阜孔府档案史料选编》第三编第一册，济南：齐鲁书社 1980 年版，第 542—543 页。

③ 《吏部咨为抄知孔继汾增减会典服制一案原奏谕旨事》［关于族人孔继汾增减会典服制刊著孔氏家仪一书奉旨查办遣戍伊犁（二）（三六三二）之十］，《曲阜孔府档案史料选编》第三编第一册，济南：齐鲁书社 1980 年版，第 548 页。

原来乾隆帝介入此案与曲阜孔氏家族内部矛盾有关。据《清史稿》记载，乾隆帝于乾隆三十六年（1771年）幸鲁之后，曾“出内府所藏周铜器木鼎、亚尊、牺尊、伯彝、册卣、蟠夔敦、宝簠、夔凤豆、饕餮甗、四足鬲，凡十事，置庙庭”①。此类恩典较为罕见。原来次年，乾隆帝将公主（孝贤皇后生，寄为于敏中女）下嫁衍圣公孔昭焕之子宪培②，这些宝器或为陪嫁之物。前述衍圣公等人向孔继汾、孔继涑请安议事，似乎在“祖庇户人”一案之后仍然延续。而“公主的地位在孔府高于一切，她怎能容忍孔府大权旁落，即使是形式上每天衍圣公去十二府请安也是对孔府地位的降低，更何况几十年来，孔继汾、孔继涑已经逐渐参与了府务管理，公主自然要在乾隆面前说起孔继汾、孔继涑的坏话”③。乾隆四十七年（1782年）孔昭焕去世，孔宪培袭爵之后，公主与继汾、继涑兄弟的矛盾当更加激化。继汾之母卒于乾隆四十九年（1784年）秋，继汾兄弟欲在衍圣公墓旁将其母营葬一事，当发生于是年。继汾之母徐氏系衍圣公传铎之继室。前述传铎晚年与徐氏同住，让徐氏之子继汾、继涑参与府务，使得徐氏享有近似正室的地位。而传铎死后，雍正帝“赐祭葬如故事，配王氏、继配李氏、徐氏、王李皆赠夫人，徐封太夫人”④。徐氏享受夫人待遇，是经过清政府赐封的；死后与传铎合葬，也并非孔继汾擅自“违圣”，而是符合其待遇的。继汾试图将徐夫人与传铎合葬，本系孔府家事，又并非僭越礼法。乾隆帝知晓此事，当与公主的告发有关。而乾隆帝借“孔氏家仪”一案，对继汾加以打击，恐怕首要目的是在公主与继汾、继涑兄弟的孔府内部矛盾中袒护公主、维护其权威。

乾隆帝对继汾的个人感情，在此案中也起了不小的作用。他在上谕中回顾了“祖庇户人”案中对继汾的不满之后，又提到：“彼应安分改过，乃敢著《家仪》一书，则因其平日抑郁不得志，借以沽名纾忿，其心更不可

---

① 赵尔巽：《清史稿》卷四八三《孔昭焕传》，北京：中华书局1977年版，第13310页。

② 乾隆时公主下嫁衍圣公一事的详情，可参见孔德懋：《孔府内宅轶事》，天津：天津人民出版社1982年版，第24—26页。

③ 孔德懋：《孔府内宅轶事》，天津：天津人民出版社1982年版，第32—33页。

④ 孔继汾：《阙里文献考》卷十《世系第一之十》，《续修四库全书》第512册，上海：上海古籍出版社2001年版，第49页。

问。若使仕宦通显，必不以著书为能。此等进退无据之徒，最可鄙恨。”①对孔继汾的反感溢于言表。其实，孔继汾在《阙里文献考·叙考》中，对早年乾隆帝的拔擢十分感念，对落职一事，也认为是“负罪婴衅，理无可宽，悔恨彷徨，永甘废锢”②，并无不满。写作《孔氏家仪》，也是因衍圣公再婚时询问礼节而发端。乾隆帝以小人之心度君子之腹，认定继汾“因平日抑郁不得志，借以沽名纾忿”，不知何据。专制帝王睚眦必报，由此可见一斑。

“孔氏家仪案”，是一起族人孔继成挟私报复上告，经山东巡抚上报之后，被乾隆帝介入，由大学士公阿等在会审时最终定案的“文字狱”案。而乾隆帝借并不确凿的案情，介入孔府内部矛盾，打击记恨已久的孔继汾，则显示了清代文字狱案的共同本质。有学者曾指出，“从康、雍、乾三帝对文字狱的运用来看，则越来越具有自觉的意识，手段也越来越绵密而恶辣”③。“孔氏家仪案”同样是一起乾隆帝主动参与，罗织罪名而形成的冤案。

三、“孔氏家仪案”的影响

孔继汾被判遣戍伊犁之后，其子广森“故乃溯江淮，走河洛，奉版舆者百舍，质田券者十双”④，变卖田产，换取经费；“纳赎锾入都，百茧赴阙，仰冀主慈，万里荷戈，愿以身代”，入京为继汾活动奔走。最后“无何君父，竟获东还。止堂公行至安肃，闻命乃归”⑤，终于使继汾得到赦免，可说是不幸中的万幸。

然而，孔继汾本人受到的打击仍是巨大的。他遇赦后的次年，“南游武林，卒于梁学士同书家”⑥，与心情郁闷不无关系。孔继汾死后，

---

① 《吏部咨为抄知孔继汾增减会典服制一案原奏谕旨事》[关于族人孔继汾增减会典服制刊著孔氏家仪一书奉旨查办遣戍伊犁（二）（三六三二）之十]，《曲阜孔府档案史料选编》第三编第一册，济南：齐鲁书社 1980 年版，第 548 页。

② 孔继汾：《阙里文献考》卷一六《叙考第十六》，《续修四库全书》第 512 册，上海：上海古籍出版社 2001 年版，第 473 页。

③ 郭成康：《清代文字狱》，北京：群众出版社 1990 年版，第 40 页。

④ 朱中翰：《仪郑堂文跋》，孔广森《仪郑堂文》卷末，《丛书集成新编》第 77 册，台北：新文丰出版公司 1985 年版，第 617 页。

⑤ 凌廷堪：《校礼堂文集》卷三六《孔检讨诔序》，《续修四库全书》第 1480 册，上海：上海古籍出版社 2001 年版，第 353 页。

⑥ 孔德成：《孔子世家谱》卷三之一《大宗户》，济南：山东友谊出版社 1990 年版，第 113 页。

不能葬入孔林[①]。他所著的书籍在孔氏家仪一案中，曾被山东布政使会同孔府加以收缴："无论近房、远族各生，倘有存贮《孔氏家仪》一书，并此外有继汾所著别书，立即呈缴。如敢隐讳藏匿及瞻徇观望者，一径查出，从重究拟。"[②] 而其著作经大学士公阿等会审，被判定："除《家仪》版片现经山东巡抚查起外，所有此项书籍亦应令一并查缴销毁。"[③] 故而孔继汾《孔氏家仪》等书在清代形同禁书、流传不广，产生的学术影响有限。

而孔继汾之子孔广林、孔广森也因为"孔氏家仪案"受到影响。广林曾著有《孔丛伯说经五稿》《通德遗书所见录》等，据《孔子世家谱》言："阮相国元常谓海内治经之人无其专勤。"[④] 而据其《仪礼士冠笺》卷末所言："不意《士冠笺》甫脱稿，遭家多故，遂中辍。诸稿散匿几案间，倥偬之下，未及会收，悉被蠹蚀，而不醒事蠢奴误作废纸毁弃。继而棘人抱痛，尘累撄心，衰病频仍催我，岁月蹉跎，至今年近七十已，乌能复理前业为哉?"[⑤] 这些文字写于嘉庆十七年（1812 年），距"孔氏家仪案"正有二十余年。"遭家多故"，指"孔氏家仪案"无疑；"棘人抱痛"之典，当指广林因继汾亡故而居丧。使广林著述中辍的重大变故，正是"孔氏家仪"一案。而继汾更为杰出的次子广森，因营救继汾四处奔走，"雨濡衣盖，暴日旋干；盟接衾床，见星又作；羸体善病，清神易伤"[⑥]，健康受到了很大影

---

① 据民国《曲阜县志》卷三《舆地志·圣概·古墓》记载："孔继汾墓，清户部广西司主事，葬城西犁华店西南。"（台北：成文出版社 1968 年版，第 211 页）孔继汾死后不能葬在孔林内，恐与因"孔氏家仪案"获罪有关。

② 《牌四氏学族长为传谕合族限期呈缴孔继汾所著书籍事》[关于族人孔继汾增减会典服制刊著孔氏家仪一书奉旨查办遣戍伊犁（二）（三六三一）之十二]，《曲阜孔府档案史料选编》第三编第一册，济南：齐鲁书社 1980 年版，第 533 页。

③ 《大学士公阿等为遵旨会审孔继汾奏折》[关于族人孔继汾增减会典服制刊著孔氏家仪一书奉旨查办遣戍伊犁（一）（三六三一）之三十一]，《曲阜孔府档案史料选编》第三编第一册，济南：齐鲁书社 1980 年版，第 542—544 页。

④ 孔德成：《孔子世家谱》卷三之一《大宗户》，济南：山东友谊出版社 1990 年版，第 120 页。

⑤ 孔广林：《仪礼士冠笺》卷末，《孔丛伯说经五稿》，《山东文献集成》第二辑第一册，济南：山东大学出版社 2007 年版，第 204 页。

⑥ 朱中翰：《仪郑堂文跋》，孔广森《仪郑堂文》卷末，《丛书集成新编》第 77 册，台北：新文丰出版公司 1985 年版，第 617 页。

响。次年，继汾去世的消息传来不久，广森“及居大母与父丧，竟以哀毁卒”[①]，以三十五岁的年龄早卒。他的许多著作，没有来得及完稿，还要等待其弟广廉和子昭虔整理后才得以刊刻。广林、广森的学术生涯都因“孔氏家仪案”而戛然而止。

而孔继汾的其他亲属，如从侄孔广栻，为孔继涵之子：“有异禀，幼渐庭训，言动若老成，扶床之年，已诵数十万言。当代宿学若戴震、孙星衍之伦，时就荭谷一堂讲析疑义。公从后间出片语相质，莫不叹异，以为童乌。比长，益锐于学，自经传子史至杂家，靡不研究。”[②] 孙昭虔，为孔广森之子，“善隶书，工吟咏，尤精韵学”[③]。孔广栻曾在“孔氏家仪案”中被“询问”，昭虔之父广森受此案影响早卒。二人并不是泛泛之辈，但都没有太多学术著作传世，恐怕是对“孔氏家仪案”心有余悸，慎于著作。民国《曲阜县志》中《乡贤经学》中，在道光以后还记载了孔宪庚、孔宪奎二人，但也都没有太多著作。可以说，曲阜孔氏家族在乾嘉时人才辈出、达到高峰之后，突然陷入了低谷，“孔氏家仪案”的影响，是最重要的原因。

孔继汾在《阙里文献考》等书中研究阙里地方文献，在《孔氏家仪》等书中探讨孔氏家族礼仪，都取得了较高的成就，是清代曲阜孔氏学人中最关注地方、家族问题，最具家学特色的。孔继汾又首开清代孔氏学人学习乾嘉考据学的先河。如其得享天年、著述不辍，必能取得更大的成就。可惜遭到“孔氏家仪案”的影响，愤懑早卒，甚至牵连到子侄辈学人，影响到清代孔氏家族学术的发展，极为令人痛心。

---

① 孙星衍：《仪郑堂遗文序》，孔广森《仪郑堂文》卷末，《丛书集成新编》第77册，台北：新文丰出版公司1985年版，第617页。

② 民国《曲阜县志》卷五《人物志·乡贤·经学》，台北：成文出版社1968年版，第463—464页。

③ 孔德成：《孔子世家谱》卷三之一《大宗户》，济南：山东友谊出版社1990年版，第127页。

第三章 孔继涵的学术成就

孔继涵（1739—1783），字体生，一字补孟，号荭谷，曲阜人。孔子六十九代孙，祖衍圣公毓圻，父荫生传钲。乾隆三十五年（1770年）举人，次年成进士，官户部河南司主事兼理军需局事，充《日下旧闻考》纂修官。官京师七年，因母病移告归养。乾隆四十八年（1783年）因病卒于家，享年四十五岁。

孔继涵“雅志稽古，于天文、地志、经学、字义、算术之书无不博综”。居官京师时，“退食之暇，则与友朋讲析疑义，考证同异，凡所手校者数千百帙，聚集汉唐以来金石刻千余种，悉考核其事，与经义史事相比附；又以编纂官书，得遍观京城内外寺院、古迹、碑记，历西山、沿昌平，罔不刊载”。“遇藏书家罕传之本，必校勘付锓，以广其传。”[①] 孔继涵在治学与刻书方面，均取得了突出的成就。其所刻书籍有东汉赵岐《孟子注》十四卷、西晋杜预《春秋长历》十卷、《春秋土地名》十四卷、唐张参《五经文字》三卷、唐玄度《九经字样》一卷、宋宋庠《国语补音》三卷、元赵访《春秋金钥匙》一卷、《算经十书》五十卷及清戴震《戴氏遗书》六十一卷，著有《考工车度记补》一卷、《林氏考工记解》一卷、《解勾股粟米法》一卷、《同度记》一卷、《水经释地》八卷、《红榈书屋诗集》四卷、《文集》二卷、《杂体文稿》七卷及《斵冰词》三卷。继涵的著作及校订的书籍，均收入《微波榭丛书》。

孔继涵在学术界的交游十分广泛，如与戴震结为儿女亲家，与乾嘉学

---

① 翁方纲：《复初堂文集》卷一四《皇清诰授朝议大夫户部河南司主事孔君墓志铭》，《续修四库全书》第1455册，上海：上海古籍出版社2001年版，第480页。

者钱大昕、卢文弨、洪榜等有良好的私人关系，与姚鼐、翁方纲等非汉学阵营的学者亦有交往，是清代曲阜孔氏学人融入汉学家阵营的先行者。而其子侄辈如孔广森能成为戴震门下“姻娅而执弟子之礼者”[①]，受到一流学者的指导，亦与继涵的引荐不无关系。

本章前两部分将通过考证孔继涵的刻书成就、孔继涵的文字学与水经学成就，归纳孔继涵在学术上取得的成就；第三部分则将考证孔继涵的联姻与交游，试图整理出孔继涵与当时著名学者的交往脉络，并分析对清代曲阜孔氏家族学术发展的影响。

第一节　孔继涵的刻书成就

清代曲阜孔氏家族为刻书事业做出了较为突出的贡献，既有衍圣公府官多辞刻了《阙里志》《幸鲁盛典》等官方文献，《孔子世家谱》《孔氏大宗支谱》等家族文献，以及《安怀堂文集》《绘心集》等衍圣公著作；又有大批孔氏学人家刻了许多书籍，其中有衍圣公如孔毓圻、孔传铎、孔广棨、孔昭焕、孔宪培、孔庆镕、孔繁灏以及孔令贻等，学者如孔尚任、孔继汾、孔继涵、孔广森、孔广林以及孔广牧等，几乎包括了清代衍圣公及孔氏学人中所有较著名者。而其中家刻数量最大、内容最多、成就最高的首推孔继涵。孔继涵平日的爱好在于校书，“左图右书日有所采获，得古来遗文坠简，为一一整齐补缀，出与友朋质正，海内学者多乐就之，见闻日以富”。孔继涵又是衍圣公第三子孔府炊经堂支祖孔传钲的独子，继承了本支家产，有财力刻印多种古书。“东原戴君既殁，为版行其遗书，无有散失，士林尤高其义”，刊刻了戴震校勘和写作的多种书籍；“其他所梓，复不下数十种，扶微振绝”[②]，刊刻了多种稀见古书。本节将分两部分分别介绍孔继涵刻书的概况以及孔氏刻书的影响，对其刻书成就论述如下：

---

① 江藩撰，漆永祥笺释：《汉学师承记笺释》（上）卷五《戴震传》，上海：上海古籍出版社2006年版，第558页。

② 卢文弨：《抱经堂文集》卷三四《孔荭谷哀辞并序》，《续修四库全书》第1433册，上海：上海古籍出版社2001年版，第84页。

一、孔继涵刻书概况

孔继涵所刻书，具有学者统计，可分为《戴氏遗书》《算经十书》《春秋地名》等七种以及《微波榭遗书》等四类[①]，分别列举如下：

《春秋地名》《春秋长历》等七种书籍，可能是孔继涵所刻书中刊刻时间最早的（见表 2-1）：

表 2-1 孔继涵刊刻的最早的七本书籍

《春秋地名》一卷	（晋）杜预撰	清乾隆曲阜孔继涵《微波榭丛书》本
《春秋长历》一卷	（晋）杜预撰	清乾隆曲阜孔继涵《微波榭丛书》本
《春秋金锁匙》一卷	（元）赵汸撰	清乾隆曲阜孔继涵《微波榭丛书》本
《国语补音》三卷	（宋）宋庠撰	清乾隆曲阜孔继涵《微波榭丛书》本
《孟子》十四卷 附《音义》二卷	（汉）赵岐注 （宋）孙奭音义	清乾隆曲阜孔继涵《微波榭丛书》本
《五经文字》三卷 附《五经文字疑》一卷	（唐）张参撰 （清）孔继涵撰	清乾隆曲阜孔继涵《微波榭丛书》本
《新加九经字样》一卷 附《九经字样疑》一卷	（唐）唐玄度撰 （清）孔继涵撰	清乾隆曲阜孔继涵《微波榭丛书》本

其中《五经文字》及《新加九经字样》据戴震《重刊〈五经文字〉、〈九经字样〉序》所言，当刊刻于乾隆三十三年（1768 年）之前，而《孟子》亦系戴震在入四库馆之前校勘。

《算经十书》十种附二种，当刊刻于乾隆三十八年（1773 年）武英殿聚珍版之后（见表 2-2）：

---

① 参见唐贵艳：《清代山东刻书史》，山东大学古典文献学专业 2001 年博士论文，第 493—501 页。

表 2-2 孔继涵刊刻的十二本算经

《周髀算经》二卷	（汉）赵爽 （北周）甄鸾重述 （唐）李淳风注 （宋）李籍音义	清乾隆曲阜孔继涵《微波榭丛书》本
《九章算术》九卷	（晋）刘徽注 （唐）李淳风注 （宋）李籍音义	清乾隆曲阜孔继涵《微波榭丛书》本
《海岛算经》一卷	（晋）刘徽注 （唐）李淳风注	清乾隆曲阜孔继涵《微波榭丛书》本
《孙子算经》三卷	（唐）李淳风注	清乾隆曲阜孔继涵《微波榭丛书》本
《五曹算经》五卷	（唐）李淳风注	清乾隆曲阜孔继涵《微波榭丛书》本
《夏侯阳算经》三卷	（□）夏侯阳撰	清乾隆曲阜孔继涵《微波榭丛书》本
《张丘建算经》三卷	（□）张丘建撰 （北周）甄鸾注 （唐）李淳风注 （唐）刘孝孙细草	清乾隆曲阜孔继涵《微波榭丛书》本
《五经算术》二卷	（北周）甄鸾撰 （唐）李淳风注 （清）戴震考证	清乾隆曲阜孔继涵《微波榭丛书》本
《稽古算经》一卷	（唐）王孝通撰	清乾隆曲阜孔继涵《微波榭丛书》本
《数术记遗》一卷	（汉）徐岳撰 （北周）甄鸾注	清乾隆曲阜孔继涵《微波榭丛书》本
《勾股割圜记》三卷	（清）戴震撰 （清）吴孝思注	清乾隆曲阜孔继涵《微波榭丛书》本
《策算》一卷	（清）戴震撰	清乾隆曲阜孔继涵《微波榭丛书》本

《算经十书》本指《周髀算经》《九章算术》《海岛算经》《孙子算经》《夏侯阳算经》《张丘建算经》《缀术》《五经算术》《稽古算经》十种，孔继涵所刻则缺《缀术》一种，附《数术记遗》《勾股割圜记》和《策算》三种。《算经十书》的版式为半叶九行，行十八字，双行小字同，白口，四周双边，单鱼尾，版心下刻“微波榭”，宋体字。《策算》及《勾股割圜记》版式略有不同，半叶十行，行二十一字，四周双边，白口，单鱼尾，版心下刻“微波榭刻”。每种书卷端书名下题为“算经十书之某”，《数术记遗》题为“算经十书附录”，《勾股割圜记》则题“戴氏七经小记四”。

在乾隆四十二年（1777年）戴震去世之后，孔继涵又为其刊刻了《戴氏遗书》十二种：

1.《毛郑诗考证》四卷《卷首》一卷，清乾隆四十二年曲阜孔继涵《微波榭丛书》本。

2.《杲溪诗经补注》二卷，清乾隆四十二年曲阜孔继涵《微波榭丛书》本。

3.《孟子字义疏证》三卷，清乾隆四十二年至四十四年曲阜孔继涵《微波榭丛书》本。

4.《原善》三卷，清乾隆四十二年曲阜孔继涵《微波榭丛书》本。

5.《原象》一卷，清乾隆四十二年曲阜孔继涵《微波榭丛书》本。

6.《声类表》九卷《卷首》一卷，清乾隆四十二年曲阜孔继涵《微波榭丛书》本。

7.《东原文集》十卷，清乾隆四十四年曲阜孔继涵《微波榭丛书》本。

8.《考工记图》二卷，清乾隆四十四年曲阜孔继涵《微波榭丛书》本。

9.《声韵考》四卷，清乾隆四十四年曲阜孔继涵《微波榭丛书》本。

10.《水地记》一卷，清乾隆四十二年至四十四年曲阜孔继涵《微波榭丛书》本。

11.《续天文略》二卷，清乾隆四十二年至四十四年曲阜孔继涵《微波榭丛书》本。

12.《方言疏证》十三卷，清乾隆四十二年至四十四年曲阜孔继涵《微波榭丛书》本。

《戴氏遗书》另有十五种、十六种二说[①]。其版式为半叶十一行，行二十一字，白口，四周双边，版心刻有“戴氏遗书”。

孔继涵本人的著作除《五经文字疑》《九经文字疑》以外，均收入《微波榭遗书》，这些著作可能经过继涵生前校订，而由其后人付梓：

1.《红榈书屋诗集》四卷，清乾隆曲阜孔氏《微波榭遗书》本。

2.《斲冰词》三卷，清乾隆曲阜孔氏《微波榭遗书》本。

3.《红榈书屋杂体文稿》七卷，清乾隆曲阜孔氏《微波榭遗书》本。

4.《同度记》一卷，清乾隆曲阜孔氏《微波榭遗书》本。

5.《水经释地》八卷，清乾隆曲阜孔氏《微波榭遗书》本。

6.《长行经》一卷，清乾隆曲阜孔氏《微波榭遗书》本。

《微波榭遗书》的版式为，半叶十二行，行二十四字，黑口，四周单边，黑双对鱼尾。唯《长行经》版式特别，半叶九行，行十九字，粗黑口，左右双边，双黑对鱼尾，字体明显大于其余五种《遗书》。

另外，孔继涵可能还为戴震刻过自刻本《水经注》。戴震最早在浙江金华书院校订《水经注》，仅刻成四分之一时蒙召进入四库馆。在四库馆中，以《永乐大典》本为基础，校订出四库本及武英殿聚珍本。最后自己定出一个不出校语的定本，由孔继涵刊刻完成[②]。

二、孔继涵刻书的影响

孔继涵所刻书籍，不仅数量众多，而且在学术方面产生了重大影响，

---

① 据段玉裁《戴东原先生年谱》(戴震：《戴东原集》(二)附录，上海：商务印书馆1933年版，第180页)所载：“孔葒谷所刊《戴氏遗书》十五，合为一册。”但段氏未列举书名。而据杨应芹《戴震著述书目补正》(《江淮论坛》1994年第2期，第72—73页)所考，《戴氏遗书》狭义而言，当为版心有“戴氏遗书”字样的十二种；广义而言，则为十二种加上《算经十书》中《策算》《勾股割圜记》《九章算术补图》《五经算术考证》四种合十六种，自张之洞《书目答问》后统称《戴氏遗书》本。

② 孔继涵是否为戴震刻《水经注》学术界存在争议，一般而言认为戴校《水经注》定本系孔继涵刊刻，收入《微波榭丛书》；而据杨应芹《戴震著述书目补正》(《江淮论坛》1994年第2期，第74—75页)考证，戴震自刻本《水经注》有十四册装、十二册装二种。十四册装为戴氏初刻本，系戴震自刻，与孔继涵无关。十二册装版式与十四册装基本相同，而与孔继涵《微波榭丛书》相差较大，可能是孔继涵据初刻本重印的戴氏十四册本，也可能与孔氏无关。案：据段玉裁《戴东原先生年谱》(戴震：《戴东原集》(二)附录，上海：商务印书馆1933年版，第101页)所载：“已而屈君鲁传刻于常熟，孔户部复刻于曲阜云。”则十四册本当为孔继涵所刻无疑。

本书试从最早全面系统刊刻戴震著作、传播古本善本以及保存孔继涵本人著作三个方面论述如下：

（一）最早全面系统刊刻戴震著作

戴震于乾隆四十二年（1777年）去世后，其遗稿多归孔继涵，继涵在此基础上整理出《戴氏遗书》12种，是戴震著作第一次系统刊刻。乾隆五十七年（1792年）段玉裁编成《戴东原集》十二卷，只是在戴震文集的基础上加入了《原善》《孟子字义疏证》等几种学术著作，并不全面。直到民国二十五年（1936年），编纂《安徽丛书》时编成的《戴东原先生全集》，收录戴震著作二十二种，才在全面性上超过孔刻《戴氏遗书》。

孔继涵所刻《戴氏遗书》作为戴震著述的初刻本，在文字校勘上有不可替代的价值。而戴震文集部分，虽然段玉裁《戴东原集》号称在校勘和编排上成就最大，孔刻《东原文集》仍有其不可取代的作用。就收录文章的全面性来看，段本较孔本多收了二十六篇文章。其中有十七篇是从《戴氏遗书》中辑录出来的，例如从《毛郑诗考证》一书中辑出了《诗生民解》等两篇文章，从《声韵考》一书中辑出了《论韵书吕字义答秦尚书蕙田》等六篇文章，已包含在孔刻其他诸种《戴氏遗书》中，虽可以更好地反映戴氏学术成就，但没有增加戴震文章数量。有八篇如《与丁升衢书》《族支谱序》，是从戴氏友人处或遗稿中搜集而来，是段氏独特的贡献。有一篇《记洞过水》据有学者考证系段氏本人的文章，曾经戴震改订，段氏出于对戴震的尊重将其收入《戴东原集》[①]，其实未必妥当。还有《闽中师友渊源考略》等四篇文章，是孔本收录而段本遗漏的，如在阅读戴震文集时专据段本，则无从窥见。从卷次编排上来看，孔继涵按文体分编，属于比较传统的方法；段氏则按照意类分编，将内容相近的文章分在同卷，可以说各有特色。在文字校勘上，段氏本来精于校勘，在书末又附有《覆校札记》，纠正了刊刻中的错误，看起来质量应当高于孔刻。但就具体文章而言，孔刻文字亦有胜于段刻的，例如《明堂考》一文中，孔刻“三代相因，异名同时与？世室重屋义未闻”一句，文字较为难解，似乎与后文存在矛盾。而段刻就在没有版本依据的情况下，为文从字顺，删去了“世室重屋义未闻”7字，是一处较为武断的校勘。下文“世世勿坏”后，段刻又添入了

① 杨应芹：《戴震著述书目补正》，《江淮论坛》1994年第2期，第77页。

"案：世室犹太室也。夏曰世室，举重而该四方，犹周曰明堂，举南而该三面也"[①]。后一句虽经《覆校札记》指出是臧镛堂的按语误入文中，但未参考《札记》的读者，很容易误解为戴氏的原文。《明堂考》一文，孔刻就较段刻更好地保存了戴震文字的原貌。

《算经十书》是唐代国子监算学馆所用的教材，代表了唐代以前中国数学发展的最高水平，保存了极为丰富的中国古代科技史资料。北宋元丰年间、南宋嘉定年间曾多次刻印。明清以后，这十部书籍或者亡佚，或者罕有善本，影响力有所下降。戴震入《四库》馆之后，从《永乐大典》中辑出了已经失传的《海岛算经》和《五经算术》，对《九章算术》进行了校订和补绘图形，对于其他几部书籍也进行了校勘。武英殿聚珍版仅刊行了其中的七种，而孔继涵所刻《算经十书》，继南宋刻本之后，第一次恢复了《算经十书》的原貌，对于古代数学著作和戴震校勘成果的传播，都具有极大的价值。《畴人传三编》就曾对孔继涵刊刻《算经十书》的贡献作了很高的评价："孔户部为㪅轩检讨从父行，与戴吉士最友善，教学相长，良多资益，故言所成就，其器量虽远逊于犹子，固亦一时之隽也。自东原氏表章古籍，而后《唐典》《六帖》之书复显于世，苟非户部刻以传，亦安必其流行至今乎？尝谓无朱刻、祁刻而二徐说亡，无孔刻而《十经》之书终熄。然则六书九数之于存也，户部之功又岂出学士、相国之右哉？"[②]认为孔继涵传播《算经十书》的功劳，不在朱筠刊刻《说文解字》、祁寯藻刊刻《说文解字系传》的贡献之下。

其余如孔继涵所刻《孟子注》，是戴震根据多种善本校勘而成。戴氏曾对其过程详加记述："吾友朱君文游出所藏校本二示余，一有虞山毛扆手校印记，称引小宋本、元本抄本。又有宋本，又或称廖氏本，而逐卷之末多记从吴文定抄本一校。何屺瞻云：'毛斧季从真定梁氏借得宋椠本影钞，今未见其影钞者。今此本《尽心下》，惟《梓匠轮舆章》有章指，余并阙。'一为何仲子手校之本，末记云：'文注用盱郡重刊廖氏善本校。而《尽心上》有《事君人者》一章、《孔子登东山》已下三章，《尽心下》《吾心而后

① 戴震：《戴东原集》（一）卷二《明堂考》，上海：商务印务馆1933年版，第20页。

② 诸可宝：《畴人传三编》卷一《孔继涵传》，《续修四库全书》第516册，上海：上海古籍出版社2001年版，第539页。

知》已下七章并阙章指。’二校本各有详略，得以互订。外有章丘李氏所藏北宋蜀大字《章句》本毛季斧影钞者并得赵岐《孟子篇序》。于是台卿之学，残失之余，合之复完，亦一大快也。”[①] 孔刻本在多种善本校勘的基础上择善而从，又补足了通行本不常见的赵岐序，是《孟子》少有的善本，也能反映戴震的校勘学成就。

可以说孔继涵所刻《戴氏遗书》《算经十书》《孟子注》等书，包含了戴震绝大多数学术著作和校勘成果，是其学术和校勘成就最早最全面的反应。戴震在当时学术界与惠栋齐名，被当作乾嘉考据学的代表；民国以后被梁启超、胡适发掘，认为是清代少有的有义理学成就的学者。戴氏能在后世获得极高的学术声誉，如果离开孔继涵的传播之功，是很难想象的。

（二）传播古本、善本

孔继涵本人是一位著名的藏书家[②]，在其家中“微波榭”“红榈书屋”及“春及园”等多个处所，藏有数量达数十万卷书籍。其藏书在清末散出，叶昌炽《日记》、莫伯骥跋《虚谷桐江续集》、潘正景《著砚跋》等处对此过程都有记载。其藏书中有许多善本，当时藏书家常以“孔继涵印”白方、“孔氏继涵”白方、“荭谷”朱方、“微波榭”“红萼轩”“词人荭谷”等作为鉴定其藏书的标准，对其极为珍视。这些藏书为孔继涵刻书提供了丰富的校勘依据，孔继涵在此基础上又四处寻觅碑帖、善本。这些自藏和他求得来的宝贵资料，继涵都毫无保留地加以刊刻，广为传播。

孔继涵所刻《算经十书》又有其家藏多种汲古阁毛扆影抄宋元丰秘书省刻本七种作为依据。这批抄本较为罕见，戴震在四库馆校勘《算经十书》时都未得见。据戴震所言武英殿本刊行后，乾隆癸巳（1773 年）又曾得见孔继涵访求汲古阁影宋本，系毛扆“从太仓王氏得《孙子》《五曹》《张丘建》《夏侯阳》四种，从章丘李氏得《周髀》《稽古》二种，后从黄俞邰又

---

① 戴震：《戴东原集》（二）卷十《孟子赵注跋》，上海：商务印务馆 1933 年版，第 45 页。

② 王纯：《奎文阁藏书楼及曲阜清代藏书家考》（《内蒙古科技与经济》2001 年第 1 期，第 56—57 页），列举清代曲阜著名藏书家有孔继涑、桂馥、孔继涵、孔昭焕及孔昭虔五位，孔继涵是其中之一。

得《九章》，皆元丰七年秘书省刊版的善本”[①]。戴震在校勘微波榭本《九章算术》《夏侯阳算经》等书时，又参考了这批珍贵抄本，故而微波榭本的价值在武英殿聚珍本之上。

在家藏善本之外，孔继涵又广搜碑刻与珍本，并刊刻成书。孔继涵所刻《五经文字》《九经字样》的来源，据戴震所言：“唐国子司业张参《五经文字》，初书于屋壁，日久剥坏，乃更上，涂以木板，关其背，使附墉相比，而书其表语，详刘禹锡《国学新修五经壁记》。及开成二年，国子监九经石壁成，翰林勒字官唐玄度复拾补参所略，为《九经字样》。二书即列石经之后，今石刻俱存，字多损阙，末有庸人补字。乾隆戊子冬，曲阜孔君体生谓拓本不能家有其书，遂雕印成袟。”[②] 搜集开成石经附录拓本，并刻印广为传播。而孔继涵所刻杜预《春秋地名》《春秋长历》等书，则本为佚书。孔继涵委托戴震从《永乐大典》中辑出，加以考订后刊刻成书。这些书籍的刊刻，有利于稀见碑刻和书籍的传播。

（三）保存孔继涵本人著作

孔继涵的学术成就虽不及孔广森突出，但由于与戴震、卢文弨等人长期交游，亦有不凡的见识。其著作如《水经释地》，在地理学方面有一定贡献；《五经文字疑》《九经字样疑》在金石学、文字学方面有一定成就；《同度记》等著作，则在算学方面取得了一定成绩，涉及面相当广泛。本章下一节“孔继涵的水经学与文字学成就”中将详加介绍，在此不赘述。孔继涵的著作基本只有家刻微波榭本传世，如没有家刻本的传播，很难流传后世。

孔继涵的刻书遍及稀见古书、戴震所著所校书籍以及自著书籍等多个方面，刊刻书籍之多、质量之高，在孔氏刻书家乃至山东刻书家中都是极为突出的，可以代表清代曲阜孔氏刻书的最高成就。特别是所刻与戴震有关的书籍，是戴氏学说得以广泛传播的重要条件，为孔继涵乃至孔氏学人在当时学术界赢得了极高声誉，是其刻书中的精华。

---

① 戴震：《戴东原集》（二）卷七《刊九章算术序》，上海：商务印务馆 1933 年版，第 5—6 页。

② 戴震：《戴东原集》（二）卷十《重刊〈五经文字〉〈九经字样序〉》，上海：商务印务馆 1933 年版，第 44 页。

第二节 孔继涵的水经学与文字学成就

孔继涵著作较多，其领域涉及经学、小学、地理学、天文学、算学以及金石学等多个方面，而其中最突出的莫过于《水经释地》在水经学方面的成就，以及《五经文字疑》和《九经字样疑》在文字学方面的成就，本节将分两部分论述如下：

一、孔继涵的水经学成就

孔继涵的水经学成就，集中表现于其《水经释地》一书中。该书代表性版本有微波榭本、南岭徐氏《积学斋丛书》本以及光绪会稽章氏刊本。全书的内容主要是依据戴震重校的《水经》，考证其中的地名问题。《水经》全书涉及一百二十三水，《水经释地》考证了其中一百零五水涉及的地名，其余十八水因为地名与他水重复，故只列《水经》正文，不加注释。体例为全书八卷，将《水经》各水按照地域分布作了重新排列。卷一“河水”为黄河及其上游支流；卷二“渠水”至“瓠子河”等六水为古代出于黄河之水，“汾水”至“清水”等十水为位于今山西境内的黄河西侧支流；卷三“渭水”至“伊水”等十水为黄河东侧支流，“淇水”至“濡水”等十四水为海河流域河流，“大辽水”“小辽水”二水为辽河流域河流，“（浿）水”则为今朝鲜境内河流；卷四“济水”至“沭水”等十一水为今山东境内的河流；卷五“淮水”至“肥水”等十五水为淮河流域河流，“施水”为巢湖流域河流；卷六“江水”为长江及其上游支流，“夷水”至“蕲水”等二十一水为长江上游及南侧支流；卷七“沫水”至“赣水”等二十水为长江南侧支流；卷八“浙江水”为钱塘江流域河流，“桓水”至“存水”等四水为今云贵地区河流，“浪水”至“斤员水”为今珠江流域河流，卷八末附《禹贡山水释地》中山名注释。全书在戴震所校《水经注》的基础上，解决了许多问题，为清代水经学的发展做出了贡献：

（一）考察《水经》地名沿革

孔继涵《水经释地》所作出的贡献，首推系统考察了《水经》一书中所言地名的历史沿革及其与清代地名对照的问题。《水经》一书传说为东汉桑钦所撰，到郦道元作注时，地名就已发生了许多变化，郦氏对此做了详细的考证。而郦道元生活的北魏到清代，又跨越了一千余年时间，经过朝代更替、地质演化，郦注考证的水道与地名又发生了许多变化。孔继涵之前虽有不少学者研治《水经》，但对地名变化问题并无系统研究。直到孔继涵以《水经》经文为纲，注释经文五百二十余条，地名六百余个之后，该问题才得到了较为系统的解决，为后人阅读《水经》，研究相关地名问题，提供了极大的便利。例如，卷五“（汝水）东南过其县北，又东南过颍川郏县南”经文下，继汾就对郏县的地名沿革做了系统考证：“秦置，属颍川郡。后汉省。曹魏复置，属汝城郡。晋属襄城郡。北魏曰峡城，属广州南阳郡。北齐省。隋开皇初更曰汝南，十八年又更曰辅城，大业四年又更曰郏城。元至元三年又省入梁为镇。大德八年复置。明曰郏县。”[①] 对秦代到明代郏县的地名沿革变化，作了很细致的考证。

孔继涵还对地名来源、一名多地、地名避讳以及名存地迁等特殊的地名问题，都有所关注。例如，卷五“瀙水出潕阴县东上界山，东过吴房县南”经文下，继涵云：“古房子国，吴夫槩王奔楚，封于此，故曰吴房。”[②] 解释了吴房县这一地名的来源。又如，卷一“（河水）又南过土军县西”经文下，继涵云：“汉属西河郡，后汉省。北魏真君九年置岭西。后西魏并立吐京郡，太和二十一年更名。孝昌中陷，寄治西河。陈芳绩曰：‘吐京、新城二县各有三，一系太和二十一年所改，是吐军旧地，属汾州吐京郡。一系武定三年置，属武州吐京郡。一分属南纷州南北吐京郡，后吐京石楼是南汾州以北吐京郡属地也，新城等县是南汾州南吐京郡属地也。因《魏志》无注，故后人不详其置于土军。孝昌中陷，未尝更有所置。此地疑在今延绥边外，武定所置疑在汉广武，相近。隋开皇十八年更名石楼，属龙泉郡。明万历九年改汾州府。’陈芳绩曰疑非汉土军地，当是太原郡境。”[③] 参考陈芳绩的说法，对吐京一名三地的现象做了梳理。再如，卷四“（泗水）又西过瑕邱县东”经文下，孔继涵云：“古负瑕地。汉属山阳郡。晋省入南平阳。隋开皇十三年复属鲁郡。宋大观四年避宣圣讳改名瑕，复以字为瑕疵，改为嵫阳，为袭庆府治。明洪武初省，十八年复移兖

① 孔继涵：《水经释地》卷五，台北：广文书局1972年版，第154页。
② 孔继涵：《水经释地》卷五，台北：广文书局1972年版，第158页。
③ 孔继涵：《水经释地》卷一，台北：广文书局1972年版，第23—24页。

州，治在今府西二十五里。”[①] 指出了瑕丘县因避孔子讳而改名，导致古今地名变化。最后，卷六“（维水）又南宜城县东”经文下，继涵云：“秦为鄢县。汉惠帝三年更名宜城，属南郡。曹魏属襄阳郡。南北代省。唐天宝七年改梁置率道县为宜城，今仍。故县在县南九里。”[②] 指出了宜城县名存地迁的过程。

（二）广收材料，考证精密

孔继涵在写作《水经释地》时，能够广泛收集史料与前人学说，对许多疑难问题作了细致考证。其依据主要有二十四史等正史，以及《括地志》《元和郡县图志》等十余种著作，引用最多的是郦道元《水经注》、陈芳绩《历代地理沿革表》以及戴震《水地记》三书。他在前人基础上，对《水经》中的文字有所辨正、校勘。例如，卷五“沘水出庐江灊县西南，霍山东北”经文下，孔继涵指出：“《郡国志》作‘潛’，误也”[③]，认为灊县的正字当作“灊”无误。又如，卷五“施水亦从广阳乡与肥水别，东南入于湖”经文下，继涵云：“戴氏东原云，‘肥水别’三字近伪，在前肥水章北过上。今改正。”[④] 引用戴震说，纠正了《水经》经文中“肥水别”三字错简的讹误。

孔继涵对于地名中的疑难问题，则能在广列前人不同说法的基础上加以考证。例如，卷六“堵水出自上粉县”经文下，继涵云：“两汉及晋志俱无此县。郦注云：‘堵水出建平郡界故亭谷东，东历新城郡，郡故汉中之房陵也。汉末以为房陵郡。魏文帝合房陵、上庸、西城立以为新城郡，以孟达为太守，治房陵故县，有粉水县居其上，故曰上粉县。’陈芳绩曰：‘新城郡疑于建安二十年间改房陵，故有房陵太守，而无新城太守。魏黄初元年以三郡为新城郡，是又复故名耳。诸书不能详，或曰建安中立，或曰魏文帝立，皆误。’《寰宇记》：‘房州房陵县下，粉水源出房陵县东北永林山。’《注水经》云：‘粉水导源，东流经上粉县，取此水以淘粉，则皓曜鲜洁，有异众流。’又云粉城因粉水为名。《太平御览》引盛宏之《荆州记》云：‘堵阳县有粉水，源出房陵县，取其水为粉，鲜洁异于余水。故因粉为

① 孔继涵：《水经释地》卷四，台北：广文书局1972年版，第137页。
② 孔继涵：《水经释地》卷六，台北：广文书局1972年版，第214页。
③ 孔继涵：《水经释地》卷五，台北：广文书局1972年版，第168页。
④ 孔继涵：《水经释地》卷五，台北：广文书局1972年版，第170页。

名也。巴郡临江县有此水，故官献之也。'" 广列了郦道元《水经注》、陈芳绩说、《太平寰宇记》、《注水经》、《太平御览》等文献中，关于上粉县得名及沿革的多种不同说法。最后总结道："继涵按上诸说，是上粉为房陵分县，应是黄初立郡时所分，而《晋志》失之也。"[①] 在以上诸说的基础上，得出了上粉县"应是黄初立郡时所分"的结论。

孔继涵考证地理问题的结论，有的已经与今日的科学结论相当接近。其中最突出的就是他对长江源头问题的辨析。我国关于长江源头的记载中影响最大的是《尚书·禹贡》中的岷江导源说。虽有明代徐霞客旗帜鲜明地提出了更为接近事实的金沙江说，但大多数清代学者，即如全祖望这样的名家，由于崇信经学，依然唯"岷江导源"说马首是瞻。孔继涵则在徐霞客说的基础上，较为科学地考证了长江的源头。他首先引用徐霞客说："徐宏祖《溯江记源》云：'江河为南北二经流，中国入河之水为省五，入江之水为省十一。按其发源……发于南曰犁牛石，南流经石门关，始东折而入丽江曰金沙江，又北曲为叙州大江，与岷山之江合。按岷江经成都至叙不及千里，金沙江经丽江、云南乌蒙至叙二千余里，特金沙江盘折蛮獠溪洞间，水陆俱莫能溯。在叙州者，衹知其水出马湖、乌蒙，而不知上流之由云南丽江；在云南丽江者，知其为金沙而不知其为出叙为江源。而云南又有二金沙江，一南流北转，即此江也；一南流下海，即怒江。不第此岷流之南又有大渡河，西自吐蕃经黎雅与岷江合，正金沙江西北。其源亦长于岷而不及金沙。'" 徐氏在徒步考察的基础上，得出了"故推江源者必以金沙为首"的结论。而金沙之上，孔继涵引用清人李绂《江源考》中提到："昔人有以北金沙江为江源，在西番境内，莫得其详。"[②] 徐氏和李氏都只能通过考察和传闻推断金沙江为长江正源，金沙江以上只能"莫得其详"。

孔继涵在徐霞客和李绂的基础上，通过清康熙年间用西法测绘的《方舆路程图》，使用量化的经纬度和里程，证实并推进了徐霞客和李绂的结论。他首先引用《方舆路程图》："岷江与金沙江会合于四川之叙州，各自叙州逆溯其源：岷江源出岷山，当北三十四度西十二度，行五百余里过黄

---

① 孔继涵：《水经释地》卷六，台北：广文书局 1972 年版，第 208 页。
② 孔继涵：《水经释地》卷六，台北：广文书局 1972 年版，第 171—172 页。

胜关至松潘卫入四川境；又南行五百里至茂州之长宁堡，有黑水河来会；又南行六百里经成都府西境至嘉定州，青衣、嘉定二江来会；又二百余里至叙州与金沙江合，自发源至此仅一千八百余里。若北金沙江，则发源于西番之阿克达姆必拉，必拉者江也，当北三十二度半，西二十度，经母鲁斯乌苏之拜图都浑，共南行千八百里，过里雍河屯，始名金沙江；又东南行九百里，过塔城关至云南丽江府；又南行四百里，至陶营巡检司；又东北行千里，至雪山入四川境；又北行千二百里，有打冲河来会；又东行三百里至凉水井，折而北行七百里，又东行四百里至马湖府；又东行二百里至叙州府，与岷江合。自发源至此已六千九百余里，较岷江之源远三四倍。凡水以源远者为主，而源近者附之。自叙州会合之处逆溯二江之源，修短悬殊如此，乃不以行六千九百余里者为江源，而已行一千八百里者为江源，此理之必不可也。"① 用切实可信的数据，得出按河源远近的标准，当以金沙江为长江源头的结论。

孔继涵又用同样的量化的经纬度与历程，考察了长江的另一条支流雅砻江："按黄河发源北三十六度，当西十九度，与金沙江南北相距仅三度半，东西则止偏西一度。而河源之南，金沙江之北，皆高山耸峙。盖即所谓昆仑山也。河源在昆仑之阴，江源在昆仑之阳，而特微偏西二百余里也。又有一源曰鸦礲江，即所谓打冲河与金沙江会合于马湖西境者也。鸦礲亦发源于西番北境，与青海南境接壤，当北三十四度，西十八度，与河源南北相距仅二度、东一度，中阻高山，盖亦昆仑之阳，而微偏东二百余里者也。其源从平地涌出源泉百十道，与星宿海相同，西番人名以查楚必拉，蒙古人名以七察尔哈那；众泉会流为大川，南行二千里，沿途纳东西大水十余处，经四川西境始名鸦礲江；又南行六百里入四川境，过三渡水，始名打冲河；西行三百里，又南行五百里，与北金沙江合，又一千六百里至叙州。自发源计之，共行五千里，较岷山之源，亦几至三倍，而水势甚大，又倍于岷江。以源之远论，当主金沙江；以源之大论，当主鸦礲江，但不如金沙为确。盖金沙较鸦礲又远千九百里，源远则流无不盛者也，若岷江则断断不得指为江源者也。"② 认为雅砻江水势

① 孔继涵：《水经释地》卷六，台北：广文书局1972年版，第173—174页。
② 孔继涵：《水经释地》卷六，台北：广文书局1972年版，第174—176页。

大于金沙江，也有成为江源的可能，但不如金沙江准确，彻底否定了岷江导源说。

孔继涵考证长江源头已经接近今天的研究结论。例如，孔氏认为长江“发源于西番之阿克达姆必拉，必拉者江（即今当曲）”，不仅否定了岷江导源说，发展了金沙江说，且与近年来最新的科学考察成果暗合。关于长江源头，新中国成立之后通行的说法是沱沱河为长江正源，而2009年最新的“三江源头科学考察”的成果认为“当曲的且曲源头应为长江源头”①，正与孔氏的说法相合。而孔继涵认为长江、黄河以及雅砻江的发源地分别在昆仑山南北麓距离很小的区域内，也与我们今天所认识到的三江源区域的范围基本相合。可以说，孔继涵利用《方舆路程图》等书所进行的地理考证，反映了我国在鸦片战争前，学习应用西方地理学测绘学知识进行的测量、推算，已达到了很高的水平。

孔继涵《水经释地》在戴震所校《水经注》的基础上，对《水经》所涉及的地名沿革等问题做了系统考察。在考证具体问题时，继涵不仅广收传统文献，细致考辨，而且在常见源头的问题上，并不迷信《尚书》等权威结论，而能利用西法书籍，得出与今天科学考察相近的结论。可以说，《水经释地》是一部传统方法与西法交汇融合的著作，在清代水经学领域内，有自己独特的价值。

二、孔继涵的文字学成就

孔继涵的文字学成就，集中反映在其《五经文字疑》《九经字样疑》二部著作之中。《五经文字》一书是唐代张参于大历年间奉诏校勘五经文字后，根据《熹平石经》《字林》《经典释文》等书辨正经文字体的书籍，凡

---

① 据《人民日报》报道：本次科考采用的确定河源的标准与方法是：“‘按照国际上河流正源确定的三个标准，即河源唯长、流量唯大、与主流方向一致的标准，同时考虑流域面积，河流发育期、历史习惯。’这次科考以当曲与沱沱河的交汇处囊极巴陇为起算点，当曲最长的源头——且曲长度为360.34千米，比沱沱河最长的支流尕恰迪如冰川末端的长度348.63千米长11.71千米，比沱沱河支流姜古迪如冰川末端的长度343.72千米长16.62千米。同时，当曲的流量和流域面积均大于沱沱河，历史上人类在长江源区的活动也以当曲年代为久，历史记录为多。因此，当曲的且曲源头应为长江源头。且曲发源于青藏高原唐古拉山脉东段北支5054米无名台地东北处，行政隶属为青海省玉树藏族自治州杂多县结多乡。”参见陈沸宇：《三江源最新科考成果——长江黄河发现新源头》，《人民日报》2009年7月17日第6版。

三卷，收文字一百六十部、三千二百余字。《新加九经字样》一书则是唐玄度在开成年间校订九经文字之后，仿照《五经文字》写作的一部辨正经文字体的书籍，凡一卷，收字四百余字。此二书的价值在于，“病夫人苟趋便，《五经》正文荡而无守，故其作书推本《说文》，助以汉石经，虽未尽协六书，要主于远绝俗谬矣”，即在六朝异体字纷起的背景下，重新统一规范文字。孔继涵在《微波榭丛书》中刊刻有《五经文字》与《新加九经字样》二书，自己在此基础上，“又详加考证，别自谓卷附焉”[①]，对二书文字作了校勘；对二书所收字体，也做了进一步的辨正。其成就主要表现在以下几个方面：

（一）校勘《五经文字》《新加九经字样》的文字

孔继涵校勘《五经文字》《新加九经字样》二书的主要依据是石经本和祁门马氏新刊本，利用金石文献与刻本互相对勘。孔氏曾告诉戴震：“马氏本虽完善，然以石刻校之，有字画尚存，而其本改易者。岂石经有异哉，不然矣。又其本脱去‘罣’字注十有九字，‘盩’字并注凡八字，余亦时涉伪舛”[②]，详细比较了二者的优劣。在具体校勘时，孔氏也能利用石经与马氏本互相校勘。例如，“才部篇题末阙三字，从马氏本增入”[③]，就利用马氏本补了石经本的脱文。

孔继涵在校勘时又能吸收明王尧典《开成石经补缺》本及宋拓本等异本进行校勘及戴震等前人成果。例如，“石经：（□□□□□□□□□）、鼜（音戚，夜戒也，见《周礼》）、吉（□□□□）。《补缺》：（音高，大鼓也，见《礼记》）鼜（音戚，行戒也，见《周礼》）、鼜鼜（二音戚，守夜鼓也）。马氏本：（音高）、鼛鼜（音戚，夜戒也，见《周礼》）、嘉（从加，作嘉者讹）。按《补缺》应有一重文，马氏本误并作一行，俱有所误。”[④] 利用石经本、马氏本以及王氏《开成石经补缺》相互参考，得出了正确结

① 戴震：《戴东原集》（二）卷十《重刊〈五经文字〉〈九经字样序〉》，上海：商务印书馆1933年版，第44页。

② 戴震：《戴东原集》（二）卷十《重刊〈五经文字〉〈九经字样序〉》，上海：商务印书馆1933年版，第44页。

③ 孔继涵：《五经文字疑》，《丛书集成续编》第69册，台北：新文丰出版公司1988年版，第672页。

④ 孔继涵：《五经文字疑》，《丛书集成续编》第69册，台北：新文丰出版公司1988年版，第679—680页。

论。又如，“石经，苗（□□□道□□□），今阙疑。《开成石经补缺》，苗（靡骄反，田苗也）。马氏本，苗（卜道反）。马氏本空一节（戴东原云，空处以音考之，当是‘葆’字）”①。引用了戴震说，为补脱文提供了一种推测。

孔继涵在校勘二书时，态度也相当谨慎。对于难以去取的异文，孔继涵亦能两存原文而不妄改。例如，“羊部石经作‘(羹)’，马氏本作‘羹’。按此字后加，改凿字痕宛然，未详孰是”②。就同时保存了石经及马氏本的异文，以供后人抉择。

对于马氏本中妄改字形的做法，孔继涵则深恶痛绝。例如，“按马氏本云，字行悉依石经。此处则以胡劲反，属十七行之末。以《礼记》二字补十八行之末，石犹未泐，岂可谩以欺人耶？至卷中豸部末行豼字并注，亦并入上行，岂所藏宋拓本果别有刻石耶？抑何损处乃不符耶？至《补缺》之复出一‘脢’字隋脍注之荒谬，及‘肥泽新生草’之牵缀不贯，不足指摘矣。”对于马氏本、《补缺》脱离文本，妄补文字的做法十分不满。对于此类内容，继涵一律采取“不敢取补，悉作阙文。至正文注字皆阙，不知何处为正文，皆以注字阙之”的做法③，避免采用错误的文字误导读者。

（二）辨正《五经文字》《新加九经字样》的字体

《五经文字》《新加九经字样》本为唐代辨正经文字体之书，而后世刊刻者因不明经文字形，或重新出现讹误。孔继涵能够利用文字学知识辨正二书的字体，恢复其原貌。例如，“石经：‘禽万（虫也，象形。今以为十千之万）、离（《说文》从□□□□□□□□□□□□□□□□□□□□□□）□□（二同上，古文字□□，韦字从）。’《补缺》：‘禽万（虫也，象形。今以为十千之万）、离（《说文》从亡从内，共为离字）、薑（音蔡，毒虫也，见《诗》）、颙、隅（二同上，古文作雍字，韦字从）、禹（音与，见《书·

① 孔继涵：《五经文字疑》，《丛书集成续编》第69册，台北：新文丰出版公司1988年版，第674页。

② 孔继涵：《五经文字疑》，《丛书集成续编》第69册，台北：新文丰出版公司1988年版，第672页。

③ 孔继涵：《五经文字疑》，《丛书集成续编》第69册，台北：新文丰出版公司1988年版，第673页。

大禹谟》)。’马氏本：‘禽万（虫也，象形。今以为十千之万）、离（《说文》从车，从禽省，今依石经作离，丑支凡，凡摛、螭之类皆从离）（禼）、禼（而同上古文稷偰，韦字从下字）、禹。按《补缺》补萬、顒、隅三字，似不应入内部。又据二本所补正文，则注中韦字不应缀出。按《说文》舛部，韦从门从巢省。又按司马温公《类编》舛部，韦僿注，韦或作僿，则二正文疑作韦僿，注作二同上古文，下俗字韦字从舛字，庶少顺从。”[①] 利用文字学知识，辨别了相关字体，提出了可能的解释。

又如，“匕部，石经：‘皀（音畅，从□□音）’，另行‘（□□也。中象米，匕所以□□也。《易》曰，不丧匕皀）。’《补缺》：‘（乐也。皀象米，匕所以承皀。《易》曰，不丧匕皀）。’马氏本：‘墟器也。中象米，匕所以扱之。《易》曰，不丧匕皀）。’按‘厶’音区，厶卢饭器，与‘凵’音坎者异。《说文》：‘皀从厶，厶器也。中象米，匕所以扱之。’马氏或据《说文》增补耳，今从之。”[②] 利用《说文》中‘厶’与‘凵’字形字义不同的知识，肯定了马氏本的写法。

清代学者研究古文字，多钻研《说文》或上古钟鼎文，对于中古时期的文字则多有忽略。《五经文字》《新加九经字样》作为唐代时人规范经文字体的著作，保存了许多汉代以前的字形，是沟通后世与先秦两汉文字的重要桥梁。孔继涵对二书校勘文字、辨证字体，对清代文字学的发展，做出了自己独有的贡献。

第三节　孔继涵与戴震的交游与联姻

孔继涵与清代著名学者戴震常有交流，且结为儿女亲家，有良好的个人关系。戴氏弟子段玉裁甚至称“孔荭谷于师最为亲近”[③]。二人的交游与

---

① 孔继涵：《五经文字疑》，《丛书集成续编》第 69 册，台北：新文丰出版公司 1988 年版，第 676—677 页。

② 孔继涵：《新加九经字样》，《丛书集成续编》第 69 册，台北：新文丰出版公司 1988 年版，第 683 页。

③ 段玉裁：《经韵楼集》卷七《答程易田丈书》，《续修四库全书》第 1435 册，上海：上海古籍出版社 2001 年版，第 68 页。

联姻，对孔氏家族学术发展产生了重大影响。本节将对孔继涵的联姻与交游问题做考证和分析，试图揭示出清代考据学风气与曲阜孔氏家族学术相互影响、融合的过程。

一、孔继涵、戴震交游、联姻事实考证二则

（一）孔继涵与戴震初次结识的时间

孔继涵与戴震最早相识的时间未见记载。目前已知二人最早已有交游活动的时间为乾隆三十三年（1768 年）左右。戴震《重刊〈五经文字〉〈九经字样序〉》言："乾隆戊子冬，曲阜孔君体生谓拓本不能家有其书，遂雕印成帙，又详加考证，别自为卷附焉。"① 则二人相识当在三十三年之前。而孔继涵《重刊赵注孟子跋》云："乾隆己丑之春晤梁孝廉用梅于京邸，真定大学士之孙也。询以宋本赵注《孟子》，许假而未与也。归寓以告吾友戴君东原，东原因举《正义序》即删改《音义序》，尤为作伪之证。"② 文中称戴震为"吾友"，则二人在乾隆三十五年（1770 年）之前当交游已久。

据段玉裁《戴东原先生年谱》，戴震在乾隆二十年（1755 年），"盖是年入都"，是时因纪昀、钱大昕、王鸣盛及王昶等人的赏识，已"声重京师"。二十二年（1757 年），"自京师南还，始睹先生（惠栋）于扬之都转运使司署内者也"③。而孔继涵恰于乾隆二十二年（1757 年）初曾初次入京，"乾隆丁丑四月，随宗子谢恩来京师寓，赐第者四十三日"④，恰有可与戴震结识的机会。

乾隆二十四年（1759 年），戴震"北闱乡试"不第。次年再客扬州。二十八年（1763 年），"入都会试不第"，"其夏遂出都矣"。三十一年（1766 年），"入都会试不第，居新安会馆"。次年，"应直隶总督方恪敏公之聘，修《直隶河渠书》一百十一卷"，离京。三十四年（1769 年），"入

① 戴震：《戴东原集》（二）卷十《重刊〈五经文字〉〈九经字样序〉》，上海：商务印书馆 1933 年版，第 44 页。

② 孔继涵：《杂体文稿》卷二《重刊赵注〈孟子〉跋》，《续修四库全书》第 1460 册，上海：上海古籍出版社 2001 年版，第 426 页。

③ 段玉裁：《东原先生年谱》，戴震：《戴东原集》（二），上海：商务印书馆 1933 年版，卷末，第 89—91 页。

④ 孔继涵：《杂体文稿》卷三《寿云簃记》，《续修四库全书》第 1460 册，上海：上海古籍出版社 2001 年版，第 436 页。

都会试不第”，应朱珪之聘赴山西“主讲寿阳书院”[①]。

孔继涵系乾隆三十五年（1770 年）举人，次年成进士，授户部主事，方官于京师。且云二十二年随宗子入京后，直到“洎官京师，复举此者二载”[②]，才有再次长期居留京师的机会。戴震二十四年、二十八年、三十一年三次入京均亦时间短暂，与继涵相遇可能性不大。而三十四年相遇时，戴震已了解继涵的学术活动，继涵亦称戴氏为友，不当为初识。故推测戴震与孔继涵初次订交当在乾隆二十二年（1757 年）戴震尚未南还，孔继涵已入京师时，可能性较大。是年戴震三十四岁，孔继涵十九岁，二人长达二十年的交游至此拉开序幕。

（二）孔继涵与戴震的联姻详情

孔继涵与戴震结有姻亲关系众所周知，而孔继涵之子不止一人，其子何人为戴震之婿则存在争议。江藩《汉学师承记》云：“（孔继涵）其子广栻，东原之婿。”[③] 言戴震之婿名为孔广栻。段玉裁《赵、戴〈直隶河渠书〉辩》则云：“其子广根又吾师之婿。”[④] 认为戴震之婿名为广根。戴震之婿究竟当为何人？洪榜《戴先生行状》云：“取□氏封孺人，子一人中立，女一人许嫁户部主事曲阜孔君次子广□。”[⑤] 虽其名缺，却明言系继涵“次子”。据翁方纲《皇清诰授谏议大夫孔君墓志铭》记载孔继涵之子有“男五：广栻、广根、附学生广休、广闲、广权”[⑥]。孔德成《孔子世家谱》亦载继涵：“子五：广栻、广根、广休、广闲、广权。”[⑦] 广根为孔继涵次

---

① 段玉裁：《东原先生年谱》，戴震：《戴东原集》（二），上海：商务印书馆 1933 年版，卷末，第 92—98 页。

② 孔继涵：《杂体文稿》卷三《寿云簃记》，《续修四库全书》第 1460 册，上海：上海古籍出版社 2001 年版，第 436 页。

③ 江藩撰，漆永祥笺释：《汉学师承记笺释》（下）卷六《孔继涵传》，上海：上海古籍出版社 2006 年版，第 669 页。

④ 段玉裁：《经韵楼集》卷七《赵、戴〈直隶河渠书〉辩》，《续修四库全书》第 1435 册，上海：上海古籍出版社 2001 年版，第 64 页。

⑤ 洪榜：《初堂遗稿》第二册《戴先生行状》，北平通学斋 1931 年影印梅花书院藏《二洪遗稿》本。

⑥ 翁方纲：《复初堂文集》卷五《皇清诰授谏议大夫孔君墓志铭》，《续修四库全书》第 1455 册，上海：上海古籍出版社 2001 年版，第 480 页。

⑦ 孔德成：《孔子世家谱》卷三之一《大宗户》，济南：山东友谊书社 1990 年版，第 114 页。

子，当为戴震之婿。段玉裁、洪榜均系亲与戴震交游之人，其记载较为可靠；江藩则相对年辈较晚，其“广栻”说当系误记。而据洪榜所言既为“许嫁”，则戴震生前仅与继涵定有婚约，其女嫁与广根当在戴氏去世之后。

二、孔继涵、戴震交游的主要内容

(一) 探讨学术

前述乾隆三十五年 (1770 年) 时，孔继涵与戴震已就赵岐《孟子注》问题有过学术探讨。而乾隆三十六年 (1771 年)，孔继涵中进士，“释褐官京师”，开始了七年的京官生涯。而戴震自乾隆三十八年 (1773 年) 入四库馆直至四十二年 (1777 年) 去世，一直居于京师，二人更有了较多机会探析学术。孔继涵《因居记》记载，居官京师期间，其家中“数过从者，钱唐卢抱经文弨、嘉兴钱晓徵大昕、休宁戴东原震、程瑶田易田、长洲胡表士震、大兴朱笥河筠、歙程渔门晋芳、杭郡邵二云晋涵、鹤庆李仙崑根玉、兴化任幼植大椿、桐城姚惜抱鼐、历下周林汲永季、扬州罗金牛聘、吴张瘦铜埙、汪明之元亮”[①]。戴震是其中重要的一位。

二人探讨学术涉及的范围。孔继涵言及的除前述乾隆三十五年 (1770 年) 探讨《孟子注》外，乾隆三十八年 (1773 年)，二人又就赵岐《孟子注》问题做了进一步探讨：“追癸巳之秋，东原征赴京师，予走谒诸寓，即出是本与宋刻《国语》及《补音》本见付。余喜剧，遂重校授梓。”[②] 二人探讨过《水经注》：“东原为予言：‘是书经注相淆，自宇文、欧阳二子发之，而未之是正，至于字句讹舛，非检阅之勤，不易得也。子盍与我共治之?’因旁搜群籍，积至数十事，东原氏盖有取焉。”[③] 在乾隆三十四年 (1769 年) 探讨过《夏小正》：“己丑春，见戴东原于京师，与论文者二昼，因出其与卢侍讲《论大戴礼书》二首，以

---

① 孔继涵：《杂体文稿》卷三《因居记》，《续修四库全书》第 1460 册，上海：上海古籍出版社 2001 年版，第 437 页。

② 孔继涵：《杂体文稿》卷二《重刊赵注〈孟子〉跋》，《续修四库全书》第 1460 册，上海：上海古籍出版社 2001 年版，第 426 页。

③ 孔继涵：《杂体文稿》卷一《重刊〈水经注〉序》，《续四库全书》第 1460 册，上海：上海古籍出版社 2001 年版，第 422 页。

为别余。”[①] 孔氏所刊《海岛算经》又曾借鉴戴氏刊本，“又假戴东原先生所舂辑《永乐大典》中《海岛算经》”[②]，“余既假戴君东原本归于《算经十书》中，乃记之”[③]。

而戴震则曾提及乾隆三十八年（1773 年），孔继涵曾为其提供《算经十书》校本：“今秋之仲，曲阜孔君体生访求得算书若干卷，系毛氏扆影摹宋刻者。扆识其后有云：‘从太仓王氏得《孙子》《五曹》《张丘建》《夏侯阳》四种，从章丘李氏得《周髀》《稽古》二种，后从黄俞郃又得《九章》，皆元丰七年秘书省刊版，每卷有秘书省官衔姓名一幅，又一幅宰相、大臣，自司马相公而下，俱名列于后。’余急假之孔君，独《九章》卷六已后阙，因更校改数字以寄屈君，而记其得是书之不易”[④]，“今此本（《夏侯阳算经》）即韩延昕所传无注本，宋元丰京监所刻者也。昔毛氏斧季得之太仓王氏，余今假之孔君体生，因题其后”[⑤]。这批校本，系汲古阁影抄宋元丰本，包含了《算经十书》中的 9 种，有很高的版本价值。又如前述乾隆三十三年（1768 年）孔继涵刊刻《五经文字》《九经字样》时曾告知戴震，还曾就其中具体问题与戴氏进行商讨：“孔君语余曰：‘马氏本虽完善，然以石刻校之，有字画尚存，而其本改易者。岂石经有异哉，不然矣。又其本脱去‘罣’字注十有九字，‘鰲’字并注凡八字，余亦时涉伪舛。余闻而知孔君用心之审慎，其留意于小学也，好之深，是以能辨之详细如此。……孔君好古而知所从事，能去华取实于世所不讲。”[⑥]

由此可见，孔继涵与戴震探讨过《大戴礼记》《孟子》《算经十书》《五

① 孔继涵：《杂体文稿》卷一《〈夏小正考异〉序》，《续四库全书》第 1460 册，上海：上海古籍出版社 2001 年版，第 425 页。

② 孔继涵：《杂体文稿》卷一《〈算经十书〉序》，《续四库全书》第 1460 册，上海：上海古籍出版社 2001 年版，第 423 页。

③ 孔继涵：《杂体文稿》卷二《〈海岛算经〉跋》，《续四库全书》第 1460 册，上海：上海古籍出版社 2001 年版，第 427 页。

④ 戴震：《戴东原集》（二）卷七《刊九章算术序》，上海：商务印务馆 1933 年版，第 5—6 页。

⑤ 戴震：《戴东原集》（二）卷七《夏侯阳算经跋》，上海：商务印务馆 1933 年版，第 7 页。

⑥ 戴震：《戴东原集》（二）卷十《重刊〈五经文字〉〈九经字样序〉》，上海：商务印务馆 1933 年版，第 45 页。

经文字》《九经字样》等多种著作，涉及版本与校勘多个领域，在探讨过程中互相借鉴、各有收获。

（二）保存、刊刻戴震遗稿

段玉裁在《赵、戴〈直隶河渠书〉辩》中曾提到："戴东原师卒于丁酉，其遗书皆归曲阜孔荭谷户部继涵。荭谷与吾师为执友，而广根又为吾师之婿，故遗书收藏、刊刻引以为己任也。"即因孔继涵与戴震关系密切又为姻亲，故而得到了保存戴氏遗稿的机会。具体所藏稿件包括，"《直隶河渠书》六十四册，荭谷装为二十四册，计百单二卷，以卷帙重大，荭谷未能刻，藏于家"[①]。在《东原先生年谱》中又提到，《尔雅文字考》十卷，"书稿藏曲阜孔户部家"[②]。《方言》二种，"今其书藏曲阜孔氏，玉裁未之见也"[③]。《历问》一卷、《古历考》二卷，"洪舍人榜撰先生《行状》有此二书，玉裁未之见，而孔检讨作《总序》有之，则其稿在孔户部家可知也"[④]。

戴震去世后，孔继涵整理其遗稿，"《戴氏遗书》皆孔户部继涵刊版"[⑤]。其中包括《毛郑诗考证》五卷、《杲溪诗经补注》二卷、《孟子字义疏证》三卷、《原善》三卷、《原象》一卷、《声类表》十卷、《东原文集》十卷、《考工记图》二卷、《声韵考》四卷、《水地记》一卷、《续天文略》二卷、《方言疏证》十三卷等十二种。孔继涵还曾刊刻戴氏整理的《算经十书》《孟子》及《水经注》等书。几乎刊刻了戴震著作和整理古籍的全部内容。本书第一部分《孔继涵的刻书成就》中有详细介绍，此不赘述。

继涵在戴震去世后为其刊刻《戴氏遗书》，此举赢得了很高的声誉。卢

① 段玉裁：《经韵楼集》卷七《赵、戴〈直隶河渠书〉辩》，《续修四库全书》第1435册，上海：上海古籍出版社2001年版，第64页。

② 段玉裁：《东原先生年谱》，戴震：《戴东原集》（二）卷末，上海：商务印书馆1933年版，第88页。

③ 段玉裁：《东原先生年谱》，戴震：《戴东原集》（二）卷末，上海：商务印书馆1933年版，第105页。

④ 段玉裁：《东原先生年谱》，戴震：《戴东原集》（二）卷末，上海：商务印书馆1933年版，第108页。

⑤ 段玉裁：《东原先生年谱》，戴震：《戴东原集》（二）卷末，上海：商务印书馆1933年版，第93页。

文弨称赞继涵"其厚于朋友也，不以死生易节"，"君盖天下学士之所以为宗主者也"，卢氏自己也一度想要"托君以身后事"[①]，因孔继涵突然病卒才作罢。

相对于孔继涵所尽心保存、整理的戴震遗稿，保存于他处的戴氏手稿就没有这么幸运了。例如，《尔雅文字考》的原稿在孔继涵生前尚未及整理刊刻，后被戴震同年吴俊之子以代为刊刻为名从曲阜取走。"吴方伯蠡涛俊者，先生壬午同年也。户部既殁，方伯之子慈鹤就其家，取诸户部长子博士广根[②]，云将付梨枣，今书稿尚在吴处未刊。"[③] 该书至今未见传本，恐吴氏始终未曾刊刻。而《直隶河渠书》，因清稿有两份，"一藏曲阜孔户部府中，一在直隶总督吴江周公名元理家"。结果导致，"嘉庆已巳，有吴江王履泰者，捐纳通判也。其父乃周公之甥婿，履泰因此得先生之书掩为己有，删削几半，易以乾隆已丑以后事实，易名《畿辅安澜志》，缮写呈上，谓此有用之书也。命武英殿刊板，恩赏履泰同知，发永定河试用"。为王履泰窃取后谋得利益。"先生嗣子中孚闻之，之曲阜取原稿百十一卷入都，意欲辨正，而无肯言于上者，中孚抑郁携归。"[④] 该书署名权为王氏窃取之事，最终未能翻案。

三、交游、联姻对清代孔氏学术的影响

(一) 使曲阜孔氏学人融入乾嘉学派

乾嘉考据学是清代学术的最高峰，而曲阜孔氏家族居于山东，并非乾嘉学派的发源地。孔继涵从兄孔继汾居官京师，虽曾吸收讲求《说文》等考据学风，但其所治主要是曲阜地方文献与孔氏家族文献，风格亦与考据学有别。直到孔继涵与戴震、卢文弨及洪榜等乾嘉学者交游，充分融入乾

---

① 卢文弨：《抱经堂文集》卷三四《孔荭谷哀辞并序》，《续修四库全书》第 1433 册，上海：上海古籍出版社 2001 年版，第 84 页。

② 段氏此云"户部长子博士广根"，据孔德成：《孔子世家谱》(济南：山东友谊书社 1990 年版，第 121 页)，孔继涵长子名广栻，乾隆已亥科举人；次子广根，由诸生署太常寺博士。广根为戴震之婿，保存戴氏遗稿亦合常理。此处当为"取诸户部次子博士广根"，段氏所记或有误。

③ 段玉裁：《东原先生年谱》，戴震：《戴东原集》(二) 卷末，上海：商务印书馆 1933 年版，第 88 页。

④ 段玉裁：《东原先生年谱》，戴震：《戴东原集》(二) 卷末，上海：商务印书馆 1933 年版，第 97 页。

嘉学派之中，曲阜孔氏学人才真正吸收了考据学风。孔继涵所研究的文字学、水经学，都曾与戴震进行探讨，其著作虽不十分丰富，但在风格上与乾嘉学者已毫无分别。

孔继涵的子侄辈，也获得了与乾嘉学者交游的机会，学习了考据学风。如继涵长子孔广栻，“生有异禀，幼渐庭训，言动若老成，扶床之年，已诵数十万言，当代宿学若戴震、孙星衍之伦，时就荭谷公一堂讲析疑义，公间出片语相质，莫不叹异以为童乌；比长益锐于学，自经传子史靡不研究”[①]。孔广栻幼时已能与戴震等人探讨学术。孔继涵从侄孔广森，因继涵与戴震交谊的机缘，“少受经于东原氏，为《三礼》及《公羊春秋》之学”[②]，在大戴礼学、公羊学、音韵学及测算学等方面取得了较高的成就，与段玉裁、王念孙及任大椿并列成为能够继承戴震学风的弟子。

（二）提高了曲阜孔氏学人的学术声誉

戴震作为皖派执牛耳者，其身边聚集了卢文弨、段玉裁、王念孙、任大椿、洪榜、金榜及程瑶田等一批著名学者。孔继涵的学术成就在其中不算突出，却能获得较高的学术声誉。例如，洪梧为其兄洪榜所作《初堂遗稿总序》中提到：“先仲兄汝登先生号初堂，少时与伯兄齐名，有二难之目，经学大成，词章亦冠一时，与戴东原、孔荭谷先生最相善。”[③] 将孔继涵与戴震并称，并以洪榜与二人友善为荣。

而孔继涵从侄孔广森，则因受业于戴震，获得了极高的学术声誉。凌廷堪尚未成名时，曾倾慕广森“君故休宁戴震弟子，尽传其学”的大名，向其请益。由于广森“殷然下交”，“廷堪质以所著，颇不以为鄙”，还曾为凌氏讲解经学及算学，凌氏感到“意甚感焉”[④]。这与通过孔继涵而受业于戴震也是分不开的。

孔继涵在与戴震的交游、联姻过程中，通过探讨学术、为戴震刊刻著

---

① 孔德成：《孔子世家谱》卷三之一《大宗户》，济南：山东友谊出版社 1990 年版，第 121 页。

② 江藩撰，漆永祥笺释：《汉学师承记笺释》（下）卷六《孔广森传》，上海：上海古籍出版社 2006 年版，第 632 页。

③ 洪朴、洪榜：《二洪遗稿》卷首《初堂遗稿总序》，民国通学斋影印清嘉庆梅花书院刊本。

④ 凌廷堪：《校礼堂文集》卷三十六《孔检讨诔并序》，《续修四库全书》第 1480 册，上海：上海古籍出版社 2001 年版，第 352 页。

作等方式，使得一批孔氏学人融入了戴震身边的皖派学术圈，扩展了孔氏学人在学术界的影响，对于清代曲阜孔氏学术发展具有重要意义。而二人交游联姻的许多细节仍不甚明了，有待进一步深入研究。

孔继涵作为清代曲阜孔氏学人中的重要一员，刊刻了包括《算经十书》《戴氏遗书》在内的一批重要书籍，在水经学、文字学等方面取得了一定的学术成就。他与著名学者戴震的交游、联姻，又是曲阜孔氏学风汉学化的一个关键。可惜继涵去世时年仅四十五岁，尚有许多学术活动未能完成。《孔子世家谱》云："设克享遐龄，所著当不止此，惜天不假年，斯文天丧，然亦可增《家乘》之光矣。"[①] 对继涵为家族学术做出贡献的称赞之意，以及对其英年早逝的遗憾之情，均溢于言表。

---

① 孔德成：《孔子世家谱》卷三之一《大宗户》，济南：山东友谊出版社 1990 年版，第 114 页。

第四章　孔广林的学术成就

孔广林（1746—?）[①]，字丛伯，号幼髯，自称赘翁、温经老人。孔子七十代孙，衍圣公孔传铎之孙，户部主事孔继汾长子。廪贡生，历任太常寺博士、刑部广东司候补主事。二十六岁即绝意进取，居家著书。清代著名学者阮元对其学术成就评价很高："阮相国元常谓海内治经之人无其专勤。"[②] 其著作有《周官肊测》七卷、《仪礼肊测》十八卷、《吉凶服名用篇》九卷、《禘祫觿解篇》一卷、《明堂臆》一卷、《仪礼士冠礼笺》一卷、《通德遗书所见录》七十二卷、《延恩集》一卷、《幼髯韵语录存》一卷、《外集》一卷及《温经楼游戏翰墨》二十卷。据《孔子世家谱》统计，其作品计十一种、一百三十二卷、凡四十四万余言。又作诗三千六百余首，自认不佳，悉一火焚之。

孔广林一生居于曲阜，交游不及孔继汾、孔继涵及孔广森等曾任官京师者，但一生治学勤勉、著述丰富。本章将分为孔广林辑佚郑玄著作的成就、孔广林的礼学成就两部分，对其学术成就做一探讨：

---

① 孔广林的生年，据《通德遗书所见录・后记》所言，嘉庆十八年（1813 年），"时年六十有八矣"（《通德遗书所见录》卷末，《山东文献集成》第一辑第一册，济南：山东大学出版社 2007 年版，第 173 页），则其生年当为乾隆十年（1746 年），卒年则当在是年之后。据来新夏：《近三百年年谱知见录》（北京：中华书局 2010 年版，第 207 页）言，根据北京图书馆藏清稿本孔广林：《温经楼年谱》（原题《阙党赘翁日记》）推断："据本谱，谱主生于乾隆元年（1736 年）。"未见具体依据，疑误。

② 孔德成：《孔子世家谱》卷三之一《大宗户》，济南：山东友谊书社 1990 年版，第 127 页。

第一节　孔广林辑佚郑玄著作的成就

辑佚，即从传世的有关文献中钩稽、辑录已经散佚的整部古书或现存古书中部分遗失的内容（包括较完整的篇段和残章断句）[①]。辑佚学起源于宋代王应麟，而极盛于清代。清代辑佚学受到汉学学风的影响，所辑书籍遍及四部，辑佚工作较为严谨、精密，无论范围、质量，都远远超迈前代。郑玄是汉代最著名的经学家，曾兼采今古文学说、遍注群经，集两汉经学之大成。清代汉学家大都仰慕郑玄，以“郑堂”“仪郑堂”等作为字号的不乏其人。郑玄的著作虽然十分丰富，但除《周礼注》《仪礼注》《礼记注》《毛诗笺》基本完整外，大都散佚。清代学者辑佚郑氏著作的不乏其人，孔广林就是这其中较为突出的一位。

孔广林对郑玄遗书的辑佚始于乾隆三十三年（1768 年），时年二十三岁。“在昔戊子，广林年二十有三，习‘三礼学’，究心郑义，读注疏诸史及前代名人著述，凡有郑君义训见，即各依其所著书类录之。”到了乾隆三十九年（1774 年），先写成了《北海经学七录》七种。“岁在甲午，辑《易注》《书注》《驳异义》《箴膏肓》《发墨守》《释废疾》《郑志》，为《北海经学七录》。”在此基础上，“日积月累，前后共得十有八种”，乾隆四十二年（1777 年）时进一步写成了《通德遗书所见录》十八种。“丁酉春，汇为一集，叙而录之，题曰《通德遗书所见录》，凡七十二卷，经学得其辜校矣。”后因其父孔继汾“孔氏家仪案”等原因，“纂辑之功，遂尔中辍二十余年”。直到嘉庆十七年（1812 年），“上年徇儿辈请录《说经五稿》，既竣旋复，自惟广林于《通德遗书》劳心几许，不及今目力腕力犹可自持，自订清本，不亦虚此半生心力乎哉？入今年来，屏弃一切，宁神定志，取所辑七十二卷而检校之，而订正之，勉力清录凡百有五十日”[②]。终于在嘉庆十八年（1813 年）将《通德遗书所见录》最后写定。《所见录》含《六艺论》一

① 孙钦善：《中国古文献学》，北京：北京大学出版社 2006 年版，第 198 页。

② 孔广林：《通德遗书所见录》卷末“后记”，《山东文献集成》第一辑第一册，济南：山东大学出版社 2006 年版，第 173 页。

卷、《周易注》十二卷、《尚书注》十卷、《尚书中侯注》六卷、《尚书大传注》四卷、《毛诗谱》一卷、《三礼目录》一卷、《答周礼难》一卷、《鲁礼禘祫义》一卷、《丧服变除》一卷、《箴左氏膏肓》一卷、《释穀梁废疾》一卷、《发公羊墨守》一卷、《论语注》十卷、《论语篇目弟子》一卷、《驳五经异义》十卷、《郑志》八卷、《孝经注》一卷、附《叙录》一卷，凡十八种附一种，七十二卷。内容较为详尽，部分恢复了郑玄佚作的原貌。

一、《通德遗书所见录》的辑佚方法

孔广林在《通德遗书所见录》中，全面地应用了各类辑佚学方法，取得了较好的效果。其主要方法有如下四项：

(一) 广泛探求佚文线索

梁启超在《中国近三百年学术史》中提到，寻求辑佚资源的方法主要有以下几条："欲将《汉书·艺文志》《隋书·经籍志》中曾经著录而今已佚者次第辑出，其所凭借之重要资料，则有如下诸类：(一) 以唐宋间类书为总资料——如《北堂书钞》、《艺文类聚》、《初学记》、《白帖》(《白氏六帖》)、《太平御览》、《册府元龟》、《山堂考索》、《玉海》等。(二) 以汉人子、史书及经注为辑周秦古书之资料——如《史记》《汉书》《春秋繁露》《论衡》等所引古子家说，郑康成诸经注、韦昭《国语注》所引纬书及古系谱等。(三) 以唐人义疏等书为辑汉人经说之资料——如从《周易集解》辑汉诸家《易》注，从孔、贾注疏辑《尚书》马郑注、《左氏》贾服注。(四) 以六朝、唐人史注为辑逸文之资料——如裴松之《三国志注》，裴骃以下《史记注》，颜师古《汉书注》，李贤《后汉书注》，李善《文选注》等。(五) 以各史传注及各古选本、各金石刻，为辑遗文之资料——古选本如《文选》《文苑英华》等。"[①] 梁氏所说的方法，孔广林在《所见录》中大都加以采用。

因郑玄著作属于汉人经说，故孔广林探求佚文的线索首推"以唐人义疏为辑汉人经说之资料"。例如，孔氏所辑郑玄《周易注》卷一《乾》经文部分的郑注，就大都出于唐人义疏："九二见龙在田，利见大人。二于三才为地道，地上即田，故称田也。(见《集解》) 九二利见九五之大人。(见

① 梁启超：《中国近三百年学术史》，上海：东方出版社 1996 年版，第 289—290 页。

《正义》）九三，君子终日乾乾，夕惕若厉，无咎。三于三才为人道，有乾德而在人道，君子之象。（见《集解》）惕，惧也。（见《释文》）九五，飞龙在天。五于三才为天道。天者，清明无形而龙在焉，飞之象也。（见《集解》）上九，亢龙有悔。尧之末年，四凶在朝，是以有悔，未大凶也。（见《正义》）"① 所辑郑注共六条，三条出于李鼎祚《周易集解》，二条出于孔颖达《周易正义》，一条出于陆德明《经典释文》，均属于唐人义疏。又如，孔氏所辑郑玄《尚书注》卷三《高宗肜日》中的郑注，亦均出于唐人义疏："祖已曰：谓其党。（见《正义》）'降年有永，有不永，非天夭民，民中绝命。'年命者，惷愚之人尤悯焉，故引以谏王也。（同上）"② 二条注释均出自孔颖达《尚书正义》，属于唐人注疏。

孔广林探求佚文有以唐宋类书作为线索的。例如，孔氏所辑郑玄《尚书注》卷四《洪范》中的注文，有辑自《小学绀珠》的："次八曰念用庶征。在天为五行，在人为五事。修，则休徵各以其类应之；五事失，则咎徵各以其类应之。"③（见《小学绀珠·天道》）《小学绀珠》为宋王应麟编纂的类书。又如，孔氏所辑郑玄《论语注》卷六《颜渊》中的注文，有辑自《太平御览》的："片言可以折狱者，其由也与？……故可令折狱也。"④（见《御览·刑法部五》）《太平御览》为宋代四大类书之一。

孔广林探求佚文有以六朝、唐人史注作为线索的。例如，孔氏所辑郑玄《周易注》卷一《屯》经文部分的郑注，有出自李善《文选注》的："天造草昧，利建侯而不宁。造，成也。草，草创。昧，昧爽也。"⑤（见《文选·天监三年策秀才文注》）又如，孔氏所辑郑玄《尚书注》卷四《洪范》中的注文，有辑自裴松之《三国志注》和裴骃《史记集解》的："分北三苗。

---

① 郑玄：《周易注》卷一《乾卦》，孔广林辑：《通德遗书所见录》卷二，《山东文献集成》第一辑第一册，济南：山东大学出版社2006年版，第5页。

② 郑玄：《尚书注》卷三《高宗肜日弟九》，孔广林辑：《通德遗书所见录》卷十六，《山东文献集成》第一辑第一册，济南：山东大学出版社2006年版，第33页。

③ 郑玄：《尚书注》卷四《洪范弟十六》，孔广林辑：《通德遗书所见录》卷十七，《山东文献集成》第一辑第一册，济南：山东大学出版社2006年版，第33页。

④ 郑玄：《论语注》卷六《颜渊弟十二》，孔广林辑：《通德遗书所见录》卷四十七，《山东文献集成》第一辑第一册，济南：山东大学出版社2006年版，第113页。

⑤ 郑玄：《周易注》卷一《屯卦》，孔广林辑：《通德遗书所见录》卷二，《山东文献集成》第一辑第一册，济南：山东大学出版社2006年版，第5页。

北，犹别也。（见《三国志·虞翻传注》）所窜三苗为西裔诸侯者，犹为恶乃复分析流之。”[①]（见《史记·五帝纪注》）

此外，孔广林对前人的辑佚成果有所参考。例如，孔氏在辑佚郑玄《尚书注》卷一《咎繇谟》中的注文时，就参考了宋人王应麟的辑本：“（予欲观古人之象，日月星辰山龙华虫作缋。缋，今作会。此见《周官·司服注》。）……宗彝藻火粉米黼黻希……绣……读为。（王氏本为‘作’）”[②] 在从《周官·司服注》中辑出郑注的同时，又核对了王氏的辑本。

以上梁氏所云五种探求佚书线索的方法，孔广林仅有第二种及第五种不适用于辑佚郑玄著作而未采用，其余三种均广泛加以利用，又能参考前人的辑佚成果，故而收集郑玄著作的佚文较为全面，辑佚成就较高。

（二）考察佚文的正误、归属、完缺

孔广林在广泛探求线索，从多种资料中辑出佚文之后，并不是简单搬用，而能在此基础上，对所辑佚文的正误、归属、完缺等问题多加考察。

孔广林对所辑文字的正误有所考察，对所辑得的佚文进行了校勘，保证文字的准确性。例如，孔广林对所辑郑玄《六艺论》中的部分文字进行了校勘：“汉兴，高堂生得（当作‘传’）《礼》十七篇。（见《礼记·奔丧正义》）后得孔氏壁中（其下本有‘河间献王’四字，据《正义》省。）古文《礼》五十六篇，《记》百三十一篇，《周礼》三十一篇。其十七篇与高堂生所传同，而文字多异。（见《释文序录》。《礼记·大题正义》引者，‘氏’作‘子’，‘五’上有‘凡’，无‘记’以下十字。《奔丧·篇题正义》引者，‘氏’亦作‘子’，‘得’在‘中’下，‘六’伪‘七’，无‘记’字以下十字，其‘十七篇’下作‘与前’。《同题正义》）”[③] 校勘‘得’当作‘传’利用理校进行了推断。校勘其他异文则利用孔颖达《礼记正义》及陆德明《经典释文》所引郑玄异文进行比勘，得出最优结果。又如，孔广林对所辑郑玄《尚书注》卷一《咎繇谟》中的部分注文的文字的正误进行了

① 郑玄：《尚书注》卷一《尧典弟一》，孔广林辑：《通德遗书所见录》卷十四，《山东文献集成》第一辑第一册，济南：山东大学出版社 2006 年版，第 25 页。

② 郑玄：《尚书注》卷一《咎繇谟弟二》，孔广林辑：《通德遗书所见录》卷十四，《山东文献集成》第一辑第一册，济南：山东大学出版社 2006 年版，第 26 页。

③ 郑玄：《六艺论·礼论》，孔广林辑：《通德遗书所见录》卷一，《山东文献集成》第一辑第一册，济南：山东大学出版社 2006 年版，第 4 页。

校勘："惇叙九族，庶明厉翼，迩可远在兹。庶，众也。厉，作也。叙，次也。序九族而亲之，以众明作羽翼之亲也。（见《三国志·先主传注》。《正义》引'厉，作也。以众贤明作辅翼之臣'十二字。）此政可以由近及远也。（《史记·夏本纪注》引后三句，'序'上有'次'字，'明'上有'贤'字，'亲'作'臣'。《文选·安陆昭王碑注》引末句无'也'字。）"① 分别引孔颖达《尚书正义》、裴骃《史记集解》以及李善《文选注》与辑出注文的裴松之《三国志注》对勘，标明了异文。

孔广林对所辑文字的归属有所考察，即对所辑得的佚文作者进行辨别。例如，孔氏对所辑郑玄《尚书注》卷四《洪范》中的部分注文是否属于郑玄，进行了考证："分北三苗。北，犹别也。（见《三国志·虞翻传注》）所窜三苗为西裔诸侯者，犹为恶乃复分析流之。（见《史记·五帝纪注》。……王氏本'所窜'上有'流四凶者，卿为伯、子，大夫为男，降其位耳，犹为国君'二十字。案：《正义》云：'郑以为流四凶者云云，故以三苗为西裔诸侯，犹为恶，乃复分北流之。'若然，则此二十字乃孔原郑义，或是上流四凶注，必非此节注文，故不录。）"② 虽参考了王应麟所辑郑玄《尚书注》，但却认为王氏所引二十字的作者既可能是孔颖达，也可能是他处注文，不能确定注者是郑玄，结论较为严谨。

孔广林对所辑文字的完缺亦有考证，对佚文的完整性进行了辨别。对于有选择余地的，尽量选取完整的文字。例如，孔广林对所辑郑玄《六艺论》的部分文字进行了校勘："《易》者，阴阳之象，天地之所变化，政教之所生。自人皇初起，（见《礼记·大题正义》）燧皇之后，历六纪九十一代至伏牺，始作十言之教。（同上。'十'下本衍'二'字，据《路史》省。《礼运正义》引'燧人在伏牺之前凡六纪九十一代'十四字。《曲礼正义》引者，作'燧人至伏牺一百八十七代'。《路史·大昊纪》上引'伏牺作十言之教'七字，注云：'或作不言，或作十二言，皆非。'）"③ 对于"燧皇之

---

① 郑玄：《尚书注》卷一《咎繇谟弟二》，孔广林辑：《通德遗书所见录》卷十四，《山东文献集成》第一辑第一册，济南：山东大学出版社2006年版，第25页。

② 郑玄：《尚书注》卷一《尧典弟一》，孔广林辑：《通德遗书所见录》卷十四，《山东文献集成》第一辑第一册，济南：山东大学出版社2006年版，第25页。

③ 郑玄：《六艺论·易论》，孔广林辑：《通德遗书所见录》卷一，《山东文献集成》第一辑第一册，济南：山东大学出版社2006年版，第3页。

后”一句，将《礼记·大题正义》所引较完整佚文与《礼运正义》《曲礼正义》所引相对残缺的佚文相比较，取了《大题正义》的文字，又参考《路史》进行了局部修正。对于没有选择余地的，保留残缺文字并加以指出。例如，孔氏对所辑郑玄《尚书注》卷五《梓材》中的注文的完缺就进行了考证：“以厥庶民暨厥臣达大家，以厥臣达王惟邦君。于邑言达大家，于国言达王。兴邦君王乃二王之后。”① （见《正义》。案：此疑仲达约郑义，非郑注原文。）孔氏在所辑郑注之末，提出该处注文很可能是孔颖达在《正义》中概括郑玄之义，并非郑氏《尚书注》原文。又如，孔氏对所辑郑玄《论语注》卷六《颜渊》中注文完缺也进行了考证：“片言可以折狱者，其由也与？……片言谓单辞折断。谓子路□取所如言必直。”② （此疑有伪脱）指出此处文字并不完整。均在没有选择余地的情况下，保留残缺的郑玄佚文，并加以标注，以供学者参考。

（三）准确编次异文

将辑得的异文缀合、编次成书，需要辑佚者对原书的体例、结构、编次相当熟悉，才能尽可能恢复原书的面貌。孔广林在《通德遗书所见录》中专门写有《叙录》一卷，对郑玄各种佚著的内容、结构、体例均详加考辨。例如，他在《叙录》中考辨郑玄《六艺录》曰：“徐彦云：‘郑君先作《六艺论》讫，然后著书。’盖《六艺论》者，犹著书纲领也。《六艺论》大较有四，首叙原始，次论指趣，次叙师承，终述著作之意。考《隋书·经籍志》，《六艺论》一卷。今得若干条，而先之以《总论》，《六艺》以次叙焉。《论语》郑君既为之注，亦宜有《论》，无闻焉耳。史传称郑君质于辞训，通人颇讥其繁，此论当不下万有千言矣。然则十盖未能得一也。”③ 对《六艺论》的性质为郑玄“著书纲领”，体例“大较有四”，卷数为一卷，篇幅为“当不下万有千言”均有所考证。广林在缀合、编次佚文时，基本依照《叙录》所构拟的，“先之以《总论》，《六艺》以次叙焉”加以分类，再

---

① 郑玄：《尚书注》卷五《梓材第二十一》，孔广林辑：《通德遗书所见录》卷十八，《山东文献集成》第一辑第一册，济南：山东大学出版社 2006 年版，第 40 页。

② 郑玄：《论语注》卷六《颜渊第十二》，孔广林辑：《通德遗书所见录》卷四十七，《山东文献集成》第一辑第一册，济南：山东大学出版社 2006 年版，第 113 页。

③ 孔广林：《通德遗书所见录》卷七十二《序录》，《山东文献集成》第一辑第一册，济南：山东大学出版社 2006 年版，第 167—168 页。

按照“首叙原始，次论指趣，次叙师承，终述著作之意”的顺序加以编排。

又如，孔广林在《叙录》考辨郑玄《周易注》提到：“在昔汉京，《易》分三家，曰田何《易》，曰焦延寿《易》，曰费直《易》。刘向以中古文《易》校诸家经，惟费氏经与古文同，故东汉诸儒多传费氏学。郑君初从第五元受京氏《易》，京氏《易》盖出于焦也。继师马融，乃通费氏古文学焉。史称费氏《易》亡章句，徒以《彖》《象》《系辞》十篇解说《上》《下经》。由是言易《者》，咸谓费氏始合经传。广林以为史传所云非合传于经之谓，夫固谓直以传释经，不别为训故云尔。不然刘向校经而著之《录》，何得不言。且特云与古文同也。然则费氏《易》犹是十二篇古本，不异田何。而《彖传》《象传》与经文连比，盖自郑君始。案魏高贵乡公与淳于俊问答，并云郑合《彖》《象》二传，而《文言》犹别篇次《系辞》后。今《乾卦·彖传》以前，乃故郑君本，《文言》则王辅嗣窜入者矣。且高贵乡公止云合《彖》《象》于经，不云分附《象传》于六爻，则《坤》以后《象传》各从其爻，亦辅嗣所移，非郑君本矣。故今所录，依《乾卦》例，先《彖》后《爻》，而《彖传》《象传》次之，《上经》三卷，《下经》三卷，《系辞》二卷，《文言》《说卦》《序卦》《杂卦》各一卷，《易赞》坿其末，凡十二卷。《隋书·经籍志》《旧唐书·经籍志》并云十卷。九卷者，《文言》以下四篇同卷也。其十卷，则《释文序录》云《录》一卷也。阮孝绪《七录》以为十二卷，《录》不在数。今依《七录》从其最先，有《赞》无《录》，盖阙如也。”① 其先后考证了郑玄《周易注》的学术渊源、卷数以及体例。最后按照《七录》所言十二卷，依照“《上经》三卷，《下经》三卷，《系辞》二卷，《文言》《说卦》《序卦》《杂卦》各一卷，《易赞》坿其末”的顺序编排卷数，每卷内则依据“先《彖》后《爻》，而《彖传》《象传》次之”的顺序编排体例，大体恢复了郑玄《周易注》的原貌。

因为孔广林对郑玄原书的内容、体例、结构等详加考察，故能在此基础上有条理地缀合、编次佚文，使得辑佚成果在结构、体例上能保持作品原貌。

(四) 注明佚文出处

按照现代辑佚学的要求，所辑佚文应当详注出处，包括作者、书名、

---

① 孔广林：《通德遗书所见录》卷七十二《序录》，《山东文献集成》第一辑第一册，济南：山东大学出版社 2006 年版，第 168 页。

卷数、篇名等，必要时还应注明版本，这样才能保证辑佚成果的可信度。而孔广林在《通德遗书所见录》中对佚文出处的标注则参差不齐。以其所辑郑玄《周易注·禹贡》"冀州既载"句下而言，最详尽的能标注书名、篇名以下，如"不书其界者，时帝都之使若广大然（见《公羊》庄十年《疏》)"，能查到《春秋公羊传注疏》庄公十年下的徐彦《疏》文，较为具体。其次能标注篇名，如"于策以告帝，征役而治之（见《正义》)"，指出出于《尚书正义》同篇注文，不难查找原文。而如"两河间曰冀州"（六字又见《史记·夏本纪注》)，连书名都标注不清，读者难以区分佚文引自《史记·夏本纪》三家注中哪一家，显得不够严谨。孔广林在下文"壶口治梁即岐"句下，所辑郑玄注"《地理志》：'壶口山在河东北屈县（本作'悬'，误）之东南，梁山在左冯翊夏阳，岐山在右扶风美阳（以上见《史记·夏本纪集解》《索引》……)'"[①]，就能标注所辑文字出于《史记集解》《史记索隐》。前述未注明书名不严谨的做法，属于一书中体例不统一的疏忽。总体来说，孔广林在《所见录》中标注佚文出处大体能注明到书名、篇名以下，在同时代人中较为严谨，读者以核对原文尚属便利。

二、《通德遗书所见录》的学术史评价

清代辑佚郑玄著作成就较为突出的学者还有黄奭、袁钧二人。黄奭(1809—1853)，字右原，受业于江藩，是惠栋的三传弟子。江氏的辑佚学的代表作是《汉学堂丛书》，包括《汉学堂经解》(专收经学佚书)、《通纬》(专收谶纬佚书)、《子史钩沉》(专收史部、子部佚书）以及《通德堂经解》(专收郑玄经学佚书）四种。其中《通德堂经解》，含《周易注》一卷、《尚书大传注》一卷、《尚书古文注》一卷、《毛诗谱》一卷、《答临孝存周礼难》一卷、《鲁礼禘祫义》一卷、《丧服变除》一卷、《三礼目录》一卷、《驳五经异义》一卷、《孝经解》一卷、《箴左氏膏肓》一卷、《释穀梁废疾》一卷、《发公羊墨守》一卷、《六艺论》一卷、《郑志》一卷、《论语篇目弟子》一卷、《论语注》一卷、附《郑司农年谱》一卷，凡十七种附一种，二十八卷。

袁钧，字秉国，一字陶轩，号西庐，乾隆间拔贡，嘉庆间举孝廉方正。

---

① 郑玄：《尚书注》卷一《禹贡弟三》，孔广林辑：《通德遗书所见录》卷十八，《山东文献集成》第一辑第一册，济南：山东大学出版社 2006 年版，第 28 页。

袁氏辑有《郑氏佚书》，含《易注》九卷、《尚书注》九卷、《尚书中侯注》一卷、《尚书大传注》一卷、《尚书五行传注》一卷、《尚书略说注》一卷、《毛诗谱》三卷、《三礼目录》一卷、《丧服变除》一卷、《鲁礼禘祫义》一卷、《答临硕难礼》一卷、《箴膏肓》一卷、《释废疾》一卷、《发墨守》一卷、《春秋服氏注》十二卷、《孝经注》一卷、《论语注》十卷、《孔子弟子目录》一卷、《驳五经异义》十卷、《六艺论》一卷、《郑志》八卷、《郑记》一卷，附《郑君纪年》一卷，凡二十三种，七十九卷。

在几种清人辑佚的郑玄佚书中，前人对袁钧《郑氏佚书》评价最高。例如，《续修四库总目提要》云："钧以两汉经师之学，郑玄集齐大成，每发一义，无不贯穿群经。然散亡之余，遗文佚义，说不存一。因仿宋王应麟《郑氏周易注》之例，与其友李赓芸取诸经义疏及他所征引，参之往旧所有辑本，辨析讹谬，补正阙失，一一注明出处，附以考证，并齐其所不齐者，以次收合而成是编，共得二十三种。玄所著书，除本传之《天文七政论》及《乾象历注》，《唐书·艺文志》之《论语释义》外，大概具备。钧手自写定仅《易注》《尚书注》《尚书中侯注》《诗谱》四种，曾孙烺曾刊行。未写定之十九种，其族孙尧年竭数年之力，始为写定。光绪间瞿鸿禨官浙江学政，因饬浙局悉为刊刻。而袁氏复将其所刻之版归之浙局，以成全书焉。清儒治经最重郑氏，辑其遗著者甚多，黄奭辑《高密遗书》十四种，孔广林辑《通德遗书》十七种，钧所辑是编，最为完备。"[①] 其认为袁钧的成就在黄奭、孔广林之上。

相比黄奭、袁钧二人的辑佚成就，孔广林《通德遗书所见录》虽不算最优，但仍有其独到的价值。就辑佚种类上而言，孔广林所辑十八种郑玄著作，较黄奭所辑十七种多《尚书中侯注》一种，较袁钧所辑少《尚书五行传注》《尚书略说注》两种[②]。而《尚书五行传注》《尚书略说注》原书均为一卷，袁氏所辑内容更少。故孔广林所辑郑氏佚书较黄氏、袁氏在种类上并不逊色。

就辑佚质量上而言，孔广林与袁钧不相上下，而强于黄奭。黄奭所

---

① 中国科学院图书馆整理：《续修四库全书提要（稿本）》第 29 册，济南：齐鲁书社 1996 年版，第 647 页。

② 袁钧《郑氏佚书》标目为二十三种，而所收《春秋服氏注》《郑记》《郑君纪年》三种并非郑玄著作，实为二十种，较孔广林多两种。

辑佚书，不仅存在“某些书是袭用前人辑本而未加说明”的问题[①]，且对于《周易注》《尚书注》等篇幅较大的佚书，仅按照辑得的佚文篇幅统编为一卷，未能按照原书结构、体例编次，与佚书原貌有较大差距。孔广林与袁钧的辑佚，虽吸收了他人成果，但主体内容均为独立完成；编排分卷能大体遵照原书，试图恢复所辑书籍原貌；辑佚文句互有短长，可相互补充。

从写作与刊刻时间上来看，孔广林在乾隆三十九年（1774 年），先写成《北海经学七录》七种，并于是年有古俊楼刻本，是《通德遗书所见录》的雏形。《通德遗书所见录》据其“后记”写定于嘉庆十八年（1813 年），而仅有抄本流传，直到光绪十六年（1890 年）始有山东书局刻本。袁钧《郑氏佚书》约写定于乾隆六十年（1795 年），但其手自写定的仅有《易注》《尚书注》《尚书中侯注》《诗谱》四种，由其曾孙袁烺于光绪十年（1884 年）刊行，是为观稼楼本；其余未写定的由其族孙袁尧年写定后，终于在光绪十四年（1888 年）由浙江书局刊行。黄奭主要生活在嘉庆、道光年间，晚于孔氏和袁氏，其《通德堂经解》最早的刊本是道光中甘泉黄氏刊本。孔广林著作的写定时间略晚于袁钧而早于黄奭，其著作的雏形《北海经学七录》则在三人中最早刊行。孔广林在写作、刊行时间较早的情况下，辑佚成就略逊于袁钧而好于黄奭，是较为难得的。

孔广林辑佚郑玄佚书的成就，在当时学术界也获得了较高的学术声誉，例如卢文弨在乾隆四十五年（1780 年）写给孔广林从叔孔继涵的《致孔荭谷书》中提到：“令侄从伯所梓《郑志》极佳，扛诸本中最有条理，且点画亦致不苟，几乎与相台岳氏所刻诸经相伯仲。今欲奉求一本，务为我致倾迟之意。”[②] 卢文弨向孔继涵索要的当是孔广林《北海经学七录》中的《郑志》一种，对孔广林所辑书的学术及刊刻水平均有较高评价。

孔广林在《通德遗书所见录》等著作中辑佚的郑玄佚书，是清代三家辑佚郑玄著作中成就较高的一种，不仅写作、刊刻时间较早，且得到了当时学术界的认可，今天仍是研究郑玄佚著所需要参考的。

---

① 孙钦善：《中国古文献学》，北京：北京大学出版社 2006 年版，第 223 页。

② 卢文弨：《抱经堂文集》卷二十《与孔荭谷书》，《续修四库全书》第 1432 册，上海：上海古籍出版社 2001 年版，第 716 页。

第二节　孔广林的礼学成就

孔广林不仅系统辑佚了郑玄著作，在辑佚学上有很高的造诣；其著作《孔丛伯说经五稿》亦对经学研究有所贡献。《孔丛伯说经五稿》共收书五种附一种，计有《周官肊测》六卷《叙录》一卷、《仪礼肊测》十七卷《叙录》一卷、《吉凶服名用篇》八卷《叙录》一卷、《禘祫篇解》一卷、《明堂臆》一卷以及附《仪礼士冠礼笺》一卷，共三十七卷附一卷。孔丛伯《说经五稿》虽名为“说经”，实际内容却仅涉及三礼，是六部礼学著作的汇编。

《孔丛伯说经五稿》的写作始于乾隆三十九年（1774 年）。他在《周官肊测》卷七中曾有所记载：“乾隆甲午，家大人将校《十三经》定本，刊藏敦本家塾以示子孙。……广林敬受命，乃序次若干条而为之《录》云。”①而《孔丛伯说经五稿》的写定，到嘉庆十七年（1812 年）才最终完成。孔广林在《仪礼士冠笺》卷末中提到：“继而棘人抱痛，尘累撄心，衰病频仍催我，岁月蹉跎，至今年近七十已，乌能复理前业为哉？缅追遗训，惕焉恧焉，兹录所成《士冠笺》一篇，附《说经五稿》之后，识此以示儿曹云。嘉庆十七年壬申冬十有一月长至日温经老人识。”② 即《孔丛伯说经五稿》所附最后一种《仪礼士冠笺》直到嘉庆十七年（1812 年）他年近七十时，才最终完稿，附于全书之末，标志着《孔丛伯说经五稿》的最终完成。

一、《周官肊测》的周礼学成就

孔广林《说经五稿》之中，《周官肊测》一书专治周礼，全书六卷按照《周礼》六官的顺序进行编排，在每句需要考证的经文之下，广引资料、兼下己意进行疏解。该书在周礼学方面取得了以下成就：

（一）考证制度

《周礼》传说是周公所作的官制之书，包含复杂的政治制度。孔广林在《周官肊测》中，针对《周礼》中的政治制度进行了详尽的考证。特别是针

---

① 孔广林：《周官肊测》卷七，《孔丛伯说经五稿》，《山东文献集成》第二辑第一册，济南：山东大学出版社 2007 年版，第 55 页。

② 孔广林：《仪礼士冠笺》卷末，《孔丛伯说经五稿》，《山东文献集成》第二辑第一册，济南：山东大学出版社 2007 年版，第 204 页。

对《周官》记载官制的总体架构，能够贯穿群经详加辨证。例如在卷一《天官冢宰》“设官分职”句下，孔广林首先对《周官》中的官职数量进行了梳理：“周六《官典》，《冬官》无考。考五官之属，凡三百四十有九职，员数八万五千八百有八十人。除兼官、军官、乡遂官、不命之士、庶人在官者、内官及刑人给役者及非王官者，凡五十职八万二千四百六十四人，更除九嫔、世妇、女御不在算，实止二百九十六职。其员数，公三人、卿五人、中大夫六十八人、下大夫二百六十九人、上士二百七十三人、中士八百一十二人、下士千八百有六人，凡三千二百三十六人；又无成数可综者中士八人、下士七十二人，凡八十人，通前为三千三百一十有六人。即五官而分核之，天官三百六十人，地官八百五十四人，春官五百一十六人，夏官七百七十一人，秋官八百一十五人。”对其中各类官员做了详细统计，如“中大夫六十八人”之下统计“天官四、地官四十一、春官五、夏官十四、秋官四”，结论较为可信。接下来估算了政府供养官员的花费：“五官员数，繁简各殊，以五率之，每官得六百六十余人，事典或不是过矣。合六官及无数可综者，通率四千七百人，此皆命夫受禄王家者也。其他皆耦耕食力之氓，虽任厥职，或异之曰士，固未得不耕而食也。以《王制》侯国臣食禄之数推之，此王官唯卿加大国卿一等，大夫以下如侯国下士视上农夫，中士以上递增以倍。卿、五大夫禄，五官三千二百三十六人，共食八千一百六十二夫之入，又无数可综者共食八十八夫，通前为八千二百五十夫。以五分之，每官约得千六百五十夫之入。以是率冬官通六官，亦不过九千九百夫之入。无数可综者，约更加七百九十二夫。合计六官之禄，止万有六百九十二夫之入，加以内官食千四百六十三夫，阍人、五隶食六百二十夫，亦止万二千七百七十五夫之入而已。王畿千里、提封百万、九百万夫之地，山陵、林麓、川泽、沟渎、城郭、宫室、涂巷三分去一，又以田不易、一易、再易，上下相通定受田者三百万夫。十而取一公田之入，计得三十万夫。”最后得出结论：“六官之属，即尽数食禄，亦止二十分之一耳。况卿大夫中有受采者，三等之士亦有受地者，班禄之数，绝不及此。何嫌乎设官多而班禄有不足邪?”[①] 不仅贯通全书，统计了《周礼》中官职

① 孔广林：《周官肊测》卷一，《孔丛伯说经五稿》，《山东文献集成》第二辑第一册，济南：山东大学出版社 2007 年版，第 2—3 页。

的总数，并且用量化方法估算出六官的俸禄，认为先秦时期供养这些官员是可行的，对汉代以来学者怀疑《周礼》设官过多、恐系后人伪造的说法进行了驳斥。

广林对某一具体的官制亦能进行考证。如卷二《地官司徒》之下“质人”一官，郑玄云：“质，平也。主平定物贾者。”广林则认为：“定物贾者，贾师也，非质人事。质人职云：‘质人掌成市之货贿、人民、牛马、兵器、车辇、珍异。凡卖价者质剂焉。’质若今中人，剂若今契约。以掌质剂，故以质人名其职。”① 郑玄认为质人是主管平定物价的职务。孔广林则利用《周礼》经文内证，证明郑说将质人与贾师混淆，质人实际上是主管市场交易中介及契约的官员。

（二）校勘文字，辨正字体

《周礼》属古文经，其中多先秦古文。孔广林写作《周官肊测》发端于为家塾校勘经史教材，故书中不乏辨正、校勘《周礼》文字的内容。例如，卷三《春官宗伯·菙氏》“遂龡其焌契”之下，广林云：“《说文》龡作籥，无龡字。吹嘘，字作吹。炊爨，字作炊。炊下龠者，籥律之籥也。此经字当作火旁欠。”② 利用小学知识进行校勘，认为“龡”系后起字，此处经文“龡”当是“籥”遗漏“火”旁之误。

又如，卷三《春官宗伯》“以疈辜”之下，广林云：“疈，籀文副。副，《说文》云‘判也’。《周礼》‘疈辜’，今人以‘疈’为副贰字，而以读副析之，副音为改字读之，非也。疈，贰副称字，本并作福，从衣字。张平子《西京赋》‘仰福帝居’。汉《尹宙碑》‘位不福德’。魏《上尊号奏》‘以福海内欣戴之望’。其明证矣。福借用副，亦自汉始。《武荣碑》‘爵不副德’。《史晨后碑》‘副掾孔网’是也。经典相承，福皆作副，乃借副为福，不得谓借副为疈。”③ 梳理了“疈”“福”“副”三字出现的先后顺序，辨正了三字的用字方法。

---

① 孔广林：《周官肊测》卷二，《孔丛伯说经五稿》，《山东文献集成》第二辑第一册，济南：山东大学出版社 2007 年版，第 12 页。

② 孔广林：《周官肊测》卷三，《孔丛伯说经五稿》，《山东文献集成》第二辑第一册，济南：山东大学出版社 2007 年版，第 32 页。

③ 孔广林：《周官肊测》卷三，《孔丛伯说经五稿》，《山东文献集成》第二辑第一册，济南：山东大学出版社 2007 年版，第 23 页。

（三）训诂文意

孔广林在《周官肊测》中对难解的文意有所疏解，以便读者理解。例如，卷四《夏官司马》“简稽乡民，以用邦国”，郑玄云“简谓比数之稽，犹计也”，贾公彦《疏》云“此数计会乡民而用之”。孔广林云：“若然，简稽乡民是为一事，与余八法文例不合。《国语》云：‘黄池之会，吴陈其兵，皆官帅拥铎拱稽。’稽，簿注也，言执兵士簿注以待军事，即此之稽。简稽案簿注，阅其数。乡，读如民乡方之乡。乡民者，谓既陈誓众，若《甘誓》《汤誓》《大誓》，鼓舞军心，使向上恭命也。《释文》‘发，许亮反’，盖亦不依郑义矣。”[①] 郑注及贾疏认为“稽”义为计，作动词。孔广林依据经文义例，认为“简稽”当与“乡民”相对，“稽”当为名词，是“簿注”之义，较郑玄的解读更为符合文意。

《周官肊测》虽没有逐条疏解《周礼》文意，但在考证制度、校勘文字、辨正字体、训诂文意等方面均有所得，特别是部分内容敢于纠正郑玄等前人的错误，对阅读《周礼》有一定参考价值。

二、《仪礼肊测》的仪礼学成就

孔广林《仪礼肊测》专治仪礼，全书十七卷按照《仪礼》原书十七篇的顺序编排。该书性质与《周礼肊测》类似，也在《仪礼》每句需要阐释的经文之下，引用资料、兼下己意进行疏解。该书在仪礼学方面取得了以下成就：

（一）考证名物制度

礼学属专门之学，其中有许多专门的名物制度，历来众说纷纭。孔广林在《仪礼肊测》中，针对名物制度做了详尽的考证。例如，卷一《士冠礼》“主人玄冠，朝服，缁带，素韠”一句，郑玄云：“朝服十五升布衣，而素裳衣不言色者，衣与冠同也。”广林云：“朝服有二，皮弁、素服、衣素裳，玄冠朝服；裳亦素而衣缁知者，羔裘朝服也。《论语》云：‘缁衣羔裘。’若玄衣素裳，则卿大夫之玄端服矣。着缁带以明衣，着素韠以见裳。凡朝服，天子与其臣皆皮弁，诸侯玄冠朝服以视朝下天子也，其臣皮弁尊君也。夕则君臣皆玄冠朝服。大夫、士视私朝，朝玄端，夕深衣，下诸侯

---

① 孔广林：《周官肊测》卷四，《孔丛伯说经五稿》，《山东文献集成》第二辑第一册，济南：山东大学出版社 2007 年版，第 35 页。

也。其臣玄冠朝服，尊主君也。”[①] 在郑玄说的基础上，孔广林提出了玄冠朝服、羔裘朝服两种朝服形式，并解释了天子、诸侯、卿大夫等不同等级的人物，在不同场合下穿着朝服的方法。

又如，卷二《士昏礼》“父醮子”一句，郑玄云：“醮之礼如冠醮，与其异者，于寝尔。”孔广林认为婚礼中“父醮子”这一环节在寝中进行。广林云：“在庙不在寝。《左氏》昭元年传云：‘围布几筵，告于庄、共之庙而来’，是其明证。主人筵于户西，西上右几筵，壻于房外南面，礼如冠醮。必于庙者，鬼神莅之重，人伦之始也。《白虎通德论》云‘娶妻不先告庙’，谓不释币于祢耳，未云不行于庙也。况《记》上文云‘凡行事受诸祢庙’，是纳采以来，皆即庙而命使，及使反寿命义。焉有醮子而反不于庙乎？”[②] 利用《左传》《白虎通义》等文献加以推论，孔广林认为“父蘸子”应当在庙中进行。

（二）辨正字体，校勘文字

孔广林在《仪礼肊测》中对《仪礼》经文的字体进行了辨正。例如，卷一《士冠礼》“礼于阼”，广林云：“今文礼为‘醴’。广林谓《仪礼》一经醴宾、醴子、醴妇多作‘醴’，唯此及《聘礼》‘请礼宾’字作‘礼’。《聘礼》礼宾当从酒醴字，此经则从示旁豊为正，盖兼醴与醮也。”[③] 辨正了《仪礼》一书中“礼”“醴”二字的用法。

孔广林在《仪礼肊测》中对《仪礼》经文进行了校勘。例如，卷一《士冠礼》末段段首之“记”字，广林认为：“此字似当在‘戒宾曰’之上。诸辞及三屦乃《士冠记》也。简烂文错，误著此字于《记》末。俗读者疑《记》文亡佚，辄取《礼记·郊特牲·冠义》一章缀其后云。”[④] 通过《仪礼》全文的文意，推断“记”字本因在“戒宾曰”三字之上，因错简而误置于今本处。

---

① 孔广林：《仪礼肊测》卷一，《孔丛伯说经五稿》，《山东文献集成》第二辑第一册，济南：山东大学出版社 2007 年版，第 58 页。

② 孔广林：《仪礼肊测》卷二，《孔丛伯说经五稿》，《山东文献集成》第二辑第一册，济南：山东大学出版社 2007 年版，第 68 页。

③ 孔广林：《仪礼肊测》卷一，《孔丛伯说经五稿》，《山东文献集成》第二辑第一册，济南：山东大学出版社 2007 年版，第 62 页。

④ 孔广林：《仪礼肊测》卷一，《孔丛伯说经五稿》，《山东文献集成》第二辑第一册，济南：山东大学出版社 2007 年版，第 63 页。

又如，卷六《燕礼》“士荐脯醢”，广林云：“士，司士也。士上盖脱‘司’字。知者，《周官》司士职云‘羞俎豆则荐’正其职也。下经荐士有事者云‘司士一人’。《燕礼》一篇不见司士事，此荐脯醢乃其事矣。观《大射仪》献公‘宰胥荐脯醢’后即无荐司士，文益可见。”[①] 利用《仪礼》经文本校和《周礼》经文他校证据，孔广林认为“士荐脯醢”上当脱一“司”字。

（三）训诂文意

孔广林在《仪礼肊测》中，对《仪礼》中难明的文意能进行训诂疏解。例如，卷六《燕礼》“小臣戒与者”一句中“戒与”二字。郑玄云：“戒与者，谓留群臣也。”贾公彦《疏》云：“群臣留在国不行者也。”朱子云：“谓群臣朝毕将退，君欲与之宴，故使小臣留之。”他们均认为“戒与”之意为“留”。广林云：“经云‘戒’，明非留止之谓。若朝毕留之，君可自命其人。即或使小臣传命，经亦当云小臣止与者矣。盖宴不一法，有前期预戒者，亦有即日戒命者。不比大射，必前期三日也。故经直云小臣戒与者而已。《注》云‘留群臣’，语本不别白。《疏》以为‘留在国不行者’，更不可通矣。”[②] 利用小学知识推断此处“戒”意为“告”。“戒”确无“留止”之义而有“告”义，孔广林此说在训诂及情理上更符合《仪礼》本义。

又如，卷七《大射仪》“大侯九十、参七十、干五十”之“参”，郑玄云：“参读为糁，糁杂也。侯者为豹鹄，而麋饰下天子，大夫也。”敖君善云：“参如毋往参之参，谓介于二者之间也。”二说不同。孔广林云：“《周官》司裘职云：‘王大射则共虎侯、熊侯、豹侯，诸侯则共熊侯、豹侯，卿大夫则共麋侯。’《乡射记》云：‘凡侯，天子熊侯白质，诸侯麋侯赤质，大夫布侯画以虎豹，士布侯画以鹿豕。经中言侯者，与此而三。《乡射记》所云为兽侯，此与《司裘》皆言大射。彼职据畿内，故与此经不同。大侯、熊侯、参侯、豹侯，参宜如敖说。”[③] 引用《周礼》《礼记》对各种侯制的不同记载，认为“参七十”之参当如敖说，为介于二者之间之义。

---

① 孔广林：《仪礼肊测》卷六，《孔丛伯说经五稿》，《山东文献集成》第二辑第一册，济南：山东大学出版社 2007 年版，第 85 页。

② 孔广林：《仪礼肊测》卷六，《孔丛伯说经五稿》，《山东文献集成》第二辑第一册，济南：山东大学出版社 2007 年版，第 83 页。

③ 孔广林：《仪礼肊测》卷七，《孔丛伯说经五稿》，《山东文献集成》第二辑第一册，济南：山东大学出版社 2007 年版，第 89 页。

《仪礼肊测》在考证名物制度、辨正字体、校勘文字、训诂文意等方面均有所成就，对今人研究《仪礼》有一定参考价值。

三、《禘祫觿解篇》《明堂臆》考证禘祫、明堂制度的成就

中国古代礼制当中，有许多历来众说纷纭的问题。孔广林在《说经五稿》中，选取选禘祫、明堂制度这两个疑难问题，分别做了《禘祫觿解篇》《明堂臆》进行详尽考证。

《禘祫觿解篇》凡一卷，分为《禘祫正名》《禘祫辨等》《禘祫两事》《禘非祀天》《大禘诂义》《禘祫皆殷》《禘祫岁举》《夏禘冬祫》《时禘》《时祫》《大夫士有祫》《诸侯无大禘》《诸侯秋祫》《春秋禘皆时禘》《大禘不用午月》《鲁禘五年再殷》《禘祫辨仪》《禘祫用乐》《吉禘》《历代禘祫之误》二十篇文字，详细考证了古代禘祫制度。

例如，《禘祫皆殷》考证了禘祫均为殷祭。郑玄认为禘祫皆殷祭。宋代杨复认为祫为殷礼，禘非殷礼："祫者，合毁庙、未毁庙之主而祭之，方谓之殷祭。禘者，禘其祖所自出，不兼群庙之主，为其尊远不敢亵也。乃谓禘为殷祭，可乎？"孔广林云："殷，中也。以二祭为四时时享之间，故曰殷。《周官·司尊彝》所云'四时间祀'之义，殷又盛也。大禘主追远报本，大祫主合食联鬼神，其礼独盛，皆非常祭，即皆可谓之殷。殷之云者，取礼之大仪之备，为义不关兼群庙之主而立名也。"[①] 即杨氏认为必兼群庙之主方可为殷祭。而广林认为殷有"中"义，禘祫在四时时享之间；殷又有"盛"意，禘、祫皆盛，非常礼，故均可谓之殷祭，维护了郑玄之说。

《明堂臆》凡一卷，采用问答体，分专题对明堂制度作了详尽考证。例如，第一问"或问明堂之制"。答语云："明堂有二：一为畿外四岳巡守朝诸侯者。《荀子》云'筑明堂于塞外而朝诸侯'是也。一在畿内以享帝焉，以听朔焉，以时会殷同焉。《孝经》云：'宗祀文王于明堂，以配上帝。'《玉藻》云：'听朔于南门之外。'《大戴盛德记》云：'方三百步，在近郊。'淳于登说：'在国之阳三里之外，七里之内，丙巳之地。'《韩诗》说：'在南方七里之郊。'则皆据畿内明堂言之也。其制详《觐礼》及《考工记》。《觐礼》云：'为宫方三百步，四门，坛十有二寻，深四尺。'《考工记·匠

---

① 孔广林：《禘祫觿解篇·禘祫皆殷》，《孔丛伯说经五稿》，《山东文献集成》第二辑第一册，济南：山东大学出版社 2007 年版，第 173 页。

人》云：‘周人明堂，度九尺之筵，东西九筵，南北七筵，堂崇一筵，五室凡二筵。’杨倞注《荀子》‘筑明堂于塞外’云：‘明堂，坛也。谓巡守至方岳之下会诸侯。为宫方三百步，四门，坛十有二寻，深四尺，加方明于坛上。’《左氏传》‘为王宫于践土’，亦其类也。以方明坛为明堂，发前人所未发，惜未能详核规制以宗经而贬膏肓。广林试综二体而推其制，盖于郊除地三百步为宫，明堂中筑焉。围以垣墙，旁一门坛，即明堂也。除地为坛，坛三成，深四尺，每成一尺又三分尺之一。其基十有二巡，方九十六尺，成广一尺，二成则二尺矣。其第三成，则坛面矣。面方九十二尺，上建明堂。明堂东西九筵，九九八十一尺。东西之广去二筵，以为堂修，修则六十三尺也。《记》云‘屋瓦四分’，四分其修，以其一为之峻，盖七十五尺七寸有半寸。以墙厚二尺崇三之推，此当是厚五尺二寸之墙，则东西两墙共去十尺有四寸。不尽墙面者，左右各得三寸堂基。东西实通，广九十一尺有四寸。南北七筵者，室以南至堂前，廉之修也。堂北五室并南乡，厥制如寝一室、两房、两夹室。中室方十有八尺，两房两夹室各广一十二尺，并修一十八尺，五室共广六十六尺。以九筵八十一尺之广，除六十六尺，余十有五尺，则四墉也，每墉各厚三十七寸有半寸。南牖三尺，北牖五尺二寸，凡八尺有二寸，合室修为二十六尺有二寸，并堂修得八十九尺二寸，较东西二尺有二寸。明堂后是斋坛后廉，明堂前基距坛前廉余二尺八寸，则九级之阶，所谓‘堂崇一筵’也。以经释经，明白洞悉。故明堂之制，其大略傥或在斯与。”① 孔广林先概括出古文献中记载的畿外、畿内两种明堂类型，又在此基础上提炼出古明堂的形制，是现存清人古明堂学说中较为清晰简要的。

此外《孔丛伯说经五稿》中所收《吉凶服名用篇》是一部解释古代礼学服制的书籍，相当于一部古代服制辞典。《仪礼士冠礼笺》则是孔广林试图为《仪礼》郑玄注作笺的部分未完稿整理而成。《孔丛伯说经五稿》遍及三礼，是孔广林乃至曲阜孔氏家族三礼学代表作。

孔广林的《通德遗书所见录》则是清代最为完备的郑玄著作辑佚书之一，也是清代考据学家推崇郑学的集中体现；《孔丛伯说经五稿》则是将孔

---

① 孔广林：《明堂亿》，《孔丛伯说经五稿》，《山东文献集成》第二辑第一册，济南：山东大学出版社 2007 年版，第 182—183 页。

氏学人擅长家族礼乐制度的特长，与三礼经学研究结合的产物。两部著作合计一百一十卷，篇幅巨大，功力在清代孔氏学人中也仅逊于其弟孔广森。阮元谓“海内治经之人无其专勤”并非过誉。可惜孔广林的学术研究受“孔氏家仪案”影响中辍，不然成就当不限于此。孔广林终身居于曲阜，交游范围有限。其学术著作除《通德遗书所见录》的前身《北海经学七录》刊刻于乾隆时外，大多在光绪年间由山东书局刊版行世，影响了其学术影响的扩展。广林的学术成就仍有待于进一步研究挖掘。

第五章 孔广森的学术成就

孔广森（1752—1786），字众仲，又字撝约，号顨轩，乾隆十七年（1752年）生于山东曲阜。孔子七十代孙[①]，衍圣公孔传铎之孙，户部主事孔继汾之子。乾隆三十三年（1768年）举人，乾隆三十六年（1771年）进士，改庶吉士，散馆授翰林检讨。乾隆四十二年（1777年），因母许太夫人卒，归曲阜，筑仪郑堂，闭门著书。乾隆五十年（1785年），其父孔继汾因所著《孔氏家仪》涉及违碍字样，被判遣戍伊犁。孔广森为此入京奔走，备极艰苦，终使孔继汾遇赦。乾隆五十年（1785年），因祖母与父孔继汾相继辞世，孔广森哀毁过度辞世，年仅三十五岁。

孔广森从叔孔继涵与戴震交好，并与戴氏结为儿女亲家。孔广森以此机缘师从戴氏，为其门下“姻娅而执弟子之礼者”[②]。因参加乡试、会试时，姚鼐、庄存与曾担任主考官，孔广森又与二人有师徒名分。居官京师期间，孔广森还与翁方纲、邵晋涵、洪朴、王昶、朱筠、王念孙等学者有交游。总体来看，孔氏的师友以皖派学者为主，也兼有桐城、常州等派学人。

孔广森是清代著名的学者和文学家，既著有礼学、公羊学、小学、算

① 中华书局排印本《碑传集》《清史列传》《清史稿》三书《孔广森传》的标点，均作“孔子六十八代孙，袭封衍圣公传铎之孙”，据此孔广森当为孔子六十八代孙。据笔者根据《阙里文献考》《孔子氏家谱》等材料考证，“孔子六十八代孙”与“袭封衍圣公传铎之孙”之间不当断，“孔子六十八代孙袭封衍圣公”系孔传铎职官名，孔广森当为孔子七十代孙，参见陈冬冬：《〈碑传集〉〈清史列传〉等三书〈孔广森传〉标点勘误一则》，《中国史研究》2010年第4期，第156页。

② 江藩撰，漆永祥笺释：《汉学师承记笺释》（下）卷六《孔广森传》，上海：上海古籍出版社2006年版，第588页。

学等多种学术著作，也以擅写骈体文而名列“清代骈文八大家”之列。其已刊著作主要收入家刻丛书《顨轩孔氏所著书》之中，计有《诗声类》十二卷、《礼学卮言》六卷、《大戴礼记补注》十四卷、《公羊春秋经传通义》十二卷、《经学卮言》六卷、《少广正负术内外篇》六卷、《骈俪文》三卷，共七种六十三卷。又有《礼仪器制改释》五十八卷（存一至四十九卷）、《礼记注疏补缺》一卷、《春秋公羊经》一卷、《十三经读书札记》不分卷、《顨轩经说》十卷（存一至五卷及第八卷）、《列国事语分类》一卷等多种未刊手稿，藏于山东省曲阜市文物管理委员会。

第一节　孔广森的公羊学成就

孔广森的公羊学成就，集中体现在《公羊春秋经传通义》（以下简称《通义》）一书之中。《通义》凡十一卷附《叙》一卷，按照隐、桓、庄、闵、僖、文、宣、成、襄、昭、定、哀十二公的顺序编排，唯卷三庄公分为上下卷，又因闵公篇幅较小，附于卷三下之末。该书是清人第一部公羊新疏，在清代公羊学史上具有重要地位。下面将按照《通义》的解经方法、思想成就及学术史评价的顺序，介绍其学术成就：

一、《公羊春秋经传通义》的解经方法

梁启超在《清代学术概论》中指出：“清学自以经学为中坚，其最用功于经学者，则诸经殆皆有新疏也。”“其在《公羊传》，有孔广森之《公羊通义》，陈立之《公羊义疏》。”[①] 孔广森《公羊春秋经传通义》（以下或简称《通义》）作为清代第一部《春秋公羊传》的新疏，虽然名为“通义”，实际上采用了“义疏”或“正义”的注疏形式，逐条解释经传。而孔书的解经方法，主要有以下四个特点：

（一）立足何注，严守师说

清代乾嘉学者又被称为“汉学家”，大都认为晋宋学风空谈义理、缺乏根底，汉代学者治经有师承家法、言必有据。孔广森对于《春秋》一书，认为“方今《左氏》旧学湮于征南，《穀梁》本义汩于武子”，只有《公羊

① 梁启超：《清代学术概论》，北京：中国人民大学出版社 2004 年版，第 175 页。

传》的何休《解诂》完整地保留了汉儒学说。从何休《解诂》之中，“汉儒授受之旨，借可考见其余”①。因而，孔氏采取了“乃知治经贵有家法，向之凿空臆说如此类者，悉痛自删汰，而于《春秋》壹守《公羊》师说”的做法②。《顨轩孔氏所著书》本《通义》标目为“春秋公羊传、何氏解诂、孔广森谨案”，表明了《通义》依据何休《解诂》而作，对《解诂》主要采取谨守或阐发的态度。《通义》在疏解《公羊传》经传时，往往首先援引何休《解诂》。例如，隐公元年正月传文“成公将平国而反之桓”下，孔广森就直接引用何说：“《解诂》曰：平，治也；反，还之。”③ 间或有将《解诂》置于孔氏本人解说之后，或夹于诸家经说之间的。例如，隐公七年传文：“中丘者何？内之邑也。城中丘何以书？以重书也。”孔广森在传下，先自行解说“重用民力，故得时不得时必书”，又引用《盐铁论》“《春秋》动众则书，重民也”，最后再附以何说，“《解诂》曰：城邑例时”④。

以戴震为代表的皖派学者治经，“常博引汉人之说，而不墨守之”⑤。具体到对待《春秋公羊传》的态度上，皖派学者卢文弨认为何休《解诂》虽然“延溯源流，不可不读”，但批评何注“何氏之识远不逮江都，故其说多苛碎不经之谈”，“何氏文笔未善，故其言多有晦僿难晓者”⑥，主张参考董仲舒等汉儒学说及唐徐彦疏来补充何注。孔广森继承皖派学风，虽然重视何休《解诂》，对其大量引用、阐发，但也认识到其中的问题，即“时有承讹率臆，未能醇会传意”，“（三传）犹有相通者，而三家之师必故各异之，使其愈久而愈歧，何氏屡蹈斯旨”⑦。所以孔氏在《通义》中虽然“辄

---

① 孔广森：《公羊春秋经传通义》卷末《春秋公羊经传通义叙》，《续修四库全书》第129册，上海：上海古籍出版社2001年版，第185页。

② 孔广森：《经学卮言》卷六《左传》，《续修四库全书》第173册，上海：上海古籍出版社2001年版，第312页。

③ 孔广森：《公羊春秋经传通义》卷一，《续修四库全书》第129册，上海：上海古籍出版社2001年版，第4页。

④ 孔广森：《公羊春秋经传通义》卷一，《续修四库全书》第129册，上海：上海古籍出版社2001年版，第16页。

⑤ 梁启超：《清代学术概论》，北京：中国人民大学出版社2004年版，第170页。

⑥ 卢文弨：《抱经堂文集》卷八《书公羊注疏后》，《续修四库全书》第1432册，上海：上海古籍出版社2001年版，第622页。

⑦ 孔广森：《公羊春秋经传通义》卷末《春秋公羊经传通义叙》，《续修四库全书》第129册，上海：上海古籍出版社2001年版，第185页。

因原注，存其精粹”，主要依据何休《解诂》，但也“删其支离，破其拘窒，增其隐漏”，即遇到何注不明时，援引其他汉代今文学者的学说。如在僖公十五年传文，“何以书？记异也”之下，就引用了董仲舒说，“陪臣不当有庙，晦明雷击其庙，明当绝去僭差之类也”[①]，来解释传文。《通义》引用其他汉代今文家说计有董仲舒、颜安乐二家，今文著作有《春秋繁露》《白虎通》《洪范五行传》《汉书·五行志》《京氏易传》《左氏膏肓》《穀梁废疾》七种。包括何休在内，《通义》所征引大都为汉代今文家说，学有师承，不空言立说。

（二）比经推例，群经相证

“经注所本，无非师说家法、章句相授；比经推例、群经相证二端。”[②]汉学家中，吴派佞汉，对于汉人师说，或不问是非一概推崇；皖派如戴震则“有一字不准六书，一字解不通贯全经，即无稽者不信，不信必反复参证而后安，以故胸中所得，皆破出传注重围”[③]，在继承汉儒师说的基础上，贯通群经而定是非。孔广森在《通义》一书中即继承了这种比经推例、群经相证的方法。

《通义》比经推例时，有援引他经证成传义者。如隐公元年传文，“桓幼而贵，隐长而卑，其为尊卑也微，国人莫知”。其原因《公羊传》并未明言。《通义》援引《左传》云：“据《左传》，声子以继室称夫人，仲子再娶亦称夫人，并妃二嫡，故国人疑于其尊卑，《公羊》所谓‘其为尊卑也微，国人莫知’是也。”[④] 以《左氏》之史事，证成《公羊》之义理，解释了“其为尊卑也微，国人莫知”的原因。

有谨守《公羊》破何休旧说者。例如，隐公二年经，“纪子伯、莒子盟于密”；桓公二年经，“秋，八月，纪侯来朝”，分别称为“纪子”“纪侯”。何休认为：“称侯者，天子将娶于纪，与之奉宗庙，传之无穷，重莫大焉，故封之百里。”其认为先称“纪子”再称“纪伯”乃是天子因娶后于纪故为

---

① 孔广森：《公羊春秋经传通义》卷四，《续修四库全书》第129册，上海：上海古籍出版社2001年版，第74页。

② 马楠：《比经推例——汉唐经学导论》，北京：新世界出版社2012年版，第206页。

③ 梁启超：《清代学术概论》，北京：中国人民大学出版社2004年版，第163页。

④ 孔广森：《公羊春秋经传通义》卷一，《续修四库全书》第129册，上海：上海古籍出版社2001年版，第4页。

之进爵。《通义》则认为："何邵公以为天子将娶于纪，故封之百里；《汉书》亦云《春秋》褒纪之义；《白虎通》亦云，纪子嫁女于天子，故增爵为后。皆据隐二年有纪子，故相承为是说。其实彼传言'纪子伯无闻'，未尝言纪君子爵。且庄四年传'哀公亨乎周，纪侯谮之'，是西周之世故称侯，旧说非也。"[①] 案：《公羊传》称《纪子》仅隐二年一处，且传言"纪子伯无闻"，纪国西周初即称侯，《公羊传》除隐二年外均称"纪侯"，孔广森此说谨守《公羊传》例，较何休为胜。

不过孔氏亦有回护何注，妄生义例之处。僖公九年经文，"秋，七月，乙酉，伯姬卒"；僖公十四年经文，"夏，六月，季姬及鄫子遇于防，使鄫子来朝"；僖公十五年经文，"季姬归于鄫"。僖十四年传文云："鄫子曷为使乎季姬来朝？内辞也。非使来朝使，来请己也。"认为季姬使鄫子来请己，经文讳为"使鄫子来朝"。何休在僖公十九年《解诂》中，将十九年经文"鄫子会于邾娄，己酉，邾娄人执鄫子，用之"与前文相比，认为："鲁本许嫁季姬于邾娄，季姬淫泆，使鄫子请己而许之，二国交忿，襄公为此盟，欲和解之。既在会间，反为邾娄所欺，执用鄫子，耻辱加于宋无异，故没襄公，使若微者也。"[②] 孔广森《通义》云："季姬者，伯姬之媵也。伯姬许嫁邾娄，于上九年卒。礼，嫡未嫁而死，媵犹当往。故是时鲁致季姬于邾娄，行及防遇鄫子而悦之，使来请己，僖公许焉。"[③] 又将九年经文"秋，七月，伯姬卒"牵合进来。何休言邾娄执用鄫子乃因季姬本许嫁邾娄，经传并未言及，已嫌无据。孔广森为回护何休，又将伯姬卒一事牵合进来，认为季姬系伯姬之媵，为其许嫁邾娄找到了原因，属于《通义》中少数妄生义例、牵合失当的例子。

（三）精于校勘，善于训诂

清代学者在小学、校勘等方面取得了超过前代的成就。孔广森的皖学师友中，戴震、段玉裁、王念孙等人都以小学、校勘名家。孔氏继承了皖

① 孔广森：《公羊春秋经传通义》卷二，《续修四库全书》第129册，上海：上海古籍出版社2001年版，第22页。

② 孔广森：《公羊春秋经传通义》卷四，《续修四库全书》第129册，上海：上海古籍出版社2001年版，第76页。

③ 孔广森：《公羊春秋经传通义》卷四，《续修四库全书》第129册，上海：上海古籍出版社2001年版，第72页。

派精于小学、校勘的特点，在小学、校勘方面都有专著传世。如《诗声类》是音韵学方面的名著，《经学卮言》是类似于王念孙《经义述闻》兼及训诂、校勘的读书札记。在《通义》中，精于校勘、小学的长处也有充分表现。

孔广森在《通义》中全面利用了各种校勘方法校勘《公羊》经传，尤其擅长利用史实考证和小学知识进行理校。例如，庄公十二年经文，“冬，十有二月，会齐侯、宋公、陈侯、卫侯、郑伯、许男、曹伯、滑伯、滕子同盟于幽”。《公羊》通行本经文“会”字前本有“公”字。孔广森根据十九年何休注言，“鄄、幽之会，公皆不至”；以及十六年徐彦疏言，“经不言公会，故知鲁侯不至矣”。其通过事实考订，又参照左氏和穀梁两家经文，断定“公”为衍文①。这是一个通过史实考订理校的例子。又如，哀公四年经文，“六月，辛丑蒲社灾”。《左传》经文作“亳社”，孔广森据“薄”“亳”二字音义并同，认为《公羊》经文当作“薄社”。他又广引贾逵说、《礼记·郊特牲》、马融说，发现古籍中或作“薄社”，或作“薄姑”，没有写作“蒲”的，断定此处作“蒲”字系形近致误，“脱下寸耳”②，这是孔广森的一个利用小学知识进行理校的例子。

孔广森在《通义》中亦重对校。他在进行对校时，除了根据北监本等传世文献之外，尤其注重利用熹平石经、开成石经等碑刻文献。例如，成公十六年九月传文，“成公将会晋厉公”，《公羊传》版本原作“将会厉公”，孔广森依据开成石经，又参考了襄公三年徐彦疏引文，认为版本有脱文，当为“晋厉公”③。

孔氏《通义》中对本校、他校也有应用。例如，庄公十五年经文，“秋，宋人、齐人邾娄人伐倪”。“伐倪”本作“伐兒”，孔广森根据五年的经文作“倪”而改定为“伐倪”，是一个应用本校的例子④。又如，桓公六

---

① 孔广森:《公羊春秋经传通义》卷三上,《续修四库全书》第129册,上海:上海古籍出版社2001年版,第46页。

② 孔广森:《公羊春秋经传通义》卷十一,《续修四库全书》第129册,上海:上海古籍出版社2001年版,第174页。

③ 孔广森:《公羊春秋经传通义》卷八,《续修四库全书》第129册,上海:上海古籍出版社2001年版,第127页。

④ 孔广森:《公羊春秋经传通义》卷三上,《续修四库全书》第129册,上海:上海古籍出版社2001年版,第46页。

年八月传文“简车徒也”，孔广森参考《文选》中《东都赋》《魏都赋》及谢朓《登孙权故城诗》李善注作“简车马也”，认为当作“车马”，是一个使用他校的例子①。

在《通义》的校勘中，孔广森注重辨别不同版本的经文异字，并通过小学知识来分辨正误。例如隐公二年经，“无亥率师入极”。率，《公羊传》今本多作“帅”，孔广森据《说文解字》“帅本作巾帨之帨”，没有率领的意思，“当作率为正”②。其纠正了流俗改易的“帅”字，有利于返本存真，保存《公羊传》原书的用字特点。孔广森在校勘时还注意注出异文，并不强求定其是非。例如，隐公四年十二月传文，“然则孰立之？石碏立之”。熹平石经作“踖”。孔氏在此处缺乏过硬的证据，没有一味依据碑刻文献来改定传世文献，而是保存异文以供读者参考③。这一做法较为谨慎，有利于保存古籍原貌。

孔广森精于小学的特点，在《通义》中主要表现为对《公羊传》中难以理解的古语、古字进行训诂。例如，僖公十六年经，“是月，六鹢退飞过宋都”。何休《解诂》只解释为：“是月，边也，鲁人语也。在正月之几尽，故曰劣及是月也”，虽对“是月”有不同解释，但表述却比较含糊。孔广森将“是”训为“隄”，“隄”本有“边”的意思，又举出《鹖冠子》《初学记》中相关用法的例子，认为经传中读作“是月”的字如本义，而“是”通“隄”，“其义为尽此月”④。其不但讲清了此处的字义，而且区分了“是月”在古籍中的两种用法，具有发凡起例的作用。

孔广森在《通义》中尤其善于利用其古音韵学知识进行声训。例如，隐公五年传文“公曷为远来观鱼而登来之”中的“登来”。何休只说“得来，齐人语”，说解并不清楚。孔广森利用音韵学知识，认为齐鲁间没有入声，呼“得”为“登来”之合声。其又指出“登来”即“登戾”，“来古音

---

① 孔广森：《公羊春秋经传通义》卷二，《续修四库全书》第129册，上海：上海古籍出版社2001年版，第26页。

② 孔广森：《公羊春秋经传通义》卷一，《续修四库全书》第129册，上海：上海古籍出版社2001年版，第7页。

③ 孔广森：《公羊春秋经传通义》卷一，《续修四库全书》第129册，上海：上海古籍出版社2001年版，第13页。

④ 孔广森：《公羊春秋经传通义》卷四，《续修四库全书》第129册，上海：上海古籍出版社2001年版，第74页。

狸，又转为戾”，并举出《周易》《九章》中“得”字读作“登戾”才合韵的证据，解释清楚了“登来”何以有“得”义[①]。这是一个因声求义的例子。

（四）通晓礼学，考辨制度

“典章制度一学，在清代亦为绝学，其动机起于治三礼，后逐泛滥益广。”[②] 孔广森家族有精于礼学的传统，其父孔继汾就曾著有《孔氏家仪》《匡谬纠仪》等礼学著作。孔广森的师友辈中，戴震、任大椿等也都善于礼仪制度之学。孔广森受家庭、师友学风的影响，在《公羊春秋经传通义》中对春秋时期的礼仪制度有十分详尽的解说。

例如，隐公五年传，“初者何，始也。六羽者何？舞也。初献六羽，何以书讥？何讥尔？讥始僭诸公”。何休的解释是：“僭，齐也，下效上之辞。加初者，以为常也。不言六佾者，佾则干舞在其中，明妇人无武事，独奏文乐。羽者，鸿羽也，所以象文德之风化疾也。”虽然解释了六羽与六佾的区别，但我们仍不明白为何“初献六羽”就是“始僭诸公”。孔广森在“谨案”之下，首先引用《五经异义》和《毛传》，“鸿羽，取其轻劲，一舞千里”及“万以翟羽”。其接下来解释道：“翟羽文，鸿羽质，盖鸿舞者殷制，翟舞者周制。周礼舞大濩以享先妣。鲁有六代之乐，或意以仲子之宫比先妣之庙，而舞殷舞，与《春秋》有变文从质之意，意因以示法。”最后引用《周易》，“鸿渐于陆，其羽可用为仪”，进一步解释“六羽”与“鸿羽”的含义[③]。孔广森的说解，不仅提供了丰富的材料，让我们对“六羽”制度本身有充分了解，而且点明了用“六羽”这一制度背后的政治意味。鲁隐公尚在位，却让桓公的生母享受到了先妣的待遇，不合礼制，埋下了后来隐公被弑的伏笔，这正是《公羊传》要讥刺之处。

又如桓公四年传“田狩也：春曰苗，秋曰蒐，冬曰狩”下，对田狩制度的解释；文公二年传“为僖公作主也”下，对立主制度的解释，也都极为详尽，对先秦礼制研究有相当的参考价值。

有学者认为孔广森在《通义》中不满于何休《解诂》，引用了《左传》

---

① 孔广森：《公羊春秋经传通义》卷一，《续修四库全书》第129册，上海：上海古籍出版社2001年版，第13页。

② 梁启超：《清代学术概论》，北京：中国人民大学出版社2004年版，第177页。

③ 孔广森：《公羊春秋经传通义》卷一，《续修四库全书》第129册，上海：上海古籍出版社2001年版，第14页。

《穀梁传》等其他材料，抹杀了今古文界限，违背了公羊学的优良传统[①]。笔者对此并不赞同。据笔者统计，孔广森在《通义》中对经传进行的注释共有2 499条。这其中单独引用何休《解诂》的有920处，引用他说（含《左传》《穀梁传》、汉今文家及其他学者之说）解释发挥何休《解诂》的有391处，这些严守、阐发何休的内容合计占52.5%，超过了半数。剩下近一半的注释中，基本也没有直接驳斥何注，违背《解诂》的。只有引用非今文家学说著作驳斥《解诂》的6处，直接驳斥《解诂》的3处，以及引用《左传》《穀梁传》驳斥《解诂》的9处注释明显违背了何注，此类内容合计仅占全书注释的0.7%，几乎可以忽略不计。可以说《通义》虽然引用了不少《左传》《穀梁》及其他学者的说法，主要还是为了补充《公羊传》及何注。偶有据他说驳斥何注之处，也是因为皖派学者具有贯通诸说以求是的学风所致，试图采用比经推例的方法，求得《公羊传》的本义，与常州学派一味依照今文家说，甚至以何休《解诂》作为唯一准绳不同。总体来说，《通义》是依照或发挥《解诂》的，并不违背何注或公羊家法。

有学者认为孔广森用古文家注重名物训诂的方法治公羊学，缺乏思想性，抛弃了公羊学一套微言大义的精华[②]。笔者认为这种说法比较片面。清代学者最主要的贡献就包括："吾辈向觉难读难解之古书，自此可以读可以解"，"有久坠之哲学，或前人向不注意之学，自此皆卓然而成一专门学科"[③]。就公羊学而言，"六朝时何休之学犹盛行于河北，厥后《左氏》大行，《公羊》几成绝学矣"[④]。《通义》在清代首先广引诸家学说，并考证礼仪制度、文字训诂，对《春秋公羊传》的经传进行逐条解说，使得久不为人注意的《公羊传》基本可以逐句通读，为研究《公羊传》的思想提供一个可靠的文本，本来在文献学上就具有不可替代的价值。孔广森之后的陈立著有《公羊义疏》，洋洋洒洒七十六卷，被誉为"公羊学里头登峰造极的

① 参见陈其泰：《清代公羊学》，上海：东方出版社1997年版，第88页。

② 参见杨向奎：《清代的今文经学》，《绎史斋学术文集》（四），上海：上海人民出版社1983年版，第335页；陈其泰：《清代公羊学》，上海：东方出版社1997年版，第88页。

③ 梁启超：《清代学术概论》，北京：中国人民大学出版社2004年版，第176页。

④ 阮元：《春秋公羊通义序》，孔广森：《公羊春秋经传通义》卷首，《续修四库全书》第129册，上海：上海古籍出版社2001年版，第2页。

著作”[①]。陈著虽然不完全同意孔说，但对《公羊春秋经传通义》的引用达到十之八九，几乎逐条加以考辨[②]，就是孔书文献学价值最好的说明。况且孔书在文献学方面的价值，也未必一定与思想价值存在矛盾。本章下面就将对《公羊春秋经传通义》的思想价值进行探讨，此不赘述。

二、《公羊春秋经传通义》的思想成就

清代朴学往往被认为长于名物训诂，而短于思想建设。胡适曾说过：“清朝的二百七十年中，只有学问，而没有哲学；只有学者，而没有哲学家。”他认为清代试图建设哲学思想的只有颜元、李塨和戴震三人，这其中唯一的朴学家戴震，门下“传他哲学的，竟没有人”[③]。孔广森作为戴震的弟子，自然也被排除在有思想的学者之外。不少学者认为，“孔广森本来擅长朴学，义理非其所长”[④]，“抛弃了……公羊学的政治性等项特点，孔广森对《公羊传》所做的解释就失去了活泼的生命力，变成了一般朴学家训诂考订文字，公羊学家应有的思想上、哲理上的启发力量骤失”[⑤]。孔广森的《公羊春秋经传通义》被判定仅具有名物训诂上的价值，没有思想义理上的成就。

其实，孔广森在《春秋公羊经传通义叙》中重点强调了《春秋》及《公羊传》的思想价值。例如，他认为《春秋》是一部孔子托付了“因衰世之宜，定新国之典，宽于劝贤而峻于治不肖，庶几风俗可渐更，仁义可渐明，政教可渐兴”的政治理想的经书[⑥]，并指出“《左氏》之事详，《公羊》之义长，《春秋》重义不重事，斯《公羊》尤不可废”，认为长于义理的《公羊》价值高于《左传》[⑦]。《公羊春秋经传通义》将重视义理的思想贯彻

---

① 梁启超：《中国近三百年学术史》，上海：东方出版社 1996 年版，第 222 页。

② 参见黄世豪：《陈立公羊义疏研究》，台北：中国文化大学中国文学研究所 2003 年硕士学位论文，第 94 页。

③ 胡适：《戴东原的哲学》，《胡适文集》第 7 册，北京：北京大学出版社 1997 年版，第 281—282 页。

④ 杨向奎：《清代的今文经学》，《绎史斋学术文集》（四），上海：上海人民出版社 1983 年版，第 333—341 页。

⑤ 陈其泰：《清代公羊学》，上海：东方出版社 1997 年版，第 84 页。

⑥ 孔广森：《公羊春秋经传通义》卷末《春秋公羊经传通义叙》，《续修四库全书》第 129 册，上海：上海古籍出版社 2001 年版，第 180 页。

⑦ 孔广森：《公羊春秋经传通义》卷末《春秋公羊经传通义叙》，《续修四库全书》第 129 册，上海：上海古籍出版社 2001 年版，第 185 页。

到全书中，继承并发展了戴震的义理学，取得了一定的思想成就，试论述如下：

（一）强调“人情”，呼唤亲情

戴震哲学的重要特点是反对宋明理学家“存天理，灭人欲”的提法，抬出“人情”“人欲”与“程朱”的“天理”相对抗。孔广森继承了戴震肯定“人情”的做法，在《通义》中提出：“《春秋》之为书也，上本天道，而下理人情。不奉天道，王法不正；不合人情，王法不行。”① 其为公羊学加入了从西汉何休到晚清康有为都不常谈到的“人情”概念，肯定了鲜活的“人情”相对于冰冷的“天道”“王法”具有同等的价值。

在《通义》对经传具体的解释中，孔广森也贯穿了对“人情”的重视。例如，文公十五年“齐人来归子叔姬”传下，孔广森提出：“《春秋》有以义治，有以恩治。恩不本义，私恩也；义不本恩，则亦非公义也。虽有法度，不足以一天下。天下惟情出于一，故义者必因人情而为之，制君臣以义合也。”② 其认为“人情”是实行“义”和“法度”的基础，并将其提到了“一天下”“制君臣”的高度。

具体到如何发扬“人情”，孔广森认为应当重视家庭伦理，肯定“孝”作为人内在情感作用。例如，前述文公十五年“齐人来归子叔姬”经下，《公羊传》认为经“言来”是“闵之”，“父母之于子也，虽有罪，犹若其不欲服罪然”。何休《解诂》也认为这里是“崇父子之天伦”。《通义》发挥了《公羊传》与《解诂》的说法，认为叔姬是文公母妹，文公“当缘父母义，思闵之也”，“父子天性，犹不致其爱，朋友等夷，犹不得其睦，将于君乎何有”③？将“父子天性”提高到了实现“君臣之忠”前提的地位。又如哀公三年经“齐国夏、卫石曼姑率师围戚”传下，《通义》认为“《传》言可者，谓卫人可以王命立辄，非辄可以仇雠其父”，又认为“《经》若恶蒯聩，则似与辄，与辄，是亲亲之意不著也；恶辄，即似与蒯聩，与蒯聩，

① 孔广森：《公羊春秋经传通义》卷末《春秋公羊经传通义叙》，《续修四库全书》第129册，上海：上海古籍出版社2001年版，第180页。

② 孔广森：《公羊春秋经传通义》卷五，《续修四库全书》第129册，上海：上海古籍出版社2001年版，第101页。

③ 孔广森：《公羊春秋经传通义》卷五，《续修四库全书》第129册，上海：上海古籍出版社2001年版，第101页。

是尊尊之意不著也”①。虽然肯定辄继位在“王法”上的正当性，但对其“仇雠其父”，违背父子天性的行为持保留态度，将“亲亲”放到与“尊尊”同等重要的地位。

孔广森之所以抬高“人情”，而对“天理”“王法”有所保留，一方面是因为自身的经历。广森之父继汾在广森五岁时，就因预备接驾事宜而与曲阜地方官员发生矛盾，被乾隆帝斥为“凭借家世，把持生事”而革职②。孔继汾后虽得以捐复，也是“谢客杜门，以赎罪过”③。广森从幼年直到辞世，都生活在父亲获罪的阴影当中。相对于空洞的“天理”，他对具体可感的“人情”更有感触，促使他对“忠”“孝”以及“人情”“王法”之间的关系进行深入思考。

另一方面，则是对时代的回应。广森在隐公七年“齐侯使其弟来聘”经文下解释了《春秋》提倡“亲亲”的原因：“《春秋》承衰周之弊，文胜而离人，知贵贵而莫知亲亲。开端首见郑段之祸，将大矫其失。非因人情所易亲者，则其教不易成。盖由君父言之，凡我兄弟，岂有同异；由母言之，虽爱无差等，亦施由亲始，特拨乱之渐不得已之志耳。”④ 儒家本来提倡由人内心向善的本能出发，修身、齐家、治国、平天下。而明清以后的程朱理学已成为“文胜而离人”的统治哲学，一心维护专制统治，而忽略了“人情所易亲”的家庭伦理基础，成了脱离社会的“其教不易成”的口号。孔广森大力提倡“人情”，号召恢复作为本能的家庭伦理，未尝不是“拨乱渐不得已之志”。有学者认为，孔广森批评辄“以子拒父”等观点，是“露骨地宣扬、维护‘子必须绝对服从父’的封建伦理，进行即使父的行为无道也不能反对这种陈腐的说教，毫无进步意义”⑤，没有体谅到孔广

---

① 孔广森：《公羊春秋经传通义》卷一一，《续修四库全书》第129册，上海：上海古籍出版社2001年版，第174页。

② 《东抚咨为孔继汾及其家中搜出书籍已分别解京烦请钦遵查照事》，《关于族人孔继汾增减〈会典〉服制刊著〈孔氏家仪〉一书奉旨查办遣戍伊犁》（一）（三六三一）之十二，曲阜师范学院历史系编：《曲阜孔府档案史料选编》第三编第一册，济南：齐鲁书社1980年版，第534—535页。

③ 孔继汾：《阙里文献考》卷一百《叙考第十六》，《续修四库全书》第580册，上海：上海古籍出版社2001年版，第473页。

④ 孔广森：《公羊春秋经传通义》卷一，《续修四库全书》第129册，上海：上海古籍出版社2001年版，第16页。

⑤ 陈其泰：《清代公羊学》，上海：东方出版社1997年版，第93页。

森针对社会现实“拨乱”的苦心，是不够公允的。

（二）援引《孟子》，提倡民本

戴震极为推崇《孟子》，他一生的思想成就集中体现在《孟子字义疏证》之中。作为戴震的弟子，孔广森也非常欣赏《孟子》，并在《通义》中援引《孟子》来解释《春秋》。他在《通义叙》中有言，“愚以为《公羊》家独有合于孟子”，“孟子最善言《春秋》”①。

孔广森援引《孟子》解释《春秋》最集中的体现就是提倡《孟子》中的民本思想。例如，隐公四年，卫国石碏平定内乱，立公子晋为君。《榖梁传》对这一事件的看法是：“《春秋》之义，诸侯与正而不与贤也。”指责石碏的行为为“专”。孔广森则针锋相对地指出“得乎民者宜为君”，肯定了“晋因民之所欲立，不辞让，虽非义之高者，未为大恶也”；石碏“讨贼有功，又顺舆志，定君安国，鲜复责其不当立”②。其充分肯定了民众的支持就是最高的正义，相对于民意，“正”这样的名分问题并不重要。

如何做到实现民本？孔广森提出应当不违农时，减少损害民众利益的徭役和战争。例如，针对庄公二十八年冬“筑微”、二十九年春“新延厩”两项在灾年修建的大型工程，《通义》就进行了批评，认为统治者在灾年应当“饬己勤民，内无色荒，外卑宫室，崇节俭应”，提醒统治者“于上农时而不违，人事尽，于下岂有饥馑荐臻之患矣”③。又如，针对僖公十四年爆发的秦晋殽之战，《通义》指责秦国“乘威袭国，糜烂其师”，晋国“徼利要杀至尽”，指出“《春秋》之义，爱民重众而恶战”④，反对统治者之间为了争权夺利而发动战争，践踏普通士兵、百姓生命的行为。

孔广森援引《孟子》提倡民本，一方面在于《公羊传》《孟子》二者作为先秦古书，确有不少相通之处，另一方面也有其现实针对性。明清二代专制统治空前加强，统治者表面上提倡儒家思想装点门面，实际上却将

---

① 孔广森：《公羊春秋经传通义》卷末《春秋公羊经传通义叙》，《续修四库全书》第129册，上海：上海古籍出版社2001年版，第180页。

② 孔广森：《公羊春秋经传通义》卷一，《续修四库全书》第129册，上海：上海古籍出版社2001年版，第16页。

③ 孔广森：《公羊春秋经传通义》卷三上，《续修四库全书》第129册，上海：上海古籍出版社2001年版，第55页。

④ 孔广森：《公羊春秋经传通义》卷四，《续修四库全书》第129册，上海：上海古籍出版社2001年版，第85—86页。

其中妨碍专制的民本思想弃置一旁。遇到勤俭爱民的帝王，民众利益还能稍被顾及；遇上好大喜功之辈，则民众难免遭受苦难。乾隆皇帝的七下江南、十全武功，滥用民力的情形恐怕不在少数。广森五岁时，其父继汾因预备乾隆三下江南路经曲阜的接驾事宜，与地方官发生矛盾，就与当地官员滥支本应免役的庙户有关。衍圣公孔昭焕上奏揭发地方官员预备接驾事宜时，有“额外派买派办”的情况。清政府一面标榜“圣朝轻徭薄赋，深仁厚泽，固已洽髓沦肌”，“我皇上御极之初，即颁谕旨，严禁私派，偶有兴作，皆动正帑”，一方面却辩解地方官因接驾征用免役庙户，如同“守夜、开渠、栽树、修堰等事，乃民间自为保护、相友相助之谊”，不能谓之差徭，反而指责孔昭焕“武断滋事”。继汾受此牵连，被认为是“假公济私，把持生事”而革职①。广森在乾隆时重提民本思想，并非是无的放矢。

（三）肯定发展，鼓励“行权”

杨向奎先生认为“《公羊》是讲‘变’的书，原有的‘三科九旨’都在讲变，也就是说他们认为社会在发展，历史在前进，这是他们的可取处”，而孔广森“要求于公羊学中的思想是如何来巩固这世族地主的地位”②。其实，孔广森在《通义》中未尝没有进步发展的历史观，只是相对于常州以降的公羊学者激进的变革观，比较持重一点罢了。

孔广森在《春秋公羊通义叙》中指出：“（孔子）见夫周纲解弛，鲁道凌迟，攻战相寻，彝伦或熄，以为虽有继周王者，犹不能以三皇之象刑，二帝之干羽，议可坐而化也。”他借孔子之口指出历史是发展变化的，身处不同的时代，面对不同的社会现实，必须采用不同的政策来治理。而面对“衰世”的弊端，通过“宽于劝贤而峻于治不肖”的方法，能取得“风俗可渐更，仁义可渐明，政教可渐兴”的效果③。即通过奖励贤才、处置不法

---

① 《钞件为衍圣公听任孔继汾等主持祖庇庙户干碍地方应革职事》，《录存乾隆三十六年驾幸阙里有关档册》（六）（五一四六）之十三，曲阜师范学院历史系编：《曲阜孔府档案史料选编》第三编第一册，济南：齐鲁书社 1980 年版，第 525 页。

② 杨向奎：《清代的今文经学》，《绎史斋学术文集》（四），上海：上海人民出版社 1983 年版，第 335 页。

③ 孔广森：《公羊春秋经传通义》卷末《春秋公羊经传通义叙》，《续修四库全书》第 129 册，上海：上海古籍出版社 2001 年版，第 180 页。

之徒等措施，能实现社会的改良。

面对春秋乱世，孔广森除提倡“宽于劝贤而峻于治不肖”外，特别强调“行权”。何谓“行权”?《公羊传》本身有这样的解释：“权者，反于经然后有善者也。”[①] 即政治家面对灵活多变的实际情况，可以随机变通，暂时采取“反于经”的手段，以达到“善”的目的。孔氏大力发扬了《公羊传》的这种“行权”思想，对《公羊传》中“行权”的代表人物祭仲、季友都大加褒扬。他肯定祭仲作为郑国大夫，面对宋国兵临城下的巨大压力，选择暂时拥立郑厉公，保全本国政权和公子忽生命的行为，称“《春秋》之于祭仲，取其诡辞从宋，以生忽而存郑，近乎于知权耳”[②]，“祭仲权一时之计，抒宗庙之患，君子取之”[③]。他又肯定季友作为鲁国执政，大义灭亲处死母兄，以安定国家的行为。在僖公十六年三月“公子季友卒”经文下，孔氏引用了陆淳的说法，称季友“杀叔牙、庆父”是“义”，立闵公、僖公是“权”，又直接指出此处经文“贤故称季也”，肯定了季友“行权”的行为[④]。

孔广森在《通义》中肯定历史是发展变化的，提倡面对不同的社会现实采取相应的政策，也是有其时代背景的。乾隆年间虽然号称盛世，但社会并不太平。即以孔广森在世时的三十五年间来看，小规模的民众反抗时有发生。例如，乾隆三十九年（1774 年）九月发生山东寿张县民王伦起事，乾隆四十六年（1781 年）三月发生甘肃循化回民苏四十三起事。这一时期外患也时有发生。例如，征缅甸、平大小金川等，清军在参与这些对外战争的过程中也并不顺利。内忧外患，都预示着更严重的社会危机正在酝酿之中。广森在社会矛盾尚未全面爆发时就发现了潜在的危机，主张统治者应通过“行权”的手段灵活应对，是应当肯定的。龚自珍、魏源、康有为等晚清公羊学者所提出更加激进的社会变革主张，是在鸦片战争乃至

---

① 孔广森：《公羊春秋经传通义》卷二，《续修四库全书》第 129 册，上海：上海古籍出版社 2001 年版，第 29 页。

② 孔广森：《公羊春秋经传通义》卷二，《续修四库全书》第 129 册，上海：上海古籍出版社 2001 年版，第 29 页。

③ 孔广森：《公羊春秋经传通义》卷末《春秋公羊经传通义叙》，《续修四库全书》第 129 册，上海：上海古籍出版社 2001 年版，第 182 页。

④ 孔广森：《公羊春秋经传通义》卷四，《续修四库全书》第 129 册，上海：上海古籍出版社 2001 年版，第 74 页。

甲午战争后，中国面临前所未有的民族危机，社会矛盾空前激化的条件下产生的，不能以此来苛责乾嘉时期的学者。

（四）对“灾异”“祥瑞”学说持保留态度

《春秋公羊传》中记载了不少奇异的自然现象，董仲舒、何休等汉代今文学家常对此加以神秘化解释，将其附会为与政治生活紧密联系、甚至能预示国家兴亡的“灾异”“祥瑞”，形成不少“非常异义可怪之论”。对这种神秘性内容持何种态度，是历代公羊学者不能回避的话题。

孔广森面对“灾异”学说，有时保持何休等人的说法，并不多加阐释。例如，僖公三年，“春，王正月，不雨；夏，四月，不雨”经文下，孔氏照搬何休《解诂》和徐彦《疏》，认为这旱灾是“时僖公得立，欣喜不恤众”的报应[①]，仍属于“灾异”式的解释。更多的时候，孔氏会剥离汉代今文学者附加在《公羊传》上的超自然因素，对“灾异”学说持保留乃至否定的态度。例如，庄公二十九年“秋，有蜚”经文，《公羊传》不过说是“记异”，何休却大加阐发，认为“蜚者……象夫人有臭恶之行”，将其解释为象征政治腐败的“灾异”。孔氏从《周礼》出发，认为自然界在西周时有相应官员管理，怪异动植物大量出现不过是“尽物性之官扰”，是对春秋时期政治制度废弛、管理自然界官员缺失的一种客观反应，间接否定了“灾异”学说[②]。孔广森对“祥瑞”学说更是深恶痛绝。例如，他在《春秋公羊经传通义叙》中明确指出，何休《解诂》称“西狩获麟，是庶姓刘季之瑞，圣人应符为汉制作”等“祥瑞”学说，不过是东汉“博士弟子因端献谀”，“绝不见本传”，属于“重诬其师”[③]，明确否定了“祥瑞”学说。

孔广森引用何休等人“灾异”学说不加阐释时，是将此类说法当作汉儒师说加以保存，而并不给予认同；他对“灾异”“谶纬”学说加以驳斥时，反映他内心对这类妄说持保留态度。他试图分辨《公羊传》本书与何休《解诂》附加上的超自然内容的方法，为后来的学者提供了一种优良的

---

① 孔广森：《公羊春秋经传通义》卷四，《续修四库全书》第129册，上海：上海古籍出版社2001年版，第65页。

② 孔广森：《公羊春秋经传通义》卷四，《续修四库全书》第129册，上海：上海古籍出版社2001年版，第55页。

③ 孔广森：《公羊春秋经传通义》卷末《春秋公羊经传通义叙》，《续修四库全书》第129册，上海：上海古籍出版社2001年版，第180页。

视角。孔氏的皖派后学王引之，进一步推进了批驳何休等人“灾异”“祥瑞”学说的工作。王氏在《经义述闻》卷二十四“《公羊》灾异”条目中，应用穷举法考察了《公羊传》与西汉今文家“灾异”“祥瑞”学说之间的关系，结果发现《公羊春秋》虽然“记灾异者数矣”，但“巡检传文，惟宣十五年‘冬，蝝生’，有‘变古易常，应是而有天灾’之语，其余则皆不言致此之由，亦不以为祸乱之兆……其他记灾记异者，不可枚举，而皆无一语及于感应”，在此基础上总结道“乃知公羊之学，惟据人事以明法戒，不侈天道以涉诪张”，指责汉代今文学者董仲舒、何休等人，“迹其多方揣测，言人人殊，言其推广传文则可，谓之传之本指，则未见其然也”[①]，彻底剥离了附加在《公羊传》上的神秘主义色彩。

孔广森等皖派学者对“灾异”“祥瑞”学说所持的保留、批判态度，既有依据文本、恢复经典本来面目的文献学价值，又有“疾虚妄”，反对将儒家学说神秘化的思想史价值，反映了乾嘉学者朴实的学风，是应当肯定的。有学者认为孔广森否定何休等人充满“灾异”“祥瑞”学说的“微言大义”，是“抽掉了公羊学说阐释历史进化的哲理内涵和活力，使之庸俗化”[②]，恐怕有失之偏颇之嫌。

孔广森作为乾嘉学者，其《公羊春秋经传通义》擅长于训诂文字、考证典章制度，并不一定导致缺乏思想价值。而《通义》中的某些思想，例如对“灾异”“祥瑞”等学说持保留态度，与被认为具有思想进步性的晚清今文学者不同，也并不代表其没有独到的思想价值。在表面上埋头于故纸堆、从事烦琐考订的背后，孔氏没有忽视对社会现实、民生疾苦等现实问题的关注，甚至在“人情”等问题上，对当时仍是官方意识形态的程朱理学提出了迂回的挑战，具有不可抹杀的进步意义。葛兆光先生曾指出：“（乾嘉时期）那些处在政治意识形态中感到压抑的考据家，总是不甘心停留在具体历史问题的考订中，也总是尝试用自己的考据知识对思想史的合法性进行重新审查。”[③] 孔氏在《通义》中何尝不是如此？将乾嘉学派的文

---

① 王引之：《经义述闻》卷二四，南京：江苏古籍出版社 1985 年版，第 589—590 页。

② 陈其泰：《公羊家法与清代今文学复兴之统绪》，《齐鲁学刊》2007 年第 4 期，第 25 页。

③ 葛兆光：《中国思想史》第二卷，上海：复旦大学出版社 2000 年版，第 166 页。

字、历史考订与公羊学的义理对立起来，或者将“灾异”“祥瑞”学说与公羊学派的思想性直接挂钩，以此贬低《通义》的思想价值，都是比较武断的。

三、孔广森公羊学的学术史评价

(一) 清儒头一位治《公羊传》者

清代第一位研究《公羊传》的学者究竟是何人？学术界在孔广森说、庄存与说二者之间莫衷一是。这不仅关系到对二人学术成就的评价，也与梳理清代学术史的脉络问题息息相关。

梁启超在1920年出版的《清代学术概论》中及1923—1924年发表的《中国近三百年学术史》中分别指出：

> 清儒既遍治古经，戴震弟子孔广森始著《公羊通义》[①]。
>
> 清儒头一位治《公羊传》者为孔巽轩（广森），著有《公羊通义》[②]。

然而，自钱穆《中国近三百年学术史》引用阮元《庄方耕宗伯经说序》称孔广森为庄氏“门人”之后[③]，孔广森“头一位治《公羊传》者”的地位受到了挑战。然而，钱穆及稍后的侯外庐先生，虽然称孔广森为庄氏“门人”，但只言庄氏是常州今文学派的开创者，尚留有余地[④]。而自20世纪80年代杨向奎先生直接指出“清代公羊学的首倡者当推庄存与”之后[⑤]，艾尔曼、陈其泰、黄开国等先生均遵从杨氏之说[⑥]。坚持孔广森说的朱维

---

① 梁启超：《清代学术概论》，北京：中国人民大学出版社2004年版，第196页。

② 梁启超：《中国近三百年学术史》，上海：东方出版社1996年版，第216页。

③ 参见钱穆：《中国近三百年学术史》，北京：商务印书馆1997年版，第580页。

④ 侯外庐：《中国思想通史》（第五卷）称：“常州之学起于庄存与（方耕），与戴震同时。邵晋涵（二云）、孔广森（撝约）都是庄氏的门人。”北京：人民出版社1956年版，第630页。

⑤ 杨向奎：《清代的今文经学》，《绎史斋学术文集》（四），上海：上海人民出版社1983年版，第333页。

⑥ 参见艾尔曼：《经学、政治和宗族》，南京：江苏人民出版社1998年版，第121—122页；陈其泰：《清代公羊学》，上海：上海古籍出版社1997年版，第79—93页；陈其泰：《孔广森的公羊学著述及其误区》，《孔子研究》1996年第2期，第91页；黄开国：《清代今文经学的兴起》，成都：巴蜀书社2008年版，第56页；黄开国：《庄存与是清代〈公羊〉学的开创者》，《天府新论》2008年第6期，第29—32页。

铮先生，反而成了这一时期的少数派[1]。

认为庄存与是清儒第一位治公羊的学者，常常引用二条材料：一、孔广森《公羊春秋经传通义》文公十年提到，“座主庄侍郎为广森说此经曰……广森三复斯言，诚《春秋》之微旨也”[2]。二、阮元《庄方耕宗伯经说序》中提到，“通其学者，门人邵学士、孔检讨及子孙数人而已”[3]。第一条材料，只能证明孔广森曾就公羊学与庄存与论学，并非引用庄氏《春秋正辞》，不能说明《通义》与《正辞》之间有继承关系。孔广森在《通义》襄公十一年用类似的格式引用了姚鼐说：“座主姚大夫曰……”[4]难道我们可据此认为姚鼐是清代第一位治公羊学者？答案当然是否定的。第二条材料很可能属于阮元的溢美之词。孔广森与邵晋涵虽是庄氏“门人”，但未必继承了庄氏的学风，是“通其学者”。徐世昌《清儒学案》就指出：“然邵氏学派实不相同，孔氏治公羊学，而‘三科九旨’别自为说，宗旨亦异”[5]，揭示了庄氏与二位“门人”学风大异，没有实质上的师承关系。这种学风上的差异性，往往被主张庄存与说的学者忽视。

从孔广森的交游情况来看，他与庄氏的关系不算十分亲密，二人也未必有问学受业的师生关系。孔广森从叔孔继涵与戴震结为儿女亲家，在戴氏去世时作的《戴氏遗书序》堪称时人纪念戴震的扛鼎之作。戴震与孔广森的师徒名分得到《汉学师承记》《清史稿》《清儒学案》等书一致公认，不必赘述。姚鼐曾为孔广森作《复孔撝约论禘祭文》《赠孔撝约假归序》《仪郑堂记》等文、《孔撝约集石鼓残文成诗》诗，在为孔广森叔父孔继涑所做的《孔信夫墓志铭并序》中，更是对孔广森父子及孔继涑的相继去世，

---

① 参见朱维铮：《晚清的今文经学》，《中国经学史十讲》，上海：复旦大学出版社2005年版，第166页。

② 孔广森：《公羊春秋经传通义》卷五，《续修四库全书》第129册，上海：上海古籍出版社2001年版，第96页。

③ 阮元：《庄方耕宗伯经说序》，庄存与：《味经斋遗书》卷首，光绪八年阳湖庄氏刊本。

④ 孔广森：《公羊春秋经传通义》卷八，《续修四库全书》第129册，上海：上海古籍出版社2001年版，第129页。

⑤ 徐世昌：《清儒学案》卷七四《庄方耕学案中》，北京：中国书店1990年版，第363页。

表达了相当真挚的感情[①]；孔广森也有《上桐城座主姚大夫书》致姚鼐。翁方纲在其《孔撝约集序》中提到“予从来不欲以泛赞作题辞也”，但是与孔广森“相与对塌论析非一日也”[②]，故而作序，可见关系非同一般。而孔广森与庄氏之间，仅有孔氏代表同年进士为庄氏母所作的《辛卯进士祭座主庄侍郎太夫人文》一篇。从内容来看，也是客套之语居多。庄氏曾任孔广森乾隆三十六年（1771 年）会试时的副主考，又曾担任乾隆三十七年（1772 年）孔广森为翰林院庶吉士时的教习。阮元在《庄方耕宗伯经说序》中只提到孔氏是庄氏的“门人”，孔氏在《公羊春秋经传通义》中也只称庄氏为“座主”，都只不过说明庄氏系孔氏会试的座师而已，并非指实质性的师徒关系。

从孔广森《公羊春秋经传通义》的体例、内容和学术取向上来看，与庄存与《春秋正辞》相去甚远，可见受到庄氏的影响非常有限[③]。从体例上看，孔书是依据何休《解诂》逐条注解的注经体，没有改变《公羊传》《解诂》原有的顺序；而庄书则是按照“奉天辞”“天子辞”“内辞”（上、中、下）“二伯辞”“诸夏辞”“外辞”“禁暴辞”“诸乱辞”“传疑辞”等题目将公羊经传打散后重新归类，再加以解说义理的说经体。从内容上看，孔广森《通义》中包含大量训诂文字、解释制度的内容，属于乾嘉学者著作常常涉及的题材，与庄书一反乾嘉学风，详于义理、忽视训诂不同。从学术取向上来看，《通义》虽以何休《解诂》为主，但也会通三传，广引先秦以来各种古籍和各家《春秋》学说，明显是受戴震等皖派学者影响，与庄氏排斥《左传》等古文学说不同。例如，孔广森认为虽然何休《解诂》保留了大量汉代经说，最为接近《春秋》本义，但指责何氏犯了“三家之师必故各异之，使其愈久而愈歧”的错误[④]，就与戴震指责“何邵公、杜

---

① 姚鼐：《惜抱轩文集》卷一三《孔信夫墓志铭》，《续修四库全书》1453 册，上海：上海古籍出版社 2001 年版，第 97 页。

② 翁方纲：《复初堂文集》卷三《孔撝约集序》，《续修四库全书》1455 册，上海：上海古籍出版社 2001 年版，第 372 页。

③ 朱维铮先生认为二书“只消略加比较”，就可发现在“具体考订上乃至经文释义上都很相似”，不知何据。见朱维铮：《晚清的今文经学》，《中国经学史十讲》，上海：复旦大学出版社 2005 年版，第 168 页。

④ 孔广森：《公羊春秋经传通义》卷末《春秋公羊经传通义叙》，《续修四库全书》第 129 册，上海：上海古籍出版社 2001 年版，第 185 页。

元凯诸人徒据传为本，名为治《春秋》，实治一传，非经也”类似[①]。又如，《通义》时常引用阐发董仲舒等西汉今文家言修正《解诂》，也与卢文弨认为“何氏之识远不逮江都，故其说多苛碎不经之谈”，“何氏文笔未善，故其言多有晦僿难晓者”[②]，主张参考董仲舒说补充何注类似。

孔广森年辈小于庄存与，是庄氏“门人”，其《通义》引用庄说，不能说明其公羊学受业于庄氏，也不能证明《通义》的写作晚于《春秋正辞》。二书的写作先后证据不足，难以考订；但《通义》的刊刻时间早于《正辞》，当时产生影响也较《正辞》为大。《春秋正辞》的写作时间并无明确记载。现有认定其写作早于《通义》的，如黄开国先生认为《正辞》成书于乾隆二十年（1755年）左右，艾尔曼认为庄氏在18世纪80年代之后转向公羊学，都是基于推测，拿不出直接证据[③]。《公羊春秋经传通义叙》落款为“乾隆四十有八年（1783年）孟冬甲子”，该书完成不晚于此时。该书最早的刻本《顨轩孔氏所著书》本则刊刻于“嘉庆十七年（1812年）仲冬”。而《春秋正辞》的朱珪序写于“嘉庆六年（1801年）龙集辛酉四月望”，该书最早的刻本是道光七年（1827年）的阳湖庄氏宝研堂本，都远远晚于孔书。因为刊刻时间较晚，《春秋正辞》在当时学术界的影响比较有限。董士锡《易说序》称：“本朝经学盛于宋、元、明，非以其多，以其精也。乾隆间为之者，《易》则惠栋、张惠言，《书》则孙星衍，《诗》则戴震，《礼》则江永、金榜，《春秋》则孔广森，小学则戴震、段玉裁、王念孙，皆粲然成书，著于一代。而其时庄先生存与以侍郎官于朝，未尝以经学自鸣，成书又不刊版于世，世是以无闻焉。”[④] 这清晰地说明了孔广森和庄存与二人因著作刊刻时间早晚，从而获得完全不同的声誉。

孔广森《通义》不仅刊刻时间早于庄书，而且该书是清代第一部治《公羊传》的专书，得到了当时学者的一致认同。例如，阮元称“六朝时何

---

① 戴震：《戴东原集》卷十《春秋究遗序》，上海：商务印书馆1933年版，第38页。

② 卢文弨：《抱经堂文集》卷八《书公羊注疏后》，《续修四库全书》第1432册，上海：上海古籍出版社2001年版，第622页。

③ 参见黄开国：《清代今文经学的兴起》，成都：巴蜀书社2008年版，第56页；黄开国：《庄存与是清代〈公羊〉学的开创者》，《天府新论》2008年第6期，第32页；艾尔曼：《经学、政治和宗族》，南京：江苏人民出版社1998年版，第113—116页。

④ 董士锡：《易说序》，庄存与：《味经斋遗书》卷首，光绪八年阳湖庄氏刊本。

休之学，犹盛行于河北，厥后《左氏》之学大行，《公羊》几成绝学”，直到清代才有“至圣在天之灵惧《春秋》之失诣，笃生文孙（即孔广森），使明绝学哉”①；凌廷堪称孔氏作《通义》的起因是“尝以《公羊春秋》，自唐后绝无专家”②。如果说阮、凌二人同属朴学家，与孔氏学风相近、个人关系较好，尚有互相吹捧嫌疑，那么应当注意刘逢禄在《春秋论下》及《诗古微序》中的两段话：

> 清兴百有余年，而曲阜孔先生广森始以《公羊春秋》为家法③。
>
> 皇清汉学昌明，通儒辈出，于是武进张氏始治虞氏《易》，曲阜孔氏治《公羊春秋》，今文之学萌芽渐复④。

刘逢禄是庄存与的外甥，与庄氏同属常州学派，学风一脉相承。他对庄氏的《春秋正辞》相当认可，对孔广森的《通义》贬评不少。如果庄存与的公羊学著作早于孔广森，刘氏没有理由不大加表彰。刘氏同样认可孔广森是清代第一位治《公羊春秋》的学者，可以说明此结论在当时学者中已成共识。

认为庄存与是清代公羊学的开创者的部分学者⑤，将梁启超“常州派……由庄方耕存与、刘申受逢禄开派”⑥，钱穆“常州之学，始于武进庄存与”等论断也作为庄氏是清代公羊学的开创者的论据⑦，犯了用常州学派代替所有治《公羊》学者的毛病。章太炎在《论修〈清代朴学家列传〉与人问答书》中指出：

---

① 阮元：《春秋公羊通义序》，孔广森：《公羊春秋经传通义》卷首，《续修四库全书》第 129 册，上海：上海古籍出版社 2001 年版，第 2 页。

② 凌廷堪：《校礼堂文集》卷三六《孔检讨诔序》，《续修四库全书》第 1480 册，上海：上海古籍出版社 2001 年版，第 352 页。

③ 刘逢禄：《刘礼部集》卷三《春秋论下》，《续修四库全书》第 1501 册，上海：上海古籍出版社 2001 年版，第 57 页。

④ 刘逢禄：《刘礼部集》卷九《诗古微序》，《续修四库全书》第 1501 册，上海：上海古籍出版社 2001 年版，第 170 页。

⑤ 参见黄开国：《清代今文经学的兴起》，成都：巴蜀书社 2008 年版，第 56 页；黄开国：《庄存与是清代〈公羊〉学的开创者》，《天府新论》2008 年第 6 期，第 29—32 页等。

⑥ 梁启超：《中国近三百年学术史》，北京：中国人民大学出版社 2004 年版，第 31 页。

⑦ 钱穆：《中国近三百年学术史》，北京：商务印书馆 1997 年版，第 580 页。

"今文"之学，不专在常州。其庄、刘、宋、戴诸家，执守"今文"，深闭固拒，而附会之词亦众，则常州之家法也。若凌曙之说《公羊》，陈立之疏《白虎》，陈乔枞之辑三家《诗》、三家《尚书》，只以古书难理，为之征明，本非定立一宗旨者，其学亦不出自常州。此种与吴派专主汉学者当为一类，而不当与常州派并存也。[①]

孔广森与章氏所提到的凌曙、陈立一样，虽然涉及了今文学，尤其是《公羊传》，却只是将其当作一部难明的古书，为之疏通证明而已。不过是凌、陈的学风接近吴派，而孔氏属于皖派罢了。正如研究《易》者可称为治易学，研究《尚书》者可称为尚书学，研究《公羊传》者皆可称为治公羊学。常州学派在嘉道以后，逐渐占据了学术界的主流地位，垄断了解说今文学、公羊学话语权，但并不能涵盖所有研究《公羊传》的学者。

从著作刊行时间、社会影响和当时学者的评价而言，孔广森都是"清儒第一位治《公羊传》者"无疑，梁启超等人的说法并无错误。而庄存与则只能说是常州今文学派的开创者而已。

（二）通否《公羊》家法

虽然孔广森是清代"头一位治《公羊传》者"，但《公羊春秋经传通义》通否《公羊》家法，却长期存在争议。梁启超在被誉为清代学术史开山之作的《中国学术思想变迁之大势》"近世之学术"中，称孔氏《通义》"不达今文家法，肤浅无条理，不足道也"[②]，奠定了20世纪以来学者对《通义》评价的基调。其后，梁氏《清代学术概论》《中国近三百年学术史》都重复了类似的评价[③]。新中国成立后，杨向奎、陈居渊、陈其泰、黄开

① 章太炎：《论修〈清代朴学家列传〉与人问答书》，章太炎、刘师培：《中国近三百年学术史论》，上海：上海古籍出版社2006年版，第66页。

② 梁启超：《论中国学术思想变迁之大势》，《清代学术概论》，北京：中国人民大学出版社2004年版，第115页。

③ 参见梁启超：《清代学术概论》，北京：中国人民大学出版社2004年版，第196页；梁启超：《中国近三百年学术史》，上海：东方出版社1996年版，第216页。

国等学者基本承袭了梁氏的观点，对孔书加以贬评①。

其实，就孔氏《通义》的内容而言，并不违背《公羊》家法。张勇先生在《孔广森与〈公羊〉"家法"》一文中就《通义》中"三科九旨""黜周王鲁""牵合《孟子》""调和三传""公羊义例"及"批评何休《解诂》"六个较有争议的问题进行了详尽的考证，结论是该书在上述六个方面都本自《公羊》先师，并非向壁虚造，没有违背《公羊》家法。例如，孔氏"三科九旨"虽不同于何休《解诂》，但其"三科"本于董仲舒《天人三策》，"九旨"出于徐彦疏援引宋衷之说，都源自《公羊》先师；《通义》虽有援引左、穀批评《解诂》的现象，但总体上与《解诂》之间是"既继承又广大之关系"②。

据笔者统计，孔广森在《通义》一书中对《公羊》经传所作注释有2 499条。这些注释中单独引用何休《解诂》或引用他说解释发挥何休《解诂》的有1 311处，完全符合公羊家法，合计占全书的52.5%。利用《公羊传》本书经传互解、单独引用其他汉代今文家学说及单独引用徐彦疏的有161处，虽未引用《解诂》，但均出自《春秋》本经或今文家学说，可算合乎公羊家法，合计占约6.4%。孔广森自行解说经传的、单独引用《左传》《穀梁传》学说的、引用其他非今文学说的（如郑玄、顾炎武、《尔雅》等）以及引用非今文学说驳斥《左传》《穀梁传》的共有1 009处，虽未引用何休《解诂》等今文家学说，但没有反对今文家说，合计占约40.4%。只有直接驳斥何休《解诂》的3处，引用非今文家学说著作驳斥《解诂》的6处，以及引用《左传》《穀梁传》驳斥《解诂》的9处，明显违背了何休与公羊家法，合计仅占0.7%。《通义》全书总体来看遵从了何休及汉代今文学家师说，并不违背公羊家法，可以与张勇先生的观点相互印证。

当时学者对待《通义》的评价也并不一致。乾嘉朴学家在肯定孔氏始

---

① 参见杨向奎：《清代的今文经学》，《绎史斋学术文集》（四），上海：上海人民大学出版社1983年版，第333—341页；陈其泰：《清代公羊学》，上海：上海古籍出版社1997年版，第79—93页；陈其泰：《孔广森的公羊学著述及其误区》，《孔子研究》1996年第2期，第24—27页；陈居渊：《论孔广森与刘逢禄的公羊学研究》，《孔子研究》1995年第1期，第77—86页；黄开国：《清代今文经学的兴起》，成都：巴蜀书社2008年版，第56页；黄开国：《庄存与是清代〈公羊〉学的开创者》，《天府新论》2008年第6期，第29—32页。

② 参见张勇：《孔广森与〈公羊〉"家法"》，《中国史研究》2007年第4期。

治《公羊》的同时，对其成就也大加赞赏，并不认为《通义》违背了公羊家法。如阮元就称："广森深沉解剥，著《公羊春秋经传通义》十一卷，于胡毋子都、董仲舒、何邵公条例师法不坠。"[①] 而常州学派以外的今文学者，对《通义》遵守公羊家法也多未加以质疑。例如，据台湾学者研究，陈立的《公羊义疏》虽然对《通义》"非何义"的部分有所批评，但是全书并未就公羊家法对孔书加以指责；孔书被陈书引用达"十之八九"，与刘逢禄《穀梁废疾申何》《春秋公羊何氏解诂笺》并列为征引最多的清人著作[②]。陈书被梁启超称为"在公羊学里头，大约算登峰造极的著作"[③]。该书未尝质疑孔氏不通公羊家法，对该书几乎全文征引，可见孔氏不通公羊家法不是清人的共识。

对孔氏《通义》不通公羊家法的指责，主要来自常州学派。其源头是刘逢禄的《春秋论下》。该文批评孔书，"乃其三科、九旨，不用汉儒之旧传……奚大义之与有"，"无三科九旨则无《公羊》，无《公羊》则无《春秋》，奚微言之与有"[④]！其揭开了以"三科九旨"、何休《解诂》等作为衡量标准，批评广森的序幕。

孔氏与刘氏的分歧，在于治《公羊传》的目的和态度不同。孔广森治《公羊传》，只是研究一部难明的古代经典，并没有抱着先入为主的"微言大义"。孔氏继承戴震的皖派学风，有"实事求是，不主一家"的特点。刘氏"则认定何休是东汉末恪守孔子原教旨的唯一人物"，"凡《公羊》必真，凡何休皆是"，难免会与孔氏观点发生冲突[⑤]。刘氏以降的常州学者对《通义》的批评不绝于耳。其实，今文一系的学者自己也未必严格遵守所谓公羊家法，反而对孔广森使用了双重标准。如廖平在《主素王不主王鲁论》

---

① 阮元：《儒林传稿》卷四，《续修四库全书》第537册，上海：上海古籍出版社2001年版，第673页。

② 参见黄世豪：《陈立公羊义疏研究》，台北：中国文化大学中国文学研究所2003年硕士学位论文，第94页。

③ 梁启超：《中国近三百年学术史》，北京：中国人民大学出版社2004年版，第222页。

④ 刘逢禄：《刘礼部集》卷三《春秋论下》，《续修四库全书》第1501册，上海：上海古籍出版社2001年版，第57页。

⑤ 朱维铮：《晚清的今文经学》，《中国经学史十讲》，上海：复旦大学出版社2005年版，第168页。

中反对何休“王鲁”，但却说孔广森反对“王鲁”是“俗学”，自己则是“多年积久而悟其非，诚去伪存真，岂望文而生训”[①]，完全是门户之见。梁启超作为康有为的学生，其书也是道咸一系新学的产物，“对这一时段学术的一些基本看法不仅可能有偏向，而且有些偏颇的看法已成为流行的观念，甚至接近众皆认可的程度了”[②]。指责孔书“不通公羊家法”，同样属于有偏向却被当作共识的观点。

我们今天之所以推崇常州学派，是因为他们参与了晚清变法改革运动，特别是康有为以今文学为工具推动了戊戌变法的进程，并非因为其今文学或公羊学具备较高的学术价值。就章太炎看来，他们眼中的公羊家法倒有“执守今文，深闭固拒，而附会之词亦众”的弊端[③]。而张之洞更指出，“《春秋公羊传》只读孔广森《公羊通义》。国朝人讲公羊者，唯此书立言谨慎，尚无流弊”[④]。其认为相对于嘉道以来充满“微言大义”的公羊学著作，孔书更加接近《公羊传》的本义。

（三）戴震哲学的继承者

长期以来，学术界普遍认为大多数乾嘉学者只钻故纸堆，不讲求经世致用，有考据而无经世，有学术而无思想。这一观点值得商榷。

皖派经学大师戴震，认为“训诂”不过是为了“明道”，试图从名物训诂中建立新义理学，但是他的义理学在那个时代并不被人理解，死后竟没有继承人。胡适认为，能理解戴氏义理学的学者只有章学诚、洪榜二人，而“他的弟子王念孙、段玉裁……都只在那训诂、名物、制度上去用力，只继续发展了戴学考证的方面”，倒是焦循、凌廷堪、阮元等几个“私淑戴学”的学者，继承了戴震的义理学，开创了清代的“新理学时代”[⑤]。当今

---

① 廖平：《何氏公羊解诂三十论》十论《主素王不主王鲁论》，《续修四库全书》第131册，上海：上海古籍出版社2001年版，第355页。

② 罗志田：《导读：道咸“新学”与清代学术史研究》，章太炎、刘师培：《中国近三百年学术史论》，上海：上海古籍出版社2006年版，第26页。

③ 章太炎：《论修〈清代朴学家列传〉与人问答书》，章太炎、刘师培：《中国近三百年学术史论》，上海：上海古籍出版社2006年版，第66页。

④ 张之洞：《劝学篇》，《张之洞全集》第12册，石家庄：河北人民出版社1998年版，第9728页。

⑤ 胡适：《戴东原的哲学》，《胡适文集》第7册，北京：北京大学出版社1997年版，第329页。

学术界谈到乾嘉学派的义理学时，仍然以戴震、焦循、凌廷堪、阮元作为代表，没有超出胡适的范围。

胡适判定戴震弟子中没有义理学传人时，只注意了段玉裁、王念孙，而没有注意孔广森在《公羊春秋经传通义》等著作中显现的义理学成就。《清史稿·戴震传》称："震卒后，其小学，则高邮王念孙、金坛段玉裁传之；测算之学，曲阜孔广森传之；典章制度之学，则兴化任大椿传之，皆其弟子也"[①]，将孔广森列为戴震四位传人之一。徐世昌《清儒学案·东原学案》中称"先生学高天下而不好为人师，故著弟子籍者无多"，认为只有段玉裁、王念孙、孔广森三人是"实能传其学者"[②]。可见，在研究戴震弟子时忽视孔广森是不恰当的，孔氏正是戴氏义理学重要的认同者和继承人。

孔广森是戴氏义理学最早的认同者之一。戴震于乾隆四十二年（1777 年）去世后，孔广森叔父孔继涵将戴震作品整理为《戴氏遗书》，至乾隆四十四年（1779 年）刊刻完毕。孔广森则作了《戴氏遗书总序》，冠于《遗书》之首，对戴震的学术做了全面总结，并着重介绍了戴氏的义理学著作《原善》和《孟子字义疏证》：

> 且夫一阴一阳之为道，见仁见知之谓性，通于六籍之为学，辨于万事之为理。谓理具灵台，则师智者得；谓学遗象罔，则悟寂者先。岂有略窥《语录》，便诩知天；解斥阳明，既称希圣。信洛党之尽善，疑孟氏之未醇，其说空空，其见小小。盖绎郑君生质之训，诵《周雅》教木之笺，所谓受中自天，秉彝悠好，孔提可案，汉学非伪，为《原善》一卷、《孟子字义疏证》三卷、《大学中庸补注》各一卷。君之学术，此其大端欤？[③]

从这段文字中可以看出，孔广森对戴氏通过对字词的重新训释，反对程朱理学，建立新哲学的努力，有较深的理解。孔氏尤其称赞《原善》《孟子字义疏证》等书是戴震学术的"大端"，给予戴氏义理学著作以最高评价。

---

① 赵尔巽：《清史稿》卷四八一《戴震传》，北京：中华书局 1977 年版，第 13200 页。

② 徐世昌：《清儒学案》卷七九《东原学案》，北京：中国书店 1990 年版，第 412 页。

③ 孔广森：《仪郑堂文》卷一《戴氏遗书总序》，《丛书集成新编》第 77 册，台北：新文丰出版公司，第 614 页。

《戴氏遗书总序》被江藩称为："深于戴氏之学，故能义探其原，言则于古也。"[①] 与被胡适等学者给予较多关注的洪榜作于乾隆四十二年（1777年）的《戴先生行状》相比，创作于同时的孔氏《总序》，同样认识到了戴氏义理学著作的价值，与洪文同属乾嘉学者最早认同戴氏义理学的材料。

孔广森不仅像洪榜认同戴氏义理学，还将戴氏义理学的方法和概念引入到自己《公羊春秋经传通义》（以下简称《通义》）等著作中。孔氏在《通义》中重视《春秋公羊传》的义理价值，他提出"《左氏》之事详，《公羊》之义长，《春秋》重义不重事，斯《公羊》尤不可废"[②]。《通义》全书中，虽然训诂文字、解释制度等内容占了相当部分，但没有局限于此，而是注重在考证的背后，蕴含自己的思想。特别是在肯定"人情"、提倡民本、对"灾异"和"谶纬"学说持保留态度等方面，都提出了自己独到的见解。这与戴震虽然长于朴学，却不满足于仅仅从事于考证工作，要在此之上建立义理学的态度是一脉相承的。

《通义》在许多具体的概念和观点上，也体现出对戴震的继承和发展。戴震哲学的一个特点是反对宋代理学家"存天理，灭人欲"的说法，抬出"人情""人欲"与程朱的"天理"相对抗。孔广森也在《春秋公羊通义叙》中提到："《春秋》之为书也，上本天道，而下利人情。不奉天道，王法不正；不合人情，王法不行。"[③] 加入了汉代直到晚清公羊学都不常谈到的"人情"概念，肯定了鲜活的"人情"相对于冰冷的"天道""王法"具有不相上下的价值。又如，孔广森继承了戴震《孟子字义疏证》对《孟子》的欣赏，并且在《通义》中援引《孟子》以解释《春秋》。他在《春秋公羊通义叙》中有言，"愚以为《公羊》家独有合于孟子"，"孟子最善言《春秋》"[④]。对"人情"的肯定，和对《孟子》的提倡，不仅在《春秋公羊经传通义叙》中有所表达，而且贯穿到了《通义》全书对《春秋公羊传》经义

---

① 江藩撰，漆永祥笺释：《汉学师承记笺释》（下）卷六《孔广森传》，上海：上海古籍出版社2006年版，第668页。

② 孔广森：《公羊春秋经传通义》卷末《春秋公羊经传通义叙》，《续修四库全书》第129册，上海：上海古籍出版社2001年版，第185页。

③ 孔广森：《公羊春秋经传通义》卷末《春秋公羊经传通义叙》，《续修四库全书》第129册，上海：上海古籍出版社2001年版，第180、185页。

④ 孔广森：《公羊春秋经传通义》卷末《春秋公羊经传通义叙》，《续修四库全书》第129册，上海：上海古籍出版社2001年版，第180页。

的解释之中。

戴震于乾隆四十二年（1777 年）就已经去世，而凌廷堪、阮元、焦循等人直到嘉庆四年（1799 年）前后，才开始“执掌学术界的牛耳”①。凌廷堪等人只是戴震的“私淑弟子”而已，与戴震并没有直接的师承甚至交往关系。传统学术史框架下的乾嘉义理学，在戴震之后存在二十年左右较为明显的断层。孔氏于戴震去世的当年假归曲阜筑“仪郑堂”，著书其中直至乾隆五十一年（1786 年）去世，他的《公羊春秋经传通义》《大戴礼记补注》等代表作都完成于这一时期，刚好在戴震去世后的空档期中。凌廷堪于乾隆五十年（1785 年）入京时，正逢孔广森因父亲遭流放而在京城奔走，二人因翁方纲的介绍而相识。这时凌廷堪在学术界默默无闻，对孔广森这位“故休宁戴震弟子”的“殷然下交”感激涕零。凌氏曾就儒学、文学、算学等多方面向孔氏问学②，并给予孔氏高度评价：“《周髀》遗经传赵爽，《公羊》绝学继何休。”③ 阮元娶孔子七十三代长孙女孔璐华为妻，属于孔广森的晚辈亲属。阮氏在孔广森去世后的数年内，分别应其外甥朱凤翰、弟孔广廉的要求，在乾隆五十二年（1787 年）、乾隆五十七年（1792 年）、乾隆五十九年（1794 年）为其《仪郑堂文》《公羊春秋经传通义》及《大戴礼记补注》三部著作作序。其《春秋公羊经传通义序》称：“元为圣门之甥，陋无学术，读先生此书，始知圣志之所在。”④ 《大戴礼记补注序》中称：“近时戴东原编修、卢文弨学士相继校订……曲阜孔检讨㢸轩乃博稽群书，参会众说，为注十三篇……元年来亦治是经，有注有释。鄙陋之见，与检讨多有异同。”⑤ 以上都反映了二人的亲属关系和学术联系。孔广森与凌廷堪、阮元之间的关系表明，孔氏不论是时间还是学脉传承，都能接续戴震与凌廷堪、阮元等人之间的联系，填补乾嘉义理学在学术史上存在的断层。

---

① 参见葛兆光：《中国思想史》第二卷，上海：复旦大学出版社 2000 年版，第 537 页。

② 凌廷堪：《校礼堂文集》卷三六《孔检讨诔序》，《续修四库全书》第 1480 册，上海：上海古籍出版社 2001 年版，第 352 页。

③ 凌廷堪：《校礼堂诗集》卷五《孔撝约检讨过访深谈竟日》，《续修四库全书》第 1480 册，上海：上海古籍出版社 2001 年版，第 42 页。

④ 阮元：《春秋公羊通义序》，孔广森：《公羊春秋经传通义》卷首，上海：上海古籍出版社 2001 年版，第 2 页。

⑤ 阮元：《大戴礼记补注序》，孔广森：《大戴礼记补注》卷首，《续修四库全书》第 107 册，上海：上海古籍出版社 2001 年版，第 509 页。

孔广森在临终前认为“余平生所述，讵逮古人，《公羊》一编，差堪自信”[①]，把《通义》当作自己平生最重要的著作。若将《通义》放在常州今文学的序列中来观察，难免认为其与常州一系的义理不同，“不通公羊家法”。但如果我们将其置于乾嘉学派的发展脉络中，其义理成就虽不及戴震，却也足以像焦循、凌廷堪、阮元一样，成为清代义理学的重要代表，引起后世学者的足够重视。

第二节　孔广森的大戴礼学成就

孔广森的经学著作中，最为引人注目的当属《公羊春秋经传通义》；公羊学之外，成就最高的当属大戴礼学。

汉初高堂生传《仪礼》十七篇，数传而至宣帝时人后仓。仓授戴德、戴胜、庆普等，三人各自为说，故《礼》有大戴、小戴、庆氏之学，皆立于学官。汉代学者师弟传习《仪礼》时，往往会编订参考资料，称为《记》。相传戴德与戴胜分别编纂了《大戴礼记》八十五篇以及《小戴礼记》四十九篇。汉末郑玄为《小戴礼记》作注，使之产生了很大影响。唐孔颖达将《小戴礼记》及郑注收入《五经正义》之中，此后历代讲习不绝。后人所称的《礼记》，多指《小戴礼记》。《大戴礼记》则命运多舛，除了北周学者卢辩为其作注，历代传习乏人，唐代以后亡佚了四十六篇。

清人既遍治古经，发现“十三经之外，宜亟治者，则《大戴礼记》矣”。《大戴礼记》之中，“《夏小正》为夏时书，《禹贡》惟言地理，兹则言天象，与《尧典》合；《公冠》《诸侯衅庙》《朝事》等篇，足补《仪礼》十七篇之遗；《盛德》《明堂》之制，为《考工记》所未备；《孔子三朝记》，《论语》之外，兹为极重；《曾子》十篇，儒言纯粹，在《孟子》之上；《投壶》《仪节》，较《小戴》为详；《哀公问》字句，较《小戴》为确”[②]，都具有很高的学术价值。但该书因唐以后罕有传者，到清代已是“文句伪互，卷帙

---

① 孔广廉：《校勘公羊春秋经传通义叙略》，孔广森：《公羊春秋经传通义》卷首，上海：上海古籍出版社 2001 年版，第 1 页。

② 阮元：《大戴礼记补注序》，孔广森：《大戴礼记补注》卷首，《续修四库全书》第 107 册，上海：上海古籍出版社 2001 年版，第 509 页。

散亡”。乾隆以后，卢文弨和戴震分别为该书整理出校本。孔广森则在此基础上以卢辩注为基础，参考众说，创作出《大戴礼记补注》这一清人《大戴礼记》新疏。孔广森同时代人汪照作有《大戴礼注补》，其后的学者汪中、王聘珍、孙诒让等分别作有《大戴礼记正误》《大戴礼记解诂》和《大戴礼记斠补》。《大戴礼记补注》在卢氏、戴氏校勘《大戴礼记》的基础上，开启了清代写作大戴礼新疏的先河，在清代《大戴礼记》学史上具有承前启后的作用。

孔广森《大戴礼记补注》凡十三卷、《序录》一卷，在卢辩注之后“不揣浅陋，辄为补注”，一方面“更厘亥虎，参证豕谷”，校勘文字；一方面“敢希后郑，足申裨于毛义，庶比小刘，更规正于杜失”，在卢注的基础上阐释文意。对于第一、第二、第七、第九、第十二五卷“旧注既逸”的部分，孔氏则“略以己意，备其训诂云耳”[①]，自作新注。目前学术界对孔广森大戴礼学的研究还相当薄弱[②]。本节将按照《大戴礼记补注》的解经方法、思想成就两个方面，初步探讨孔氏的大戴礼学成就。

一、《大戴礼记补注》的解经方法

(一) 广收异本，校勘文字

因为《大戴礼记》一书在唐代之后传承乏人，存在比较严重的文字错乱。清代治《大戴礼记》者所面临的一个重要问题，是如何通过校勘，恢复其本来面目。

孔广森《大戴礼记补注》在校勘《大戴礼记》时，就做了充分的准备。他广泛收集了宋刊本（淳熙颍川韩元吉建安郡斋本）、元本（至正刘贞庭嘉兴路学宫本）、《汉魏丛书》本、朱本（明浙江朱养纯本）、高安本（清朱轼《藏书十三种》本）以及清代最新的卢文弨校本和戴震校本，作为对校的依据。例如，《王言》中“教定则正矣”一句，“则，宋本伪‘是’”，孔氏“据朱本改”，勘正为“则”[③]。又如，《哀公问五义》中“哀公曰善”之下，

---

① 孔广森：《大戴礼记补注序录》，《续修四库全书》第107册，上海：上海古籍出版社2001年版，第510页。

② 据笔者所见仅有黄佳骏《孔广森〈大戴礼记补注〉的思想取向》（《东吴中文线上学术论文》第1期，第1—19页），按照“孝”“明堂”和“阴阳”三个概念，对《补注》一书的思想倾向进行了探讨。

③ 孔广森：《大戴礼记补注》卷一《王言》，《续修四库全书》第107册，上海：上海古籍出版社2001年版，第515页。

孔氏吸收了戴震校本的成果，注明："戴氏校本云，此下《荀子》有：'孔子曰，人有五仪，有庸人，有士，有君子，有贤人，有大圣。哀公曰，敢问。'凡二十六字，此文脱。"①

孔广森又能选择许多重要的书籍，如朱熹《仪礼经传通解》、杨简《先圣大训》、吴澄《仪礼逸经》及《永乐大典》等引用过《大戴礼记》的书籍，以及《小戴礼记》《周礼》《逸周书》《管子》《荀子》《吕氏春秋》《淮南子》《新书》《韩诗外传》《史记》《汉书》《说苑》等与《大戴礼记》内容多有出入的著作，作为他校的依据。这种他校依据的选择十分审慎。特别是《仪礼经传通解》《先圣大训》《仪礼逸经》《永乐大典》等书，不仅时代较早，而且经常整篇节录《大戴礼记》内容，名为他校，实为对校，能够发现许多问题，远非一般清人他校盲目援引类书可比。例如，《王言》中"孔子曰：'吾居语女'"一句，宋本脱去"居"字，其他版本多同宋本，孔氏"从《大训》增"而改正②。

多数时候，孔广森的校勘态度比较审慎，对于不易去取的内容，多注明异文，不擅改原文。例如，《哀公问五义》中"百姓淡然，不知其善"一句，孔广森只是注明："《荀子》'淡'作'浅'，'善'作'邻'。不，《大典》作'莫'。"③ 他没有据《荀子》和《永乐大典》盲目改动原文。

孔广森对于确有证据，应当修改的字句，不拘守宋本原貌，大胆提出改正意见。例如，《王言》篇的标题，旧本本作《主言》。孔氏在《补注》中根据本校证据，提出"旧本题作《主言》，篇中王字凡十九见，皆误作主，唯第十六字不误，今据以改正"。他又举出训诂上的理校证据："古者主之称亚于君，故三世仕家，君之再世以下主之。郑君《坊记注》曰：'大夫有臣者称之曰主，不言君，避诸侯也。'"④《王言》篇的主旨是孔子提出的理想化的实现王道的"王言"，确实不当作"主"。这里的改动是符合文意的。

---

① 孔广森：《大戴礼记补注》卷一《哀公问五义》，《续修四库全书》第 107 册，上海：上海古籍出版社 2001 年版，第 517 页。

② 孔广森：《大戴礼记补注》卷一《王言》，《续修四库全书》第 107 册，上海：上海古籍出版社 2001 年版，第 516 页。

③ 孔广森：《大戴礼记补注》卷一《哀公问五义》，《续修四库全书》第 107 册，上海：上海古籍出版社 2001 年版，第 518 页。

④ 孔广森：《大戴礼记补注》卷首《大戴礼记补注序录》，《续修四库全书》第 107 册，上海：上海古籍出版社 2001 年版，第 510 页。

孔广森《补注》重视文字校勘，取得了许多成果，后人校勘《大戴礼记》时对此多有吸取。例如，清末孙诒让《大戴礼记斠补》是一部专门研究《大戴礼记》校勘的著作。对于前述“王言”的校勘，孙氏全文引用了孔氏的论证，定为“王言”，唯引据冯登府的说法，指出：“篇中王字十九，‘惟莫不言来至朝觐于王’，王字不误。乃第十四字，非第十六字”①，修正了孔氏的小讹。又如，民国时王树楠所作另一部专门校勘《大戴礼记》的著作，书名叫作《校正孔氏大戴礼记补注》，在孔广森的基础上进一步提出校勘意见。对于“王言”问题，王氏亦采纳了孔氏的意见，指出“孔氏据戴校本为说”，孔说是在戴震的基础上补充扩展而成；又指出“汪中校本、王引之《经义述闻》本，俱改‘王言’”②，进一步肯定了“王言”的改动。

孔广森通过各种校勘方法对《大戴礼记》经文的校正未必完全正确，但不失为经过精心思考和校勘的结果。清人王聘珍《大戴礼记解诂》的校勘态度与《补注》不同，对《大戴礼记》正文一仍其旧、不事增删，导致了“保持旧本原貌的同时，也未免曲护了旧本中一些舛伪脱衍”③。孔氏《补注》与王氏《解诂》可以说一者偏于“活校”，一者偏于“死校”，各有优劣，能起到互相补充的作用。

（二）读破假借，释义简明

孔氏在《补注》中解释经注文意的时候，并不盲目旁征博引，而是善于利用音韵知识读破假借，或者通过简单明了的文字直解文意。

孔氏精通音韵学，著有《诗声类》等音韵学著作，因而利用音韵学知识、读破假借正是其特长。例如，《诰志》中“胤使来往，地宾毕极”一句的释义。孔氏先引用杨简说解释上半句：“杨简曰：‘胤，继也。’使者相继往来。”接下来他便利用音乐学知识解释下半句中难解的“宾”字：“广森谓‘地宾’读如《诗》‘率土之滨’，言无远弗至。”④ 全句的句义为使者来

---

① 孙诒让：《大戴礼记斠补》卷上，《续修四库全书》第107册，上海：上海古籍出版社2001年版，第619页。

② 王树楠：《校正孔氏大戴礼记补注》卷首《校正孔氏大戴礼记补注序录》，《丛书集成新编》第34册，台北：新文丰出版公司1985年版，第550页。

③ 王文锦：《前言》，王聘珍：《大戴礼记解诂》，北京：中华书局1983年版，第9页。

④ 孔广森：《大戴礼记补注》卷九《诰志》，《续修四库全书》第107册，上海：上海古籍出版社2001年版，第588页。

往，极远之处也能到达，释义相当明了。又如，《哀公问五义》中“躬为匹夫而不愿富贵为诸侯而无财”，“躬”字难以理解，“富贵”二字则容易连读。孔氏《补注》利用音韵知识解释“躬，读为‘穷’”，又将句读划分为“‘富’字绝句”[①]，使全句的文意变得十分畅达。

孔氏有时用简明的语言直接解释经文意义，也能取得良好的效果。例如，《曾子立事》“行自微也，不微人”，孔氏《补注》直接解释为“自卑而尊人”；同篇“己虽不能，亦不以援人”，《补注》解释为“不引人以自解”[②]，均言简意赅。而王聘珍《大戴礼记解诂》则对这两句分别解释为：“微，隐也。行自微，谓隐行善事也。不微人者，谓非阴密不使人知也。”以及“援犹引也，取也，谓引取人之能以为能也。”[③] 字数多出《补注》数倍。而王文锦先生就认为王氏第一句的解释“殊为迂曲，不及孔氏《补注》释‘自卑而尊人’简当”；第二句的解释“亦不如孔氏《补注》‘不引人以自解’切合文旨”[④]。孔氏用极简明的语言，取得了超越同时代学者的效果。

（三）考辨史实，详解制度

孔广森作为乾嘉学者，在《解诂》中也充分发挥了善于考证历史事实、解释典章制度的特长，对于《大戴礼记》中存在争议的史实和复杂的典章制度多有详尽的考辨和解释。

考辨史实的内容，如《卫将军文子》篇中，孔广森《补注》对于孔子弟子生平问题做了细致的考证。篇中“恭老恤孤，不忘宾旅，好学省物而不勤，是冉求之行也”一句，卢辩对冉求生平的解释是：“冉求字子有，冉雍之子，为季氏宰”，认为冉求系冉雍之子。孔氏《补注》通过考证发现：“冉有，仲弓之族。按《古家语》及《弟子传》，求、雍并少孔子二十九岁，明非父子也。注误”，指出了卢辩的失误。篇中“其桥大人也，常以皓皓是

---

① 孔广森：《大戴礼记补注》卷一《哀公问五义》，《续修四库全书》第107册，上海：上海古籍出版社2001年版，第518页。

② 孔广森：《大戴礼记补注》卷四《曾子立事》，《续修四库全书》第107册，上海：上海古籍出版社2001年版，第544—545页。

③ 王聘珍：《大戴礼记解诂》卷四《曾子立事》，《续修四库全书》第107册，上海：上海古籍出版社2001年版，第70—71页。

④ 王文锦：《前言》，王聘珍：《大戴礼记解诂》，北京：中华书局1983年版，第9—10页。

以眉寿，是曾参之行也”一句，孔氏《补注》通过考证发现：“按《弟子传》，曾子少孔子四十六岁。此文子问时，年未三十，不得以寿言之。知眉寿者，谓曾晳也。”解释文意为：“大人，父之称也。言曾子能养志，常使皓皓无所忧怒，不损其性，以寿父母，故下文称其孝也。”[①] 通过考证曾参生平，使读者不至于因混淆“眉寿”的指代对象而误解文意。

又如，《曾子制言中》篇中，孔广森《补注》对伯夷、叔齐躬耕首阳山的地理位置作了考证。篇中“夫二子居于河济之间，非有土地之厚，货粟之富也，言为文章，行为表缀于天下”一句，“河济之间”与“首阳山”是何关系？孔氏《补注》利用地理知识指出：“首阳山在蒲坂河曲中，其南王屋，济水所出，故云‘河济之间’”[②]，使人一目了然。

解释古代名物制度的内容，如《保傅》篇中，孔氏《补注》对古代的华表制度作了考证。篇中“有诽谤之木”一句下，《补注》云“《古今注》曰：‘诽谤木，今之华表木也。以横木交柱头，形似桔槔，大路交衢皆施焉。’如淳《汉书音义》曰：‘旧亭传于四角面百步，筑土四方，上有屋，屋上有柱出，高丈余，有大板贯柱四出，名曰桓表。县所治夹两边各一桓。陈宋之俗，言桓声如和，今犹谓之和表。’按桓、和、华声相近递转，鲁有桓楹，即桓表也。《西京赋》云：‘次和树表。’盖军门前亦为和表，因名和门。是皆诽谤木之遗象”[③]，对华表的形制及得名有精当的解释。

又如《千乘》篇，孔氏《补注》对鲁国的军制作了考证。篇中“公曰：‘千乘之国……’”句下，《补注》云：“《周礼》：‘大国三军，次国二军，小国一军。’千乘者，侯伯二军之赋。古以五百乘为军。《诗·采芑》曰：‘其车三千。’谓天子六军也。鲁侯爵为次国，故僖公之颂云：‘公车千乘。’其后襄公始作三军，昭公复罢之。”[④] 结合周代礼制，以及鲁国的地位，解释

① 孔广森：《大戴礼记补注》卷六《卫将军文子》，《续修四库全书》第107册，上海：上海古籍出版社2001年版，第560页。

② 孔广森：《大戴礼记补注》卷五《曾子制言中》，《续修四库全书》第107册，上海：上海古籍出版社2001年版，第554页。

③ 孔广森：《大戴礼记补注》卷三《保傅》，《续修四库全书》第107册，上海：上海古籍出版社2001年版，第535页。

④ 孔广森：《大戴礼记补注》卷九《千乘》，《续修四库全书》第107册，上海：上海古籍出版社2001年版，第578页。

了鲁国军制何以为“千乘之国”。

二、《大戴礼记补注》的思想成就

孔广森《大戴礼记补注》虽然重视校勘训诂，且阐发经义较为简明，但也不乏思想成就。现将其分为四个部分论述于下：

（一）“缘情制礼，上下不援”的礼制观

孔氏在《补注》之中，对礼的产生及作用，都有较为集中的论述。例如，《大戴礼记·礼察》云：“然如曰：‘礼云，礼云。’贵绝恶于未萌，而起敬于微眇，使民日徙善远罪而不自知也。”孔氏在对此句的《补注》中，阐发了“缘情制礼”的观念。他认为：“先王之治天下，户户而赏之，不能遍也；人人又刑之，不可胜诛也。是故因人之情而为之节文，而丧祭之礼作其孝，以乡射之礼作其让，以朝觐聘享之礼作其恭，天下卉然知天子之意，曰：‘礼于死者尚且不忘，况生者乎？礼于他人之长尚且如此敬也，况君父乎？’”即认为礼制不是僵死的条文，而是根据发自内心的“人情”所制定，每一项礼制，如“丧祭之礼”“乡射之礼”“朝觐聘享之礼”都是缘情而制，有具体功能的。正因为礼制是“因人之情而为之节文”的，故而可以在赏罚之前，通过潜移默化的效果教化人民，达到“示之以恭，则不臣者愧；示之以让，则不弟者耻；示之以孝，则不子者悔。其不可化者也，然后从而刑之。礼行于上，则四海之内鲜刑民矣。故曰：使民日徙善远罪而不自知也”的效果①。

孔广森这里提倡“因人之情而为之节文”，与其公羊学中将“人情”拔高到与“天理”等同的地位一样，都是对戴震肯定“人欲”，反对程朱理学，肯定“天理”思想的继承。孔氏不仅将戴震《原善》《孟子字义疏证》中的“人欲”“人情”思想引入了公羊学，同样将该思想引入了大戴礼学。他将“人情”思想引入讲求实践的礼学之后，便能达到“把儒学思想从宋明理学的形上形式，转向礼学治世的实用形式”，“以礼代理”的效果。例如，“丧祭之礼作其孝，以乡射之礼作其让，以朝觐聘享之礼作其恭”就能通过具体可感的各种礼仪形式，体会“孝”“让”“恭”的重要作用，而不是抽象地论述其形而上的合理性。张寿安先生认为凌廷堪是“以礼代理”

---

① 孔广森：《大戴礼记补注》卷二《礼察》，《续修四库全书》第107册，上海：上海古籍出版社2001年版，第523页。

这一清代思想转向中最重要的人物，其思想来源则是戴震义理学①。凌氏未曾直接受业于戴氏，却曾向孔广森这位戴震弟子问学。孔氏在《补注》中已有“以礼代理”的思想萌芽，很可能影响到了凌氏。孔氏在戴震与凌廷堪的思想传承中，起到了承上启下的作用。

孔广森还认为礼制应该达到“上下不援”，即上下不争的效果。《大戴礼记·诰志》云：“公曰：‘何以事神？’子曰：‘以礼会时。夫民见其礼则上下不援，不援则乐，乐斯毋忧，以此怨省而乱不作也。’”孔广森在《补注》中阐发道：“鲁人之祭也，宫县而白牡，设朱干，击玉磬，僭天子之礼。季氏亦歌雍，舞八佾，陪臣阳虎从祀僖公，上下相援之验也。不援则乐，犹均无贫，和无寡，安无倾之意。”② 反对鲁人、季氏、阳虎等僭越等级使用礼仪的行为。这样的主张表面上有维护等级制度的嫌疑，实际上有其现实针对性。清代社会上礼仪的使用其实已经相当混乱，即使连曲阜孔氏家族这样诗礼传家的名门中，在礼仪方面也不免存在“即如吾乡素称守朱子家礼者，亦素以古礼参用朱子家礼者也；又素以乡俗相沿之陋习，附会于朱子家礼者也”的弊端③。既然每一项礼仪都是根据实际情况“缘情”而制的，那么脱离了适用的社会背景，混用的礼仪制度，实际上也脱离了礼仪的本质，成了空洞的仪式。所以只有恢复古代“缘情”而制的礼仪，才能达到“夫民见其礼则上下不援，不援则乐，乐斯毋忧，以此怨省而乱不作也”的效果。“缘情制礼”与“上下不援”正是互相依存的关系。

(二)“外内合一，勿虑难治”的修养观

《大戴礼记》中包含了丰富的讲求个人修养的内容，孔广森在《补注》中亦重视阐发此类内容。他最为重视的，是“外内合一”和“勿虑难治”二点。

孔氏阐述“外内合一”的思想，最集中体现在《曾子立事》篇的注释之中。《曾子立事》云：“人信其言，从之以行；人信其行，从之以复。复宜其类，类宜其年，亦可谓内外合矣。”孔氏《补注》言：“人信君子之言者，以其言之必行而从之也；人信君子之行者，以其今日行之，明日复行

---

① 参见张寿安：《以礼代理——凌廷堪与清中叶儒学思想之转变》，石家庄：河北教育出版社 2001 年版，第 6 页。

② 孔广森：《大戴礼记补注》卷九《诰志》，《续修四库全书》第 107 册，上海：上海古籍出版社 2001 年版，第 587 页。

③ 孔继汾：《孔氏家仪》卷一四《自序》，济南：山东友谊书社 1989 年版，第 536 页。

之，而前后相类也。久而验之，至于积年所行，无弗类者，可谓外内合一无虚假也。”[①] 强调君子必须言行合一，言出必践，行之必久，达到“外内合一无虚假”的境界。

这种言行合一的表现，有“不说人之过”。《曾子立事》篇又言：“君子不先人以恶，不疑人以不信，不说人之过。”“不先人以恶”“不疑人以不信”均较好理解，孔广森《补注》则主要针对“不说人之过”进行了阐发：“彼有过者方畏人非议，我从而为之辞说，则彼将无意于改，是成人之过矣，故君子不为也。不扬人之过，厚也；不说人之过，忠也。”[②] 强调君子要做到“外内合一”，不仅不能“扬人之过”，宣扬他人的过错，同样也不能“说人之过”，为犯错者文过饰非，让其无意改过。

而这种“外内合一”的另一种表现，则是“行其亡，如其存”，即对死去的人也能言行合一、履行诺言。《大戴礼记·文王官人》有言：“行其亡，如其存。”卢辩注的解释是：“谓奉先君及祖考之教令”，仅限于对待先君与祖考的态度。孔广森在《补注》中则提道：“此不必谓事祖考，凡于人皆然。昔延陵季子过徐，徐君悦其佩剑，以将有上国之事未献也。还聘，徐君已死。季子曰：‘吾心许之矣。’解剑挂于墓树而去。所谓行亡如存者欤?”[③] 通过春秋吴人季子的例子，将“行其亡，如其存”的做法，扩展到所有交往对象。

孔广森在《补注》中强调的另一种君子必备的修养，则是“勿虑难治”。《曾子立事》篇言：“是故君子为小由为大也，居由仕也，备则未为备也，而未虑存焉。”孔广森在《补注》中阐发道：“推家而致之国，事有小大，人有众寡，其道亦未备也。然能齐其家，国有勿虑难治之理，存乎此也。”[④] 孔氏在这里不是简单地将“齐家”与“治国”等同起来，而是认为二者之间“事有大小，人有众寡”，不能简单套用。他认为“齐家”给“治国”带来的启

① 孔广森：《大戴礼记补注》卷四《曾子立事》，《续修四库全书》第107册，上海：上海古籍出版社2001年版，第545页。

② 孔广森：《大戴礼记补注》卷四《曾子立事》，《续修四库全书》第107册，上海：上海古籍出版社2001年版，第545页。

③ 孔广森：《大戴礼记补注》卷十《文王官人》，《续修四库全书》第107册，上海：上海古籍出版社2001年版，第593页。

④ 孔广森：《大戴礼记补注》卷四《曾子立事》，《续修四库全书》第107册，上海：上海古籍出版社2001年版，第547页。

发，则是相同的“勿虑难治之理”，即凡事必须有未雨绸缪的忧患意识。这就给宋明理学家过去常用的“修齐治平”的推导过程，赋予了新的含义。

(三)“进贤退不肖，损益因时”的治国观

礼制在中国古代不仅是一种人与人之间的礼仪规范，同时也与国家制度密切相关，所以《大戴礼记》中亦有不少涉及治国思想的问题。孔广森在《补注》中着重强调了“进贤退不肖”及“损益因时”两个问题。

孔广森十分重视贤人在国家政治中的作用。《大戴礼记·保傅》言：“夫圣人之于当世存者乎？其不失可知也。”孔氏在《补注》中阐发道：“下章申言教太子者必慎之于妃匹之始，端之于衽席之上，重之以震夙之礼，又临以师保，佐以圣贤，乃能终以太平，历过其卜。故上陈三代，下究六国，推夫古今兴废之际，未有不得贤而昌，失贤而亡者，系之傅职，以为帝王之极范，储嗣之秉戒。”[①] 将本来选择继承人师友，必须选择圣贤的问题，扩展到“古今兴废之际”的范畴，提出“上陈三代，下究六国”的广大历史时段内，“未有不得贤而昌，失贤而亡者”，将选贤举能提高到事关国家兴亡的高度。

既然要选择圣贤来治理国家，那么选择的标准如何？《大戴礼记·诰志》言：“仁者为圣，贵次，力次，美次，射御次。”孔氏《补注》言：“圣人先德而后爵，尚功而贱艺，故贵不如仁，力不如贵，美不如力，射御不如美也。美谓才美。”[②] 孔广森在这里巧妙地将经文中的递减语句做了一个代换，解释为“圣人先德而后爵，尚功而贱艺”，既强调了传统儒家思想中道德至上的观念，同时也强调了政治能力相比雕虫小技的作用，是一个德才兼备的选拔标准。

孔广森的治国思想与其礼制思想有共通之处，认为治国的法度同样是根据具体情况制定的“损益因时”的措施，特别反对盲目照搬古代经验。《大戴礼记·四代》言：“四代之政刑，君若用之，则缓急将有所不节。”孔广森《补注》言：“四代之法，损益因时，若并用之，则文质宽猛，必不得其中。”即认为上古四代的法度各有具体适用对象，盲目照搬必然不能取得

① 孔广森：《大戴礼记补注》卷三《保傅》，《续修四库全书》第107册，上海：上海古籍出版社2001年版，第544页。

② 孔广森：《大戴礼记补注》卷九《诰志》，《续修四库全书》第107册，上海：上海古籍出版社2001年版，第588页。

良好的效果。他又认为对法度若简单搬用，必将逐渐废弛。《四代》又言："子曰：'心未之度，习未之狎，此以数逾而弃法也。'"《补注》言："于四代之政刑，思之未审，习之未熟，则数过其法"①，认为对于四代的刑政，如不能通过仔细思考和具体的实践检验，即使已经推行，也必然因不切实用而遭到废弃。

孔氏理想的治国思想，即将"进贤退不肖"与"损益因时"结合起来。《大戴礼记·盛德》言："故曰，御者同是车马，或以取千里，或数百里者，所进退缓急异也。治者同是法，或以治，或以乱者，亦所进退缓急异也。"孔广森《补注》阐发道："进贤退不肖，缓刑法，急礼度，所由适于治也，反之则乱。"② 经文认为，治国如同驾车，因进退缓急不同，可能产生完全相反的效果。孔广森则将他的治国思想结合起来，认为只要做到"进贤退不肖"，以及"缓刑法，急礼度，所由适于治也"，便能达到大治的效果。

（四）"阴阳化成，质疑灾异"的自然观

《大戴礼记》中不仅有很多论及礼制、修养、治国的内容，也涉及一些传统儒家不常论及的自然观的内容。孔广森对此亦有许多阐发。

《大戴礼记·曾子天圆》曾对霰、雹两种自然现象的生成作了解释："阳气盛则散为雨露，阴气盛则散为霜雪，阳之专气为雹，阴之专气为霰，霰、雹者，一气之化也。"卢辩注："阴阳在雨，温暖如汤，阴气薄之不相入，转而为雹。阴气在雨，凝滞为雪，阳气薄之不相入，散而为霰。故《春秋穀梁》说曰：'雹者，阴协阳之象；霰者，阳协阴之符也'"，基本是阴阳二气生成的朴素唯物主义自然观。孔广森《补注》则提到："《易·中孚传》：'降阳为风，降阴为雨。升气上，降气微。'是故阳还其风必暴，阴还其雨亦暴。降阳下迎，阴起合和，而阳气自上薄之则为雷，阴阳合和其电燿燿也，其光长而雷阴阴也，温为尊，寒为卑，故尊见卑益自尊，卑见尊益自卑，则寒温决绝矣。"③ 其通过阴阳化成的观念，对雷的生成做了解

① 孔广森：《大戴礼记补注》卷九《四代》，《续修四库全书》第107册，上海：上海古籍出版社2001年版，第582页。

② 孔广森：《大戴礼记补注》卷八《盛德》，《续修四库全书》第107册，上海：上海古籍出版社2001年版，第577页。

③ 孔广森：《大戴礼记补注》卷六《曾子天圆》，《续修四库全书》第107册，上海：上海古籍出版社2001年版，第556页。

释。其中认为“阴阳合和其电燿燿也”，认识到雷的本质是“电”，由阴阳交感而形成；以及发现“其光长而雷阴阴也”，即电光与雷声是雷这种气象的两种表现，因为光速与音速存在差异，人们会先见光而后闻雷声。虽然其中“电”“光”的概念未必严格等同于现代物理学定义，但已对雷的特性有深入的认识。美国的富兰克林在1752年曾通过实验科学地认识到雷电是云中含有的正负电剧烈放电而产生强烈的闪光和剧烈的轰鸣声。而孔广森在相同的时段，通过阴阳交感的传统理论解释雷，能够与现代科学知识部分契合，是十分难能可贵的。

古人常常认为日月食是一种“灾异”，这类自然现象是对人世间政治黑暗的反应。《大戴礼记·诰志》也持此类观点：“古之治天下者必圣人，圣人有国则日月不食。”孔广森在《补注》中则很直接地指出：“日月之道，经纬同度，于是有食，历象之常，可推而知”，认为日月食都是可以通过天文知识推算的自然现象。而对于经文中认为“圣人”会导致“日月不食”的说法，他则给出了比较现实的解释：“然人事愆于下，天谴见于上，则有频食，有不以朔食，有不入交限而食。圣人有国，日月不食者，非无食也。七政顺行，二仪贞明，无不当食而食者耳。”[①] 即认为日月食是客观存在的自然现象，并不因政治好坏而改变，只是圣人在位时，制度运行良好，人们能够准确推算日月食的发生，“无不当食而食者耳”，实际上否定了“天人感应”的观念。

孔广森《大戴礼记补注》作为清代《大戴礼记》新疏，在解经方法方面，校勘文字的成果多为孙诒让、王树楠等学者继承，解释文意较王聘珍言简意赅，考证史实、制度多有心得。在思想成就方面，他在礼制观、修身观、治国观、自然观等问题上有独到的见解。特别是其礼制观中，已经蕴含了后来凌廷堪“以礼代理”观念，开创清代思想转折的萌芽。王文锦先生认为，“王聘珍的《解诂》和孔广森的《补注》，同是研读《大戴礼记》一书不可偏废的注本”[②]；中华书局“十三经清人注疏丛书”，选择的清人《大戴礼记》新疏仅有孔氏《补注》和王氏《解诂》二种，都是《补注》价值最好的说明。

---

① 孔广森：《大戴礼记补注》卷九《诰志》，《续修四库全书》第107册，上海：上海古籍出版社2001年版，第588页。

② 王文锦：《前言》，王聘珍：《大戴礼记解诂》，北京：中华书局1983年版，第10页。

第三节　孔广森的音韵学成就

继明末陈第《毛诗古音考》认识到古今音韵不同，力攻宋儒的“叶韵说”之后，清代的古音研究有了突飞猛进的发展。特别是在古韵研究方面，出现了顾炎武十部、江永十三部、戴震二十五部、段玉裁十七部、孔广森十八部、王念孙和江有诰各二十一部等各有特色的古韵分部方法。孔广森作为其中的一家，取得了许多成就。其音韵学成就，集中于《诗声类》（附《诗声分例》）中。《诗声类》是一部通过归纳《诗经》押韵用字，归纳古韵的著作。该书将古韵分为十八部，并按阴声韵、阳声韵两两相配。书中各部罗列《诗经》所见之字，又辨析其谐声偏旁，列于一部之首。《诗声分例》则是一部归纳《诗经》押韵规律的著作。全书共归纳出通例十门、别例十三门、杂例四门，对于读者了解以《诗经》为代表的古代诗歌音律有一定帮助。前人对孔广森的音韵学成就，做出了不少有价值的研究①。本节将在前人基础上参以己意，分《诗声类》的古韵分部、《诗声类》的“阴阳对转”理论和《诗声分例》对《诗经》韵例的研究三个部分，对孔广森的音韵学成就论述如下：

一、《诗声类》的古韵分部

（一）孔广森古韵十八部概述

清代的古韵分部肇始于顾炎武。顾氏著有《音学五书》，根据《诗经》近两千个押韵字进行归纳，离析《唐韵》以就古音。顾氏将古韵分为东、支、鱼、真、宵、歌、阳、耕、蒸、侵十部。顾炎武在研究观点、材料和方法上开创了上古韵部研究的全新局面，其后上古韵部的研究走上了科学

---

①　仅近年来便有张竹梅：《孔广森“真文不分”刍议》（《江苏大学学报》2005 年第 1 期）、李开：《孔广森古韵冬部独立与〈郭店楚简〉韵例评析》（《古汉语研究》2007 年第 2 期）及陈雪竹：《〈诗声类〉注音考》（《前沿》2005 年第 9 期），分别对孔广森“真文不分”“东冬分立”的主张及《诗声类》注音字及其术语、方法等问题，做了有益的探讨。而台湾学者江美仪：《孔广森之生平及其古音学研究》（台湾师范大学国文学系 2009 年硕士学位论文）一文，按照孔广森《诗经》韵例析要、孔广森古韵分部的成果与检讨、孔广森阴阳对转及通韵说、孔广森的古声调说、孔广森古音十八部拟测等几个方面，对孔广森的音韵学成就做了较为全面的总结，尤为值得重视。

轨道。后人在顾氏基础上不断修正、补充，将韵部越分越细。

顾氏之后对其古韵十部进行补充修正的清代学者有江永分十三部、段玉裁分十七部。江氏和段氏分部有一共同特点，即归纳古韵文韵字和谐声字以得出结果，将古韵分为阴声韵、阳声韵二大类，入声或归入阴声韵部，或独立成部。江永、段玉裁属于“考古派”。

戴震的做法则与考古派不同，将古韵分为阴声、阳声、入声三大类，入声全部从阴声中划分出来，独立成部，分古韵为二十五部。戴氏的做法即在归纳上古韵文和谐声字的基础上，参酌音理，将入声全部独立，形成古韵阴、入、阳三类鼎立的分部方法，称为“审音派”。

孔广森在顾炎武、江永、戴震、段玉裁四家之后，主要采取了考古派的方法，也吸取了审音派的部分成果，在古韵分部及编排次第上做出了新的见解，将古韵分为十八部。

孔广森《诗声类序》云：“书有六，谐声居其一焉，偏旁谓之形，所以读之谓之声。声者，从其偏旁而类之者也。”又云：“窃取李登《声类》之名以名是编。盖文字虽多，类其偏旁不过数百，而偏旁见于《诗》者固已什举八九。苟不知推偏旁以谐众声，虽遍列六经、诸子之韵语，而字终不能尽也。”① 可知孔氏在研究古韵分部时，主要依据《说文》谐声，作为分别古韵部界限的工具。《诗声类》的书名，也是为了彰显谐声偏旁在其古韵研究中的重要地位。

孔广森的古韵十八部每部皆有标目依次为：原类、丁类、辰部、阳部、东部、冬部、绥部、蒸部、谈部、歌部、支部、脂部、鱼部、侯部、幽部、宵部、之部、合部。其韵部命名，大致与《广韵》原韵目相同，唯原、丁、辰、绥四部非《广韵》原有。其原因当是《广韵》原韵目中的元、耕、真、侵四字非《诗经》韵字，孔氏以《诗经》入手研究古韵部，希望在《广韵》同韵部中寻找《诗经》入韵字作为古韵部之名，以达到名实相符的效果。

在韵部的编排次序上，孔广森分列阴声韵和阳声韵，第一至九部为阴声，第十至十八部为阳声，以凸显其“阴阳对转”的理论。通过以上编排，使读者可以一目了然地将第一部与第十部相配，第二部与第十一部相配，

---

① 孔广森：《诗声类》卷一《诗声类序》，北京：中华书局1983年版，第1—2页。

以至于将第九部与第十八部相配，构成“阴阳对转”关系。“阴阳对转”的原理和得失下文将有详细论述，此不赘述。

（二）孔广森古韵分部的成就

孔氏将古韵分为十八部的主张中，最具开创意义的首推“东冬分立”，其次则是“合部独立”及“侯、幽分配入声”，均符合或部分揭示了古韵的实际情况，对后人的研究有所启发。

孔广森在古韵分部上的第一点成就是“东冬分立”，将“冬部”作为独立分部。他提出：“知覃、谈之不可并，而后知侵、覃、凡为一类，谈、盐、舔、咸、衔、严为一类；知冬、钟之不可并，而后知东、钟、江为一类，冬自为一类。”① 他又详细论证道：“《唐韵》平声二冬，上声二肿之半，去声二宋，古音合为一部。其偏旁见于《诗》者，有从冬、从众、从宗、从中、从虫、从戎、从宫、从农、从夅、从宋十类。凡此谐声，而《唐韵》误在他部之字，并当改入。”② 最后得出结论：“今人之混冬于东，犹其并侯于幽也。蒸、侵又之宵之阳声，故幽、宵、之三部同条，冬、侵、蒸散音共贯也。宋儒以来，未睹斯奥，惜哉!”③

孔广森之前的学者如顾炎武、江永、戴震、段玉裁均以《广韵》东、冬、钟、江为同一部。提出“东冬分立”则是孔氏的创举：“冬、钟韵虽悉如本读，犹具胪经证者，以冬、钟之分为二，蒸侵之通为一，皆广森自率意臆见，前所无因。”④ 在孔氏之后，王念孙、江有诰、章太炎、黄侃、王力等学者大都沿袭了这一做法，将东、冬作为独立的两个韵部，逐渐成为学术界的共识。台湾学者陈新雄指出：“孔氏之分东、冬为二部，不但考古之功深；而能利用韵部与韵部之间彼此相配之关系，或彼此相互押韵相通之关系，以说明其分别之界域，此又超出前之所用也。因此甚为当代与后世声韵学家所推崇。”⑤ 其肯定了孔氏东冬分立在考古与审音方面均确有根据。近年来，有学者从郭店楚简出土的八百多支简十八部作品中归纳出，“战国时代冬部分立已成定谳”，“东、冬由西土分，东土少分→继续分部，

① 孔广森：《诗声类》卷一《诗声类序》，北京：中华书局1983年版，第1页。
② 孔广森：《诗声类》卷五《阳声五上》，北京：中华书局1983年版，第15页。
③ 孔广森：《诗声类》卷五《阳声五上》，北京：中华书局1983年版，第17页。
④ 孔广森：《诗声类》卷四《阳声四》，北京：中华书局1983年版，第11页。
⑤ 陈新雄：《古音研究》，台北：五南出版公司1999年版，第107页。

较严格地分部”的结论[①]，进一步证明了“东冬分立”是符合上古韵部的实际情况的。

孔广森在古韵分部上第二点成就则是“合部独立”。孔广森划分古韵为十八部，阴声、阳声各九部，改变了《广韵》将入声与阳声相配的做法，将入声与阴声相配。阴声韵支、脂、鱼、侯、宵、幽、之等部均含有平、上、去、入四声韵，仅有合部是只收《广韵》入声字的韵部，较为独特。

孔氏在《诗声类》中对合部的描述是：“《唐韵》入声二十七合、二十八盍、二十六辑、二十九叶、三十贴、三十一洽、三十二狎、三十三业、三十四乏，古音合为一部。其偏旁见于《诗》者，有从合、从軜、从咠、从巠、从蛰、从立、从及、从业、从邑、从枼、从疌、从涉、从甲、从集十有四类。凡此类谐声而《唐韵》误在他部之字，并当改入。唯与谈、敢、阚以下十八韵可以互收。”其依据是：“辑、合诸韵为谈、盐、咸、严之阴声，皆闭口急读之，故不能备三声。《唐韵》所配三声，唯此部最为近古，其余部古悉无入声，但去声之中自有长言、短言两种读法，每同用而稍别畛域。后世韵书，遂取诸阴部去声之短言者，壹改为诸阳部之入声。”[②]

孔广森的合部与前人比较，是合并段玉裁十七部中第七部、第八部中的入声字而来。陈新雄评价：“孔氏合部，实即将段氏七、八部之入声合并而已。因孔氏以此为九韵之字，在《诗经》中并无与其阳声相押韵者……孔氏因为主张阴阳对转之说，不适当将此九韵视作阴声，以迎合其说。然将段氏入声从七、八二部分出，仍属有见地者。”[③] 孔广森通过考古派的做法，将入声配入阴声，又发现段氏七、八二部入声字未有相配的阴声，故而将其入声字独立出来。其发现入声独立的做法，符合审音派的理论，也符合古韵的实际。唯将七、八部入声合为一部，于理未妥，如能将合部依其平声（侵、谈）分为两部，则更为符合古韵的实际情况。

孔广森在古韵分部上的第三点成就则是侯、幽分配入声。他在《诗声类》中对侯部有以下论述：“《唐韵》平声十九侯、十虞，上声四十五厚、

---

① 参见李开：《孔广森古韵东部独立与〈郭店楚简〉韵例评析》，《古汉语研究》2007年第2期，第37页。

② 孔广森：《诗声类》卷一二《阳声六》，北京：中华书局1983年版，第44页。

③ 陈新雄：《古音研究》，台北：五南出版公司1999年版，第108页。

九麌，去声五十候、十遇，古音合为一部，而转入去声一屋、三烛。其偏旁见《诗》者有……凡此类谐声而《唐韵》误在他部之字，并当改入。"①对于幽部有如下论述："《唐韵》平声二十八幽、十八尤、三宵，上声四十六黝、四十四有、二十九篠，去声五十一幼、四十九宥、三十四啸，古音合为一部，而转入入声二沃。其偏旁见《诗》者有……凡此类谐声而《唐韵》误在他部之字，并当改入。"②

孔氏的做法，系进一步划分了幽、侯二部所配之入声，将入声屋、烛及一部分觉部之字划入侯部，入声沃部划入幽部。这样在"阴阳对转"的理论下，以屋、烛为侯之入，可与东部对转；沃为幽之入，可与冬部对转，显得对应工整，划分有据。陈新雄指出："段玉裁分别侯部与尤部是也，而入声仍未有析。孔氏既别东、冬为二，则与之相承之入声亦别之为二，从韵部相配之观点言，孔氏所分，确有至理。……从东、冬相配观点以分配入声，确较段氏所分为有条理，无怪乎段氏誉之为'如此侯、尤平、入各分二部者，合此则完密无间'，此孔氏之卓识也。"③ 其指出孔氏从"东冬分立"和"阴阳对转"的原则出发，重新划分侯、幽二部的入声，使得其韵部划分整齐有序，符合古韵实际，是孔广森的创见。

（三）孔广森古韵分部的失误

孔氏将古韵分为十八部的做法，可谓颇有创见，但也不乏失误之处，为后人所纠正，其具体表现则为"真、谆不分"和"歌部不配入声"二点。

"真、谆不分"，是孔氏古韵分部第一个存在争议的问题。孔氏之前，顾炎武、江永、戴震等人均将真部与谆部划为一类，而段玉裁已有真、谆分立的看法。孔广森依然坚持真谆不分的主张："迨唐功令以赋取士，病其部狭律严，一切同用，而声学始讹矣。是故……知先、仙之不可并，而后知古音先与真、谆、文、殷、魂、痕为一类，仙与元、寒、桓、删、山为一类"④，将真、谆、文等均并入其划分的真部之中。

孔广森何以要将段氏已经分开的真、谆等部仍然合并为统一的真部，其原因是为了适应其"阴阳对转"理论。阴声韵中有一脂部，则阳声韵中

---

① 孔广森：《诗声类》卷一〇《阴声四》，北京：中华书局 1983 年版，第 31 页。
② 孔广森：《诗声类》卷一一《阴声五上》，北京：中华书局 1983 年版，第 33 页。
③ 陈新雄：《古音研究》，台北：五南出版公司 1999 年版，第 108 页。
④ 孔广森：《诗声类》卷一《诗声类序》，北京：中华书局 1983 年版，第 1 页。

必有一对应的真部，方才能使九部阴声韵、九部阳声韵一一相配，一味地强调古音分部的系统性而忽视了特殊性。特别是《诗经》中的韵例，真、谆分立的数量极多，孔氏为迁就其“阴阳对转”的理论，违背了敏于考古的做法。章太炎先生就曾指出：“孔氏所表，欲以十八部相对，伉叡不踦，有若鱼贯，真谆二部，势不得不合为一，拘首一理，遂令部曲掍淆”①，指出孔氏此处真、谆不分的失误之处。孔氏之后的学者在进行古韵分部时，再没有坚持真、谆不分的。

“歌部不配入声”，是孔氏古韵分部第二个争议较大的问题。孔氏在《诗声类》中对歌部的论述是：“《唐韵》平声七歌、八戈、九麻，上声三十三哿、三十四果、三十五马，去声三十八个、三十九过、四十禡，古音合为一部。其偏旁见诗者，有从可从左从我从沙从麻从加从皮从为从吹从离从罗从那从多从禾从它从也从瓦从呙从化从罢二十类。凡此类谐声而唐韵误在他部之字，并当改入。”② 其中未包含入声。孔氏其余八部阴声韵中均包含入声，唯独歌部是一个特例。

歌部不配入声的做法，顾炎武、戴震已有先例。但孔广森古韵十八部阴声九部中，唯独歌部不配入声，是自乱其例的做法。或者可如审音派，将入声韵部全部剥离；或者可如考古派，建立歌部与入声的联系，其古韵体系将会更加完整协调。

二、《诗声类》的“阴阳对转”理论

“阴阳对转”的理论，最早发源于戴震。戴氏在《答段若膺论韵》中提出：“大著六、七、八、九、十、十一、十二、十三、十四凡九部皆有入声，以金石音喻之，犹击金成音也。一、二、三、四、五、十五、十六、十七，凡八部旧皆无入声，前七部以金石音喻之，犹击石成音也。惟第十七部歌、戈与有入者近，麻与无入者近，旧遂失其入声，于是入声药、铎混淆不分。仆审其音，有入者如阳之气，如物之雄，如衣之表；无入者如气之阴，如物之雌、衣之里。故有入之入与无入之去近，从此得其阴阳、雌雄、表里之相配，而侵以下九部独无配，则以其为闭口音，而配之者则

① 章太炎：《国故论衡》卷上，《章氏丛书》（上），台北：世界书局 1982 年版，第 424 页。

② 孔广森：《诗声类》卷七《阴声一》，北京：中华书局 1983 年版，第 20 页。

微不成声也。”以上所述有入者指阳声韵，即有辅音韵尾的韵；无入者指阴声韵，即无辅音韵尾的韵。戴氏虽未明言阴声韵、阳声韵，但实际上已经将韵部划分为阴、阳二类。戴氏又言：“正转之法有三：一为转而不出类者，脂转皆、之转咍，支转佳是也。一为相配互转，真、文、魂、先转脂、微、灰、齐，换转泰，咍、海转登、等，侯转东，厚转讲，模转歌是也。一为联贯递转蒸、登转东，之、咍转尤，职、德转屋，东、冬转江，尤、幽转萧，屋、烛转觉，阳、唐转庚，药转锡，真转先，侵转覃是也。以正转知其相配及次序，而不以旁转惑之；以正转之同入相配，定其分合，不徒恃古人用韵为正。仆之所见如此，盖援古以证其合易明也，援古以证其分不易明也。”[①] 其中第一类即同一韵部中各韵相转，第三类即阴声韵与阴声韵之间、阳声韵与阳声韵之间主要元音相近而旁转。第二类则指的是同一韵类中，主要元音相同、韵尾不同的阴声韵与阳声韵之间的对转。

在戴氏初步划分阴声韵、阳声韵，以及提出阴声韵和阳声韵可以对转的基础上，孔广森提出了系统的“阴阳对转”的理论。他在《诗声类序》中提出：“窃尝基于《唐韵》，阶于汉魏，跻稽于二雅、三颂、十五国之风，而绎之，而审之，而条分之，而类聚之，久而得之，有本韵、有通韵、有转韵。通韵聚为十二，取其收声之大同。本韵分为十八，而又剖析于敛侈清浊、毫厘纤眇之际，曰元之属、耕之属、真之属、阳之属、东之属、冬之属、蒸之属、谈之属，是为阳声者九；曰歌之属、支之属、脂之属、鱼之属、侯之属、幽之属、宵之属、之之属、合之属，是为阴声九部，此九部者各以阴阳相配而可以对转。”[②] 将古韵整齐地划分为阳声九部、阴声九部，根据阴阳韵部之间声音相近的关系，使阴声韵部与阳声韵部两两相配，谓之“阴阳对转”。

关于“阴阳对转”的方法，孔广森也有相应论述：“入声者，阴阳互转之枢纽，而古今迁变之原委也。举之咍一部而言之，之上为止，止之去为志，志音稍短而为职，由职而转则为证、为拯、为蒸矣。咍之上为海，海之去为代，代音稍短则为德，由德而转则为嶝、为等、为登矣。推诸他部，

---

① 戴震：《戴东原集》卷四《答段若膺论韵》，上海：商务印务馆 1933 年版，第 55—57 页。

② 孔广森：《诗声类》卷一《诗声类序》，北京：中华书局 1983 年版，第 1 页。

耕与佳相配，阳与鱼相配，东与侯相配，冬与幽相配，侵与宵相配，真与脂相配，元与歌相配，其间七音递转，莫不如是。……江左音变而二十五德、二十四职，古合志、代韵者，今为蒸、登之入焉。二十三锡、二十二昔、二十一麦，古合寘、卦韵者，今为青、清、耕之入焉。二十陌、十九铎及十八药之半，古合御、暮韵者，今为庚、唐、阳之入焉。一屋、三烛及四觉之半，古合侯、遇韵者，今为冬、钟、江之入焉。二沃古合幼韵者，今为冬之入焉。五质至十七薛，古合至、未各韵者，今为真、谆以下之入焉。夫六朝之审音者，于古去声之中别入声，亦犹元北曲韵于平声之中又分阴平、阳平耳。倘有执是而呵唐诗不当阴、阳平通押者，其畴不为笑乎。审此则世异音殊，元韵不可合于唐，唐韵自不可合于三代，奚足怪云?”① 入声可以当作“阴阳对转”的枢纽是因为入声收音短促，听觉上与无韵尾的阴声相似，故上古以入声归于阴声；在发音部位上则与阳声相近，故中古以入声入于阳声。孔广森以中古入声与阳声相配，发音较为短促，而上古无入声，中古入声是由阴声韵中读去声者演变而来，基本符合古代语音变化的规律。他将入声作为“阴阳对转”的枢纽，抓住了古音对转中的关键。

对于“阴阳对转”的成因，孔广森的解释是：“分阴分阳，九部之大纲；转阳转阴，五方之殊音”② 认为是方言现象造成了上古音中存在阴阳对转的现象，符合历史实际。王力先生对此尤为肯定：“孔氏把阴阳对转看成方言的现象，尤其正确。这就说明了《诗》韵阴阳对转并不是人为的，而是方言的实际读音。”③ 王力又从语音发展的规律出发进行解释：“阴阳相配是戴震的理论，他的弟子孔广森更进一步发展为‘阴阳对转’的说法。‘阴阳对转’不应该了解为一个字同时有阴阳两读，而应该了解为语音发展的一种规律，即阳声失去鼻音韵尾变为阴声，阴声加上鼻音韵尾变为阳声。前者是比较容易了解的，但后者也并不是不可能的。阳声的失去韵尾，往往先经过鼻化阶段，例如：an→ã→a。昆明话‘单’念 ta，‘身’念 ʃɛ，就是阴阳对转的例子。由 ei 转 en，由 əi 转 ən，也可以认为阴阳对转，因为韵尾-i 是个舌面元音，和-n 的发音部位差不多是对应的。……从谐声偏旁和一声两读，都可以

① 孔广森：《诗声类》卷一二《阴声六》，北京：中华书局 1983 年版，第 44—45 页。
② 孔广森：《诗声类》卷一《诗声类序》，北京：中华书局 1983 年版，第 2 页。
③ 王力：《清代古音学》，北京：中华书局 1992 年版，第 165 页。

证明阴阳对转的道理。”[①] 王力从语音演变的规律出发，说明了韵尾的增加或减少符合汉语语音发展实际，证明了“阴阳对转说”的可信。

通过“阴阳对转”的理论，孔广森构筑出一个分古韵为十八部的体系，也揭示出了“东冬分立”等许多问题，影响到了后人的研究。当代古韵分部比较权威的王力先生，分古韵为十一类二十九部，受到“阴阳对转”较为深刻的影响。不过他将入声韵独立出来，采用阴声韵、入声韵、阳声韵三韵对转；对于某几个韵部不能凑足三韵相配的，也不强求划分出相对韵部与之相配，更加符合上古韵部的实际情况。王力的划分是在发展孔氏“阴阳对转”理论的基础上，使之更加完善。孔氏首先提出“阴阳对转”理论的贡献，是十分宝贵的。

三、《诗声分例》对《诗经》韵例的研究

孔广森对《诗经》韵例的分析集中在《诗声分例》中。对《诗经》韵例进行研究，不仅有助于认识韵文押韵的范式、划分句读，而且是古韵分部的基础。孔氏在《诗声分例》中对其写作目的进行论述：“例之为言也，该乎正以达乎变。变故不穷，正故于穷不可以强通。读十五国、二雅、三颂，而律以唐宋官韵，未有不穷者也。或从而叶之，味其所有韵而强韵其所无韵，又甚不通者也。今之诗主乎文，古之诗主乎歌。歌有疾徐之节，清浊之和。或长言之、咏叹之，参数句而无以韵为；或繁音促奏，至于句有韵字，有韵而莫厌其多。奇者不可偶，偶者不可奇；亏者不可缀，缀者不可亏；离者不可合，合者不可离。错之则变化而无方，约之则同条而有常。是以发其例、引其纲、明其要，斯咏《诗》者之所依蹈，审韵者之所稽校，抑亦属词者之所规效。”[②] 系统论述了《诗经》韵例的形成原因、表现及其功用。孔氏特别将《诗经》韵例的研究作为其古韵分部工作的基础，“苟谓古《诗》韵无定法，将率臆牵析亦何所不可通，此愚治音学所以必先审例为先云”，“欲求古音必先求乎古人用韵之例也”[③]，将《诗经》韵例研究当作音韵学而不是文体学问题。

---

① 王力：《汉语史稿》，北京：中华书局1980年版，第125页。
② 孔广森：《诗声类》附《诗声类序》，北京：中华书局1983年版，第46页。
③ 孔广森：《诗声类》附《诗声类序》，北京：中华书局1983年版，第48—49页。

孔氏对《诗经》韵例的概括非常详尽，其中有通例十门：偶韵例、奇韵例、偶句从奇韵例、叠韵例、空韵例、二句独韵例、末二句换韵例、两韵例、三韵例、四韵例；别例十三门：两韵分协例、两韵互协例、两韵隔协例、三韵隔协例、四韵隔协例、首尾韵例、二句不入韵例、三句不入韵例、二句间韵例、三句间韵例、四句间韵例、联韵例、续韵例；杂例四门：助字韵例、句中韵例、句中隔韵例、隔协句中隔韵例。

孔氏不仅划分了多种韵例门类，而且对每一门类都给予专名，定义清楚明白。对于一诗兼有多种韵例的，如《召南·小星》第一章与第二章兼有“奇韵例”“两韵隔协例”“隔协句中隔韵例”三例，孔氏能够全部举出，不强求归于一种，使读者可以多角度观察韵例。

孔氏研究《诗经》韵例最大的成就，则是将其与古韵部的研究结合起来。他在《诗声分例》中，注意归纳韵字，得出古韵部分类。例如，他在“助字韵例”中提到：“其助字上有韵者，其助字多相同。如此‘之’字虽非正韵，亦可与上‘之’字相协。即有前后各用助字，如‘君子树之，心焉数之’，‘出自口矣，颜之厚矣’者。有两助字隔用，如‘汉之广矣，不可泳思。江之永矣，不可方思’者，其‘思’与‘矣’，‘矣’与‘之’必特用同部之字，要使联而读之，句尾仍自成韵。故《北门》‘天实为之，谓之何哉’，‘为’与‘何’为韵，‘之’与‘哉’亦为韵；《墓门》次章一句用‘止’，一句用‘之’；《正月》八章、《采薇》五章皆三句用‘之’，一句用‘矣’。‘止’字‘矣’字在《唐韵》六止，正七之上声，可通协者也。愚常推此而知《旄丘》‘何诞之节兮，何多日也’，《君子偕老》‘玼兮玼兮，其之翟也’，《遵大路》‘无我恶兮，不寁故也’，‘兮’与‘也’必同为歌麻部字，方可以同作韵句之助，然则古文‘兮’‘猗’同用，‘猗’字读如‘阿’矣。愚更推此而疑‘于嗟麟兮’，未必用‘嗟’字、‘兮’字本句作韵，亦如‘于嗟乎驺虞’之得‘乎’‘虞’自相协欤?”[①] 就将“之”“矣”“哉”“止”“思”等字纳入一个韵部。

孔氏在《诗声分例》中重视通过归纳韵例来区分古韵韵部。例如，在“二句独韵例”中，孔氏认为：“凡通章同韵而首二句独别韵起，此诗之达例，不

① 孔广森：《诗声类》附《诗声类序》，北京：中华书局1983年版，第61页。

可殚述。是以《载驰》首章‘驱’‘侯’自为韵，而‘驱马悠悠’之‘悠’不与‘侯’同部，《小戎》三章‘群’‘錞’自为韵，《楚茨》四章‘熯’‘愆’自为韵，而‘蒙伐有苑’‘徂累孝孙’皆非韵句，不当牵合谓‘文’‘元’可通。若此者弗明矣，古人用韵之法无以辩乎古音之界也。”[①] 通过总结《诗经》多首两句独自为韵的押韵规律，确立了分辨“文”“元”两部的法则。

孔广森的《诗经》韵律研究，不仅总结出了丰富的韵律规律，更能够与音韵研究相结合，作为归纳韵部的依据及区分韵部的法则，与其《诗声类》的内容相得益彰，有许多值得吸取的内容。

孔广森的音韵学研究，将古韵分为十八部，提出了“东冬分立”等有价值的主张；总结出“阴阳对转”的理论，对把握音韵学的研究规律有一定启示；对《诗经》押韵规律有相近总结，并对音韵学研究提供依据，都对清代音韵学的研究做出了不小的贡献。孔广森与顾炎武、江永、戴震、段玉裁、王念孙、江有诰等并列为清代音韵学研究中里程碑式的人物，是当之无愧的。

孔广森除了在公羊学、大戴礼学及音韵学等方面取得了较高的成就，在测算学与文学等方面，也获得了时人极高的评价，本书限于篇幅，暂不涉及这两方面。

孔广森在三十五年短暂的人生中，对小学、经学、数学、文学等多个学术领域均有涉猎，都有较高造诣，十分难能可贵。他作为清代曲阜孔氏学人中成就最高者，是乾嘉学派中的代表人物，得到了当时主流学术圈的认可。罗士琳《畴人传补》对孔广森有如下评价：“顨轩先生生自圣裔，兼有师承，亦乎学贯天人矣。所学《戴礼》《春秋》，兼精通六书、九数，骈体尤似六朝，其所创割圜四例，在明氏捷法未显之先，亦不为无补。其年甫三十，而所学无所不通，一艺之分，他人白首不能到，有闻一知十之诣矣。”[②] 对于孔广森作为曲阜孔氏学人取得的学术成就，罗士琳做出了高度评价。

---

① 孔广森：《诗声类》附《诗声类序》，北京：中华书局1983年版，第61页。

② 罗士琳：《畴人传补》，《续修四库全书》第516册，上海：上海古籍出版社2001年版，第472页。

结论：清代曲阜孔氏家族学术的学术史意义

孔继汾、孔继涵、孔广林、孔广森等清代孔氏学人，在各自的学术领域中均取得了一定的成就。清代曲阜孔氏家族学术在清代学术史中总体而言占有一个怎样的地位，是本书必须要回答的问题。现分为孔氏家族学术与清代家学、对家族文献和阙里文献的总结以及乾嘉学术的重要组成部分三个方面解答如下：

一、孔氏家族学术与清代家学

家学是中国古代一种普遍的文化现象。钱泰吉云："大抵为学必有师承，而家学之濡染为尤易成就。"① 以亲缘关系作为学术传承纽带的家学，因家族内部父兄子弟相互切磋提携、世代传承，易于形成良好的学术传统。中国古代家族学术最为兴盛的是两汉、魏晋南北朝、唐代以及清代四个时期。

西汉武帝独尊儒术之后，经学成为入仕最重要的条件之一。太学中设置"五经博士"，以经学教授弟子，博士弟子成绩优异者可授以官职；中央政府通过察举制选拔人才，设有"明经"科专取通晓经义者。许多士人因通晓经学得以担任地方长吏或中央高官，甚至位至丞相。在利禄之途的吸引下，社会上习经、读经蔚然成风。班固云："自武帝立五经博士，开弟子员，设科射策，劝以官禄，讫于元始，百有余年，传业者浸盛，枝叶蕃滋，一经说至百余万言，大师众至千余人，盖禄利之路然也。"② 两汉经学家虽

---

① 钱泰吉：《曝书杂记》卷中，《丛书集成初编》第57册，上海：商务印书馆1935年版，第48页。

② 班固：《汉书》卷八十八《儒林传》，北京：中华书局1962年版，第3620页。

拥有大量门生，但家族子弟但凡能传承学脉，总会被视为传承所在，加之经学事关利禄，所以经学大师的子孙通常能世守祖业，相传数世不坠而形成家学。赵翼在《廿二史札记》中曾举出孔氏、伏氏、桓氏三家，作为汉代家学的代表：

> 今案周秦以来，世以儒术著者，自以孔圣之后为第一。……自霸至昱，卿相牧守五十三人，列侯七人。计自孔圣后，历战国、秦及两汉，无代不以经义为业，见于前、后《汉书》，此儒学之最久者也。其次则伏氏。自伏胜以尚书教授，其后有名理者，为当世名儒。……此一家历两汉四百年，亦儒学之最久者也。又次则桓荣以宿学授明帝经，封关内侯。……计桓氏经学，著于东汉一朝，视孔、伏二家稍逊其久。然一家三代，皆以明经为帝王师，且至于五帝，则又孔、伏二氏所不及也。[①]

魏晋南北朝时期，由于九品中正制的推行，世家大族世代为官，形成门阀士族制度。士族能够把持政权，并不仅仅取决于政治势力的大小，通过家学教育维持文化上的优势也是十分重要的条件。这一时期官学教育已经衰落，文化士族的家学教育成了最主要的学术传播途径。家学教育的内容，出现了多元发展的趋势。曹魏正始年间，王弼、何晏创立儒道合流的玄学，一度取代了经学在两汉时期思想界的统治地位。琅邪王氏等世家大族，开始沾染玄风。南北朝时，学术则呈现南北分流的特点。南方士族的家学，如琅邪王氏、颍川庾氏、谯郡桓氏、陈郡谢氏等，多传习永嘉东渡后带入南方的玄学；北方士族的家学，如清河崔氏、范阳卢氏、赵郡李氏、荥阳李氏等，依然保持两汉的经学传统。

唐代以后，虽然随着科举制的兴起，世家大族的地位受到挑战，不过士族在唐代仍保有较高地位。关中、山东、江南等地士族，仍通过家学传承保持文化上的优势地位。这一时期的学风，随着孔颖达《五经正义》的编纂推广，呈现出南北合流的趋势。

唐末黄巢起义后，高门士族受到重大打击，一蹶不振。宋代以后，随

---

① 赵翼著，王树民校证：《廿二史札记校证》卷五《累世经学》，北京：中华书局 1984 年版，第 100 页。

着科举制的进一步普及，中国进入了平民社会，能够通过家学传承垄断学术的世家大族不再出现。宋元明时期，虽也存在父子、兄弟之间传习学术的现象，但总体而言家学在学术传承中的地位远远不及前代。

清代考据学风盛极一时，学术研究出现了由“业余性研究”向“专业化研究”的转变[①]。以家族为单位的学术传承，在从事专门化研究时，表现出独特的优势。家学在清代出现了复兴的趋势，如传习《易》学的东吴惠氏家族（含惠有声、惠周惕、惠士奇、惠栋），研究《左传》的仪征刘氏家族（含刘文淇、刘毓崧、刘寿曾、刘师培），研究小学的高邮王氏家族（含王安国、王念孙、王引之、王寿同），研究三礼学的绩溪胡氏家族（含胡匡衷、胡秉虔、胡培翚），以及武进庄存与家族、嘉定钱大昕家族等，都是有代表性的学术家族。

乾嘉年间，孔继汾、孔继涵、孔广林及孔广森等人形成了较为明显的孔氏学人群体，他们之间有确实可考的家学传承关系。当时学者亦能注意到他们的家学传承联系，将这批孔氏学人当作一个整体看待。如江藩在《汉学师承记》中将孔继涵附传于孔广森之后，并明确指出继涵系“广森之叔也”[②]。孙星衍《仪郑堂遗文序》云：“圣人之后，一丧荭谷，再夭顨轩，微言几绝矣。”[③] 卢文弨《与孔荭谷书》称赞“令侄丛伯（孔广林）所梓《郑志》极佳”，向孔继涵“奉求一本”，并请求转达对孔广林的“倾迟之意”[④]。这批孔氏学人的成就得到了学术界的公认。

清代孔氏学人的学术传承以礼学为主线。孔氏家族本来以家族礼乐制度世代相传，到孔继汾撰成《孔氏家仪》《家仪答问》等著作，达到家族礼乐制度研究的一个高峰。而孔继涵、孔广林及孔广森将擅长礼乐制度研究的家学特长与当时乾嘉考据学的方法结合起来，分别取得了一定成就。如孔继涵的《考工记》研究，孔广林的《周礼》《仪礼》研究以及孔广森的《大戴礼记》研究，都是此类研究的代表。这种对礼学研究的传承，显示了

---

① 参见艾尔曼：《从理学到朴学》，南京：江苏人民出版社 1995 年版，第 47 页。

② 江藩撰，漆永祥笺释：《汉学师承记笺释》（下）卷六《孔继涵传》，上海：上海古籍出版社 2006 年版，第 669 页。

③ 孙星衍：《仪郑堂遗文序》，孔广森：《仪郑堂文》卷末，《丛书集成初编》第 77 册，上海：商务印书馆 1935 年版，第 617 页。

④ 卢文弨：《抱经堂文集》卷二十《与孔荭谷书》，《续修四库全书》第 1432 册，上海：上海古籍出版社 2001 年版，第 716 页。

清代孔氏家学的继承性。这批孔氏学人，在继承家学特色的同时，又能结合时代学风和自身特色，开辟新的研究阵地。如孔继涵的水经学、文字学研究，孔广林的郑玄著作辑佚，孔广森的公羊学、音韵学以及测算学研究，都形成了各自的专长，显示了清代孔氏家学的开放性。家学传统因传承性而得到保持，又因开放性而不断发展、与时俱进。

与专治易学的惠氏家族、专治《左传》的刘氏家族以及专治三礼学的胡氏家族相比，清代孔氏家族治学的专门性略有不足。虽然以礼学为特色，但是除孔广森《大戴礼记补注》《礼学卮言》外，其余学人的礼学研究稍嫌薄弱。这是曲阜孔氏家族与清代一流经学世家的差距所在。不过孔氏学人如孔继涵、孔广森大都与戴震存在师友关系，继承了皖派博通群经的学风，并不专主一经。孔广林的《通德遗书所见录》，孔广森的《公羊春秋经传通义》《诗声类》等，在各自的专长上跻身学界前列，为孔氏家族增添了声誉。可谓失之东隅，收之桑榆。

二、对家族文献和阙里文献的总结

曲阜孔氏家族因孔庙祭祀、追溯家族历史和曲阜地方历史的需要，一直保有记载家族礼乐制度、编纂家谱和曲阜地方文献的传统。而清代孔氏学人将这些传统发扬光大，取得了不少成就。

在编纂家族礼乐制度文献方面，清代学者起到了开创性的作用。曲阜孔氏家族的礼乐制度保存的许多古礼，使得乾隆帝驾幸阙里期间对此叹为观止，并命令工匠仿制孔府的礼器。目前已知最早总结孔氏家族礼乐制度的著作肇始于清代。自康熙时孔尚任、孔尚忻分别编纂《圣门乐志》《圣门礼志》之后，清中期孔继汾、孔传铎，清晚期孔令贻、孔祥霖等人，又对二书作了续纂，形成了一个保存此类文献的系统。而乾隆时孔继汾创作了《孔氏家仪》《家仪答问》《匡仪纠谬集》《乐舞全谱》等一系列系统总结家族礼乐制度的著作，特别是《孔氏家仪》在保存古礼的基础上，又能参照事宜，在吉礼、凶礼、嘉礼方面均提出了切实可行的方案，是中国古代大家族家礼的集中代表。

在编纂阙里地方文献方面，清代学者起到了总结性作用。北宋孔传撰有《阙里祖庭记》《东家杂记》二书，开创了记载阙里文献、保存孔子家乡地方史料的先河。此后金代孔环、孔元措，明代孔彦绳等人分别纂有《续编祖庭广记》《孔氏祖庭广记》《增修孔庭纂要》等。明代陈镐编有《阙里志》，清代孔允植重纂，清代孔尚任又撰有《阙里新志》。这些著作或年代久远，不及记载后代事实；或年代较近，但存在种种缺陷。乾隆时期孔继汾在此基础上仿照元马端临《文献通考》编成了洋洋洒洒一百卷的《阙里文献考》，该书在对阙里制度的考证、对孔氏家族著述的考证以及对孔门人物、历代大儒传记的记载方面都有所成就，是迄今为止最为详尽的阙里文献著作。今天许多学者研究曲阜地方史，仍将该书作为重要的参考文献。

在孔氏家族家谱修纂方面，清代学者也作出了重要贡献。孔氏族谱的修纂，相传始于晋佚名《孔氏谱》。后有家藏佚名《孔子家谱》，但只记载历代承袭爵位之宗子，且仅有抄本。至宋代元丰八年（1085 年）四十六代孙孔宗翰编纂《阙里世系》，始收入嫡庶各支，并刊刻分藏族人家中。此后四百年间，虽不乏续纂之人，但一直未有刊刻。直到明天启二年（1622 年）孔允植、孔弘颢修纂《孔子世家谱》时，为避免前代的教训，定下了三十年一小修，六十年一大修的规则。清代孔尚任、孔继汾曾于康熙二十一年（1682 年）和乾隆九年（1744 年）分别主持续修过两次。嘉庆、同治时因家族财力不足未能续修。现存流传最广的《孔子世家谱》是民国二十六年（1937 年）孔德成主持修纂的。该谱是孔氏家谱乃至中国家谱中部头最大、体例最为完善的，是以乾隆九年（1744 年）谱为基础续修而成。清代《孔子世家谱》的修纂，起到了承前启后的作用，为最为完善的孔德成谱提供了条件。由于清代孔氏家族人丁日众，修纂全谱之外，各宗支谱的编纂也较为盛行，如孔继汾编有《孔氏大宗支谱》、孔昭焜编有《孔氏炊经堂支谱》等，丰富了孔氏家谱的种类。

孔氏家族作为中国历史上传承最久、繁衍最广的家族，曲阜作为孔子的故乡，在中国历史上都具有特殊地位。编纂孔氏家族文献以及阙里地方文献，不仅有利于研究孔氏家族历史和曲阜地方史，也对研究中国古代文化具有重大意义。清代曲阜孔氏学人在编纂这两类文献方面作出了总结性的贡献，是孔氏家学中最有家族和地方特色的部分。

三、乾嘉学术的重要组成部分

清代学术极盛于乾嘉时期，乾嘉学术发源于长江以南的苏州与徽州。“此后南方有两派，一在苏州成汉学家；一在徽州，则由宋学而兼汉学。”①在苏州者，即以惠栋为代表的吴派；在徽州者，即以戴震为代表的皖派。

① 章太炎：《清代学术之系统》，章太炎、刘师培：《中国近三百年学术史论》，上海：上海古籍出版社 2006 年版，第 33 页。

二派共同成为乾嘉学派的主流。而乾嘉学派作为清代影响最大的学派，并不是局限于吴、皖二地，而是扩展到全国多个省份。章太炎论及乾嘉学术的传播时提到："清代经学，自分布之地域观之，最先为苏州（后又分出常州一支），次徽州，又次为扬州，浙江在后。其在山东，则有孔广森及桂馥。在广东，则有侯康，讲《穀梁》；又有陈澧，亦是汉宋杂糅者。余如四川、两湖亦有经学家。唯有一处纯为宋学、绝对不受汉学影响者，即江西是也。"[①] 苏州、徽州作为乾嘉学派的发源地，可谓乾嘉学术的原生型地区；而扬州、浙江、山东、广东、两湖、四川等地的乾嘉学术，则主要受到吴、皖二地的影响，属于乾嘉学术的次生型地区。

曲阜孔氏学人对乾嘉学派在山东的传播，起了相当大的推动作用。刘师培言："时山左经生有孔继涵、孔㢲轩，均问学于戴震，㢲轩于学尤精，兼工俪词。嗣栖霞郝懿行互阮元门，曲阜桂馥亦从元游，故均治小学。"[②] 在刘氏提到的乾嘉时期影响最大的四名山东学者中，孔继涵、孔广森这两位孔氏学人占了一半。

在治学的深度与广度上，以孔广森为代表的曲阜孔氏学人取得了极大的成就。皮锡瑞云："国朝经师，能绍承汉学者，有二事。一曰传家法……一曰守专门。"在"传家法"条下，皮氏提到"王念孙师戴震，传子引之，孔广森亦师戴震"；在"守专门"下，皮氏提到"阮元云：'张惠言之《虞氏易》，孔广森之《公羊春秋》，皆孤家专学也'"。而皮氏举例之外，孔继涵及其子广栻、广根，也受到戴震很大影响，能传承皖派家法。孔广森之《诗声类》《大戴礼记补注》，亦属于音韵学、大戴礼学方面专门之学。"传家法则有本原，守专门则无淆杂。"[③] 正因为以孔广森为代表的曲阜孔氏学人能继承以皖派主流学术，又能在《公羊传》等专经上自成一家，在治学深度上，在清代学术中占有一席之地。

皮氏又言："国朝经师有功于后学者有三事。一曰辑佚书……一曰精校

---

① 章太炎：《清代学术之系统》，章太炎、刘师培：《中国近三百年学术史论》，上海：上海古籍出版社 2006 年版，第 36 页。

② 刘师培：《近儒学术统系论》，章太炎、刘师培：《中国近三百年学术史论》，上海：上海古籍出版社 2006 年版，第 149 页。

③ 皮锡瑞著，周予同注释：《经学历史》，北京：中华书局 2004 年版，第 233—234 页。

雠……一曰通小学。”在通小学之下，皮氏举例有：“顾炎武《音学五书》，始返于古，江、戴、段、孔，益加阐明，是为音韵之学。”[①] 皮氏所举例子之外，辑佚书方面，孔广林有《通德遗书所见录》，与黄奭、袁钧同为清代辑佚郑玄著作成就较高者；精校雠方面，孔继涵曾为戴震刊刻《算经十书》《戴氏遗书》，又曾刊刻赵岐《孟子注》、杜预《春秋长历》《春秋土地名》、张参《五经文字》、唐玄度《九经字样》、宋庠《国语补音》、赵访《春秋金钥匙》等多种古书，其中不乏校勘精良的善本。孔氏学人以一家之力，而能兼有乾嘉学者的三大长处，在治学广度上，在清代学坛上是不多见的。

吴、皖两派，在乾嘉学派中起源较早、成就最高，占据了清代学术的最高峰。但二派的分布限于江南一隅，如果没有山东、广东、四川等其他地区的补充，乾嘉学派是否能成为清代具有全国影响力的学派，还要打上问号。以孔继涵、孔广林、孔广森为代表的曲阜孔氏学人，在治学的深度和广度上，继承了皖派汉学的精髓，达到了相当的高度。清代孔氏家学为山东成为仅次于苏州、徽州的学术发达地区，充当了乾嘉学术板块上不可缺少的一块拼图，作出了重要贡献。

中国学术史的发展，在每一时代均呈现出不同的特色。曲阜孔氏学人作为圣人的后裔，在学术传承特别是儒学传承方面，存在独特的家族意识。如孔继汾认为，“自先圣删述六经以垂教万世，而后代之言六艺者必折中于孔子……后之子孙守而弗失，凡有著作，类不敢骛隐怪而背遗经，家乘所传章句可考也。顾守道之儒抱经术，博雅之士尚文章，志趣既殊，宗旨亦异，而要以不诡于圣人之训而止”[②]，以对孔子学说“守而弗失”作为己任。而每一时代孔氏学人所传承的先生之学，大都能与时代风貌保持一致。如战国时代孔伋（子思）开创思孟学派，提倡心性之学；西汉时期孔安国整理孔壁遗文，开创古文经学；唐代孔颖达编纂《五经正义》，采南补北融合汉魏经学，均能引领一代学术潮流，为儒学的传承做出独特贡献。宋元明之后，孔氏家学经历了长期的低潮。清代孔氏学人能够保存发展以孔子为代表的儒家学说，跻身考据学主流，重新站在时代前列，完成了独特的家族使命。

---

① 皮锡瑞著，周予同注释：《经学历史》，北京：中华书局 2004 年版，第 241—242 页。

② 孔继汾：《阙里文献考》卷三十一《孔氏著述第十一》，《续修四库全书》第 512 册，上海：上海古籍出版社 2001 年版，第 166 页。

附录：清代曲阜孔氏学人著述汇录

一、经部（存68种，不全2种，未见11种，凡81种）

易类

《周易注》十二卷，存。汉郑玄撰，清孔广林辑。广林原名广枋，字丛伯，号幼髯，自号赘翁，继汾长子，孔子七十代孙，署太常寺博士。是书据《中国丛书综录》著录。郑玄《周易注》，《隋书·经籍志》作九卷，《七录》十二卷，新、旧《唐书》《经典释文》并十卷。原书早佚。宋王应麟、清惠栋、袁钧、黄奭等均曾辑佚，不及广林此书完备。广林一生专治郑学，辑录郑玄佚注，凡十八种，七十二卷，名曰《通德遗书所见录》，此书即其一也。是书有清光绪十六年（1890年）山东书局刊《通德遗书所见录》本、国家图书馆藏清抄《郑学十八种》本及北京大学图书馆藏清抄《郑学十八种》本等。

《大易中庸一贯图心性等论》九篇，未见。清孔衍樟撰。衍章字载远，孔子六十五代孙，康熙五十九年（1720年）举人，以孝闻。是书《续修县志》《著述记》俱著录，今未见传本。

《周易卮言》一卷，存。清孔广森撰。广森字众仲，一字撝约，号顨轩，继汾次子，孔子七十代孙，乾隆三十六年（1771年）进士，官翰林院检讨。此书系将孔广森《经学卮言》卷一析出编入《无求备斋易经集成》丛书者。《经学卮言》，群经总义类有著录。是书有1976年台湾成文出版社《无求备斋易经集成》本。

《简贯易解》四本，未见。清孔庆翰撰。庆翰字芸阁，号励臣，孔子七十三代孙，官从九品。是书据《续修县志》《孔子世家谱》著录，今未见传本。

书类

《尚书注》十卷，存。汉郑玄撰，宋王应麟辑，清孔广林增订。广林有辑《周易注》，本部易类已著录。是书《中国丛书综录》《山东文献书目》等著录。广林《叙录》称："其书凡三十四篇，并序为三十五。……《史志》则并云《书注》九卷，未审谁氏所定，其如何别卷亦不可考，因以己意分之，而以《书赞》别为一卷附其后，凡十卷云。"是书有《通德遗书所见录》本、《学津讨原》本、《郑学汇函》本、《丛书集成初编》本、国家图书馆藏清抄《郑学十八种》本以及北京大学图书馆藏《郑学十八种》本等。

《尚书大传注》三卷，存。汉郑玄撰，清孔广林辑。是书《山东通志》、稿本《续修四库全书提要》等皆著录。其书无序例，卷一、卷二为传注，卷三为略说，末附序目，分篇悉依《隋志》之旧。广林《叙录》云："郑君序《大传》云凡四十一篇，玄诠次为八十三篇，盖注文繁多，编简积重，每篇分为上下，凡八十二，加《序目》为八十三。"其所引传注，俱注出处。清陈寿祺辑《尚书大传》多从此书。是书有清光绪十六年（1890 年）刊《通德遗书所见录》本、国家图书馆藏清抄《郑学十八种》本以及北京大学图书馆藏《郑学十八种》本等。

《尚书中候郑注》五卷，存。汉郑玄撰，清孔广林辑。是书《山东通志》、稿本《续修四库全书提要》、《中国古籍善本书目》等皆著录。广林是书依《隋志》分作五卷。其中不能考知应附何篇者凡七条，另录于后。其篇目出处，详注书后，唯《题期》《立象》二篇无注。广林《叙录》称："《中候》文及郑君《注》，散见群籍，亦尚可窥其大略，特篇次先后不可复考。"是书有清乾隆刊本、嘉庆八年谢震采赤山房刊本、《通德遗书所见录》本、《学津讨原》本、国家图书馆藏清抄《郑学十八种》本、北京大学图书馆藏《郑学十八种》本以及上海图书馆藏赵之谦批清抄本等。

诗类

《毛诗谱》一卷，存。汉郑玄撰，清孔广林辑。是书据《中国丛书综录》著录。广林《叙录》称："讫于今所可见者，唯《诗正义》所载十六《谱》并《谱序》一篇，而旁行之《谱》则亡，又皆仲达节录，故他处《正义》及《释文》诸所引者，多出十六篇之外，亦不复能寻文叙人矣。《释文》引《谱》云：孟仲子，子思之弟子。解延年，齐人。然则《谱》风、雅、颂而外，必尚有师授源流谱，前籍无闻，不敢臆为之说。”是书有《通德遗书所见录》本、《学津讨原》本、国家图书馆藏清抄《郑学十八种》本、北京大学图书馆藏《郑学十八种》本、福建省图书馆藏《郑学十八种》本等。

《诗声类》十二卷、《诗声分例》一卷，存。清孔广森撰。广森有《周易卮言》，本部易类已著录。是书《清志》及《补编》《山东通志》《续修县志》《著述记》《贩书偶记》《续修四库全书提要》《中国丛书综录》等俱有著录。孔氏《诗声类》卷一称：“旁征博验，疏通证明，即《唐韵》以为柢，指《毛诗》以为正，所因所革，总而录之，窃取李登《声类》之名以名。”全书根据戴震把各韵部分成阴、阳两大类的理论，不分唇、舌、喉、齿、牙，唯言偏旁，将古韵分为阳声部类：原、丁、辰、阳、东、冬、緅、蒸、谈九类，阴声部类：歌、支、脂、鱼、侯、幽、宵、之、合九类，凡十八部，为后代研究各部之间的关系做了准备。李慈铭《越幔堂读书记》云：“是编近时上虞朱亦栋、当涂夏燮颇讥之。今览其书，推之于后往往未见其密，而论三代秦汉古音，实为独得要领。”《诗声分例》含通例十门、别例十三门、杂例四门，罗列《诗经》里各种押韵格式，区别于近体诗，以避免读者产生误解。是书有清乾隆五十七年（1792 年）《顨轩孔氏所著书》本、《皇清经解续编》本、《曲阜郑氏遗书》本、《仲轩群书杂著》本及民国十三年（1924 年）渭南严氏刊本等。台湾新文丰出版公司《丛书集成三编》本据渭南严氏本影印，中华书局 1982 年《音韵学丛书》、上海古籍出版社 2001 年《续修四库全书》均据《顨轩孔氏所著书》本影印。

《诗经古韵》四卷，存。清孔继堂撰。继堂字廉甫，号恕斋，孔子六十九代孙，诸生。是书《贩书偶记续编》著录，有北京大学图书馆藏稿本、山东省图书馆藏稿本等。

《诗述》十卷首二卷，存。清孔继堂撰。是书《中国古籍善本书目》著录南开大学图书馆藏抄本。

周礼类

《答周礼难》一卷，存。汉郑玄撰，清孔广林辑。广林有辑《周易注》，本部易类已著录。是书据《中国丛书综录》著录。辑佚郑玄《答临孝存周礼难》，除广林之外，尚有袁钧、黄奭、王仁俊等人，皮锡瑞撰有《疏证》一卷。是书有清光绪十六年（1890 年）山东书局刊《通德遗书所见录》本、《学津讨原》本、国家图书馆藏清抄《郑学十八种》本、北京大学图书馆藏《郑学十八种》本、福建省图书馆藏《郑学十八种》本等。

《考工车度记》一卷，存。清孔继涵撰。继涵字体生，又字（言甫）孟，号荭谷，别号南洲，衍圣公孔毓圻孙，孔子六十九代孙，乾隆三十六年（1771 年）进士，官户部河南司主事，充《日下旧闻》纂修官。是书《续修县志》《著述记》有著录。《中南西南地区省市图书馆藏古籍稿本提要》著录重庆市图书馆藏民国后思适斋红格抄本，又有山东省图书馆藏民国二十三年（1934 年）山东省立图书馆抄本。

《补林氏考工记》一卷，存。清孔继涵撰。是书《双行精舍书跋辑存续编》著录，有山东省图书馆藏民国二十三年（1934 年）山东省立图书馆抄《红榈书屋未刻稿》本。

《周官肊侧》六卷叙录一卷，存。清孔广林撰。广林有辑《周易注》，本部易类已著录。是书《清志》《续修县志》《著述记》《阙里孔氏诗抄》《山东通志》等著录。《自序》云："乾隆甲午家大人将校《十三经》定本，刊藏敦本家塾，先刊梓《周官》经，广林奉命校雠，于订正脱讹外，更参考义训，有疑者窃以己意测之。"是书有曲阜文管会藏稿本、清光绪十六年（1890 年）山东书局刊《孔丛伯说经五稿》本、上海古籍出版社《续修四库全书》影印本等。

《周官联事》二卷，未见。清孔广栻撰，广栻字伯诚。号一斋，继涵长子，孔子七十代孙，乾隆四十四年（1779 年）举人。是书《续修县志》《著述记》皆著录，今未见传本。

仪礼类

《丧服变除》一卷，存。汉郑玄撰，清孔广林辑。广林辑有《周易注》，本部易类已著录。广林《序录》云："今存者无几，而于既袭三称，乃云：扱上衽，即与戴传云：始死扱上衽不同，则其它不合者，盖亦多矣。惜不可得见其全也。"是书有清刊《通德遗书所见录》本、国家图书馆藏清抄《郑学十八种》本、北京大学图书馆藏《郑学十八种》本、福建省图书馆藏《郑学十八种》本等。

《仪礼肊测》十七卷《叙录》一卷，存。清孔广林撰。广林辑有《周易注》，本部易类已著录。是书《清志补编》《续修县志》《著述记》皆著录。广林《自序》云："校《周官》毕，即从事《仪礼》，勘磨之下，恨不得唐宋以前诸家注说，一为互证，凡有疑义，则不自揣，以所肊测之，得若干条。笔而存之，仿郑君目录，而为之录，每篇之断章分节附注焉。"是书有曲阜文管会藏稿本、道光家刻本、清光绪十六年（1890 年）山东书局刊《孔丛伯说经五稿》本、上海古籍出版社《续修四库全书》影印本等。

《仪礼士冠礼笺》一卷，存。清孔广林撰。是书据《山东通志》《中国丛书综录》著录。《续修县志》《著述记》皆作《士冠笺》一卷。广林《自识》云："自既冠即研究淹经，仿郑笺《毛传》为《仪礼笺》。增所未备，申所未显，更辨其所可疑，而《经》中仪节及礼辞之未具者，参考互证，亦补于篇。䌷绎有年，具皆草创，不意《士冠礼》甫脱稿，遭家多故，遂中辍。岁月蹉跎，至今年近七十，乌能复理前业为哉。兹录所成《士冠笺》一篇，附《说经五稿》之后，示此以示儿曹。"是书有曲阜文管会藏稿本、《孔丛伯说经五稿》本等。

《仪礼器制改释》五十八卷，不全。清孔广森撰。广森有《周易卮言》，本部易类已著录。是书《中国古籍善本书目》著有曲阜文管会藏稿本，书存一至四十九卷，八册，行字数不一，无格。

礼记类

《礼记摘藻》一卷，存。清孔传铎撰。传铎字振路，号牗民，又号静远，别号红萼主人，孔毓圻长子，孔子六十八代孙，雍正元年（1723 年）袭封衍圣公，诰授光禄大夫。是书《山东通志》《曲阜志》《阙里文献考》《著述记》等皆著录，有中国科学院藏清刻后印本一册。

《礼记注疏补缺》一卷，存。清孔广森撰。广森有《周易卮言》本部易类已著录。是书《中国古籍善本书目》据曲阜文管会藏稿本著录，一册，行格、字数不一。

大戴礼类

《孔子三朝记大戴礼疏》八卷，存。北周卢辩原注，清孔广森补注、洪颐煊增注、周寿彝汇参。广森有《周易卮言》，本部易类已著录。是书《中国科学院图书馆藏中文古籍善本书目》著有中国科学院图书馆藏清稿本，二函八册。

《大戴礼记补注》十三卷《序录》一卷，存。清孔广森撰。是书《清志》《山东通志》《续修县志》《著述记》《郑堂读书记》等皆著录。孔广森以《大戴礼记》，文句伪互；卢辩之注，词旨简略，辄为补注。卷一、卷二、卷七、卷九、卷十二凡五卷，旧注既逸，稍加己意，备其训诂，并为之序录一篇冠于前。书成孔广森即殁，稿藏于家，至乾隆五十九年（1794年），其弟广廉始付诸梓，阮元为之序。《郑堂读书记》云："大抵博稽群书，参会众说，申裨其意，兼规其失，使二千余年古经传复明白于世，较之卢抱经、戴东原合校订本，弥觉用力勤而为功钜矣。"初版为清乾隆五十九年（1794年）《顨轩孔氏所著书》本，另有扬州书局本。收入《皇清经解》《畿辅丛书》《陶庐丛刻》《丛书集成初编》《国学基本丛书》《丛书集成新编》《续修四库全书》等丛书。

《大戴礼管笺》十三卷《首》一卷，存。清孔广森补注，丁宗洛笺。是书国家图书馆藏有清道光十八年（1838年）海康丁氏刻本。

三礼总义类

《鲁礼禘祫义》一卷，存。汉郑玄撰，清孔广林辑。广林辑有《周易注》，本部易类已著录。是书据《中国丛书综录》著录，有清光绪十六年（1890年）山东书局刊《通德遗书所见录》本、国家图书馆藏清抄《郑学十八种》本、北京大学图书馆藏《郑学十八种》本、福建省图书馆藏《郑学十八种》本等。

《三礼目录》一卷，存。汉郑玄撰，清孔广林辑。是书据《中国丛书综录》著录。广林《谨案》云："《录》者，录经题之义例；《序》者，序训故之指归。《录》在《目》下，《序》则弁端，知《三礼目录》七十二篇前，冠《礼序》以总汇之，《序》与《录》故毗连焉，特以目录标题耳。"有清刊《通德遗书所见录》本、国家图书馆藏清抄《郑学十八种》本、北京大学图书馆藏《郑学十八种》本、福建省图书馆藏《郑学十八种》本等。

《孔氏家仪》十四卷、《答问》四卷，存。清孔继汾撰。继汾字体仪，号止堂，衍圣公传铎第四子，孔子六十九代孙，乾隆十二年（1747年）举人，官户部主事。是书《贩书偶记》等著录。此书曲阜师范大学图书馆藏有乾隆三十年（1765 年）刊本，前有钱塘江衡《序》后有继汾《自序》。江衡《序》云："自汉至我朝，诸儒辈出，则有《家诫》《家训》《家仪》《家范》诸书，皆修明先师之教也。而朱子《家礼》，尤为圭臬，遥乡僻壤，悉宝是书。然为村学究所改窜，往往遗误后人。阙里孔止堂忧之，检巡家牒，核诸礼经，验所已行不悖先师之教者，条句而件系之，名曰《孔氏家仪》。予以顽钝陋质，岁在壬午，获登诗礼之堂，因读是书，而知止堂无负也。止堂著有《阙里文献考》若干卷，进呈御览，复辑家礼，达于冠婚、丧祭，使四方讲礼者，得有所折衷焉。有为之说者日著，诚去伪礼之经也。是'仪'也，不可谓'礼'。止堂亦谦不自信，辄更名其书曰《孔氏家仪》。继汾自谓'既冠以后，迄今二十年中，涉阅吉凶诸事变易已非一端，其变而从古者故多，变而从俗者亦时不免。窃有志焉。欲及今犹有可以考见先型者，编为一书，俾子孙知所守法'。"此书撰毕后又著《答问》四卷。其书卷一为《总序》与《答吉礼》，共十六章；卷二、卷三为《答凶礼》，共三十三章；卷四为《答嘉礼》，共十二章。又续篇上《答吉礼》九章，续篇中《答凶礼》十六章，续篇下《答嘉礼》一章，外篇《答殇服》四章。是书有清乾隆三十年（1765 年）孔氏家刻本、1989 年《孔子文化大全》影印本等。

《阙里仪注》三卷，存。清孔继汾撰。是书曲阜师范大学图书馆等藏有乾隆刻本，分为上、中、下三卷，半页十行、行十九字，满格二十，左右双边，黑口。前有继汾乾隆三十四年（1769 年）序。内题"孔子六十九代孙承德郎原任户部广西清吏司主事继汾敬录"。《贩书偶记》、稿本《续修四库提要》俱著录。继汾《自序》云："上年继汾撰次《劻仪纠谬集》成，宗子采用其说，更正时享之期与释奠。异日，因大薄正祭器，丰其物品，考其剂量俎豆间，孔庶孔硕，郁郁乎盛矣。继汾复进而言曰：'仪注尚无成式，宜审定校刊，以资赞唱。'宗子曰'善'。继汾乃考旧仪，删繁正误，为《仪注》十有五篇。（上卷：《释奠》四篇、《释菜》两篇，为《仪注》上；中卷：《时享》三篇、《常荐》三篇、《诞辰》一篇、《墓祭》一篇；《行香》《告祭》及各书院总载一篇，为《仪注》下）并取祭品、祭器，撮其大要，别叙品式六篇，以附其后。（下卷：祭品、祭器，分总载，《释奠》《释菜》《时享》《常荐》，又林庙及书院等祭，总载六篇）请宗子付典籍官，俾生徒卒业焉。据本书。"是书有清乾隆三十四年（1769 年）孔氏家刻本。

《劻仪纠缪集》三卷，存。清孔继汾撰。是书《曲阜志》《著述记》《贩书偶记》及稿本《续修四库提要》等皆著录。继汾《自序》云：“继汾自幼年入庙，考询名物，究厥本原，往往有疑而未安者，退而参诸经籍，证以宪章，得失昭然判也。间一就正于宗耆族彦，幸闻者不甚以为非，而宗子亦乐从其说。如迎神送神，不参以俗乐；崇圣、启圣，并先大成；酌献、墓祭，不用中元；常荐，省腊八而增岁暮；释奠，香帛特送庙庭不入粢盛之数。凡此之类，皆以见诸施行，且属以发凡起例，遂竟所欲言，以资商榷。用是，缘宗子之意，着为此《集》，名曰《勖仪纠谬》。随事论列，得若干条。其中未更正者，故直抉舛误，即已更正者，亦必仍详故事。兹事体大，恐所论尚未尽，他日续有所得，须别录以附其后。故书无体例，不加诠次，第约为三卷。一曰《祭仪》，凡四十一条。二曰《祭品》凡二十一条；三曰《祭器》，凡十二条，又附论八条，以综其大要云。据本书。”是书有乾隆三十四年（1769 年）孔氏家刻本。

《丧服表》一卷附《殇服表》一卷，存。清孔继汾撰。是书中国科学院图书馆藏有清光绪元年刻本，内题“阙里孔继汾辑，永康胡凤丹月樵甫校刊”。有光绪元年（1875 年）胡氏退补斋刻本，《续修四库全书》据此影印。

《文庙礼器图示》一卷，存。清孔继汾撰。是书国家图书馆藏有清同治六年（1867 年）上浣瑞麟刻本，一册，十二行二十四字，白口，四周花边。书名页题“同治六年重镌”，有“定远湖氏珍藏书画”印。

《读礼偶识》一卷，存。清孔继涵撰。继涵有《考工车度记》，本部周礼类已著录。是书《北京大学图书馆藏古籍善本书目》著有清孔氏藤梧馆稿本一册。

《禘祫觿解篇》一卷，存。清孔广林撰。广林辑有《周易注》，本部易类已著录。是书《清志》、《山东通志》、《续修县志》、《著述记》、稿本《续修四库提要》等皆著录。此书为《孔氏说经稿》之四。广林《叙》云：“祭之别十有二，其尤汨乱分拿，胶轕而不可解者，莫甚‘禘祫’之说，考诸《戴记》，证以《三传》，而折衷于《周官》经，笔为《解》二十篇。‘觿解’者何？取解结之义。”是书有光绪十六年（1890 年）山东书局刊《孔丛伯说经五稿》本、曲阜文管会藏稿本等。

《明堂亿》一卷，存。清孔广林撰。是书《清志》《山东通志》《续修县志》《著述记》皆著录。此书为《孔丛伯说经稿》之五。凡四十三条，逐条设问，而称“广林亿”以明之。二十四条，附图一；三十条，附图二。广林《叙》云："魏晋以后，南齐、梁、隋议'明堂'者独众，而九室五室，讫未有能出汉儒之范围者，用是䌷绎遗经，独辟新意，与仲弟广森朝夕考证，亿其规制，虽于古制未敢谓不差絫黍，而以校汉魏齐梁隋唐诸家所说，倘或得之。"是书有光绪十六年（1890年）山东书局刊《孔丛伯说经五稿》本、曲阜文管会藏稿本等。

《吉凶服名用篇》八卷《叙录》一卷，存。清孔广林撰。是书《山东通志》《续修县志》《著述记》等著录。此书为《孔氏说经稿》之三。凡《冠冕》：一、《冕服》；二、《裘服》；三、《下服》；四、《妇服》；五、《凶服》；六、《吉服用事》；七、《凶服用事》；八、末为《自叙》。《自叙》云："乾隆辛卯。仲弟广森以所辑《礼服释名》问于余。余嘉其用意之勤，而惜其未能该洽，用是反复经传，（䌷）绎注疏，通修吉凶衣服，多为八篇。取《周官司服》，辨其名物与其用事之文，题曰：《吉凶服名用篇》。"是书有光绪十六年（1890年）山东书局刊《孔丛伯说经五稿》本、曲阜文管会藏稿本等。

《孔氏敦本堂祠墓时仪注》不分卷，存。清孔广林撰。是书有清道光刊本，不署作者姓名。书后有其孙孔宪璜《识语》，云："先大夫所著《敦本堂祠墓仪注》，析《时祭》《常荐》《告祭》《墓祭》《祠墓事宜》，凡为五。原本《三礼》，参以时宜，斟酌尽善。我敦本子姓奉为矩矱，罔敢陨越焉。向惟谨藏先大父自缮本，手泽所遗，日事翻阅，窃以为非珍秘之道，更恐历久，或有阙轶，无所遵循，蔑礼滋惧矣。爰付剞劂，俾垂永久。道光丁未季夏孙男宪璜谨识。"兹据著录。此书《山东通志》《续修县志》《著述记》《山东文献书目》皆无载。是书有道光二十七年（1847年）家刻本。

《礼学卮言》六卷，存。清孔广森撰。广森有《周易卮言》，本部易类已著录。是书《郑堂读书记》《书目答问》《清史稿·艺文志》著录。孔广森"三礼"之学，尤号专门，故而将相关内容由《经学卮言》中提出，别自为书。全书六卷，计《仪礼庙寝异制图说》《匠人世明堂图解》《辟雍四学解》一卷，《论谛》《论郊》《九庙辨》《五门考》《军乘考》《礼服释名》一卷，《周礼杂义》一卷，《仪礼杂义》一卷，《小戴礼记》一卷，《周礼郑注蒙案》一卷。《郑堂读书记》云："其书如《周礼古义》，可补王氏《汉制考》、惠氏《礼说》之阙；《仪礼》诸条，足证《贾疏》望文生解之失；《小戴杂义》，亦所以补《孔疏》之不及。盖非精研郑学，不能如此精博也。"

此书有清嘉庆十八年（1813 年）《羿轩孔氏所著书》本、《皇清经解》本（道光本、咸丰补刊本、鸿宝斋石印本、点石斋石印本）、《指海》本（道光本、影道光本）、《续修四库全书》本（据《羿轩孔氏所著书》本影印）等。

乐类

《大成乐律全书》一卷，存。清孔贞瑄撰。贞瑄字璧六，一字用六，号聊园，一号历洲，晚号聊叟，孔子六十三代孙，顺治十七年（1660 年）举人，官大姚知县。是书北京大学图书馆藏有清康熙刻本，半叶十一行、行二十二字，白口，左右双边。书题“孔贞瑄历洲纂”。内有《大成乐律全书序图说》、《操缦新说》、《先儒要旨》（附淄川唐赓尧《原论》）、《瑟谱客窗夜话》（附康熙辛未仲夏溪阳范承都《序》）、《瑟筝通论》等内容。前有瀛洲宫梦仁（定山氏）《原序》、康熙癸巳清和中浣侄尚先《重订大成乐律序》并《再识》、辽海宋义立（敬止）《原序》。是书有康熙五十二年（1713 年）刻本、1997 年齐鲁书社《四库全书存目丛书》影印本、2002 年上海古籍出版社《续修四库全书》影印本等。

《圣门乐志》一卷，存。清孔尚任撰，孔尚忻编。尚忻字霁窗，孔子六十四代孙，恩贡生，官四氏学录。是书《中国古代音乐书目（初稿）》据中央音乐学院中国音乐研究所藏清康熙间刊本著录，单题孔尚任辑；《山东通志》《曲阜志》《阙里文献考》《著述记》著录此书，单题孔尚忻编。是书有清康熙间刻本、光绪四年（1878 年）孔宪兰校刊本等。

《圣门乐志》一卷，存。清孔尚任原纂，孔继汾原录，孔宪穀重录。继汾有《孔氏家仪》，本部三礼总义类已著录。宪瑴字玉双，号阆仙，孔子七十二代孙，咸丰六年（1856 年）进士，改翰林院庶吉士，历官户部江西司员外郎、吏部掌印给事中、广东肇阳罗道。是书据清光绪丁未年重刊本著录。书前有孔衍治《序》，后有孔继汾《跋》。内容有音器谱法、音谱、钟鼓齐鸣、钟磬谱、歌声谱、琴谱、瑟谱、笙谱、埙谱、篪谱、凤箫谱、双管谱、洞箫谱、笛谱、乐章、朝元歌、引道图、旌节、就位式、转班法、转班鼓谱、奏乐图、舞谱、乐器图、乐器名义、建官，凡二十六目。是书有清光绪十三年（1887 年）刊本、1989 年《孔子文化大全》影印本。

《圣门礼乐志》二卷，存。清孔传铎撰。传铎有《礼记摘藻》，本部礼记类已著录。是书《孔子文化大全图书总目》著录清康熙刻本（未印行）

不题卷数，《普林斯顿大学葛思德东方图书馆中文旧籍书目》著录清孔令贻重辑清光绪十三年（1887 年）新泰孔氏刻本题《圣门礼志》一卷、《乐志》一卷，书凡二册。

《文庙乐舞全谱》二卷附录一卷，存。清孔继汾编。继汾有《孔氏家仪》，本部三礼总义类已著录。是书据《山东通志》著录《曲阜志》《著述记》不著附录一卷。《贩书偶记》云："《钦定文庙乐谱》一卷《舞谱》一卷附录一卷，阙里孔继汾辑，乾隆三十年刊。"是书有乾隆三十年（1765 年）家刻本、清乾隆三十四年（1769 年）《阙里仪注》附录本、清光绪十三年（1887 年）重刊《圣门乐志》附录本、1989 年《孔子文化大全》影印本。

春秋及左传类

《箴左氏膏肓》一卷，存。汉郑玄撰，清孔广林辑补。广林辑有《周易注》，本部易类已著录。是书据《中国丛书综录》著录。是书有清光绪十六年（1890 年）山东书局刊《通德遗书所见录》本、国家图书馆藏清抄《郑学十八种》本、北京大学图书馆藏《郑学十八种》本、福建省图书馆藏《郑学十八种》本。

春秋公羊传类

《发公羊墨守》一卷，存。汉郑玄撰，清孔广林辑。广林辑有《周易注》，本部易类已著录。是书据《中国丛书综录》著录，有清光绪十六年（1890 年）山东书局刊《通德遗书所见录》本、国家图书馆藏清抄《郑学十八种》本、北京大学图书馆藏《郑学十八种》本、福建省图书馆藏《郑学十八种》本。

《公羊春秋经传通义》十一卷《叙》一卷，存。清孔广森撰。广森有《周易卮言》，本部易类已著录。是书《郑堂读书记》《书目答问》及《清史稿·艺文志》有著录。系孔广森根据何休《公羊解诂》所作公羊新疏。孔广森《叙》称："（何休）《解诂》，体大思精，词义奥衍，亦时有豕讹率臆，未能醇会传意……辄因原注，存其精粹，删其支离，破其拘窒，增其隐陋，冀备一家之言。依旧秩次为十一卷，窃名曰'通义'。"全书按春秋十二公分卷，唯第三卷庄公分为上、下，而附闵公于卷三下之末，《叙》一卷冠于全书之前。《公羊春秋经传通义》写定于乾隆四十五年（1780 年）。嘉庆三年（1798年）阮元为之序，至嘉庆十七年（1812年），广森弟广廉校椠此书完毕，复为之叙略。《郑堂读书记》云："其于《公羊》一家之学，真可谓粹然无瑕疵矣。"有清嘉庆十七年（1812年）《顨轩孔氏所著书》本、《皇清经解》本、《续修四库全书》本（据《顨轩孔氏所著书》本影印）。另有光绪十三年（1887年）上海点石斋石印袖珍本，仅一卷，不全。

《公羊释例》三十卷，未见。清孔广铭撰。广铭字文箴，孔子七十代孙，避乱汉中，黄鼎延之入幕，以功授通判。范希曾《书目答问补正》著录，今未见传本。

春秋穀梁传类

《释穀梁废疾》一卷，存。汉郑玄撰，清孔广林辑。广林辑有《周易注》，本部易类已著录。是书据《中国丛书综录》著录，有清光绪十六年（1890年）山东书局刊《通德遗书所见录》本、国家图书馆藏清抄《郑学十八种》本、北京大学图书馆藏《郑学十八种》本、福建省图书馆藏《郑学十八种》本。

春秋总义类

《春秋三传合纂》十二卷，存。清孔传铎撰。传铎有《礼记摘藻》，本部礼记类已著录。是书《山东通志》《曲阜志》《阙里文献考》《著述记》等著录。此书曲阜师范大学图书馆有藏，一函六册，无刻书年月，白口，左右双边，九行二十字，有朱墨圈点。版心镌《三传合纂》及卷数、页码。每卷皆题"阙里孔传铎静远批阅"。封内署"《春秋三传合纂》，阙里奎文阁藏版"。无后跋牌记。前有晋杜预《春秋左传序》、汉何休《春秋公羊传序》、晋范宁《春秋穀梁传序》及孔传铎《春秋三传合纂凡例》。其《凡例》共六条，末署"素王孙传铎识"。是书有清阙里孔氏刻本。

《春秋地名考》不分卷，存。清孔继涵撰。继涵有《考工车度记》，本部周礼类已著录。是书北京大学图书馆藏有原稿清本，一函六册，半叶十行、行二十一字。有"锡生""玉恩钱印"等印记。卷中有"乾隆癸卯八月六日孙承位抄"一行。卷首有《自序》。是书有北京大学图书馆藏乾隆四十八年（1783年）原稿清本。

《春秋闰例日食例》，未见。清孔继涵撰。是书《山东通志》著录，未见传本。

《春秋公羊经》一卷，存。清孔广森撰。广森有《周易卮言》，本部易类已著录。是书《中国古籍善本书目》据曲阜文管会藏稿本著录。此书一册，无格，十行二十字。

《列国事语分类考释》一卷，存。清孔广森撰。是书据山东省图书馆古籍部《全省善本书目著者目录（卡片）》著录，书名为该馆拟定。书藏曲阜文管会，稿本一册，字数、行格不一。

《春秋地名同名录》一卷、《春秋人名同名录》一卷，存。清孔广栻撰。广栻有《周官联事》，本部周礼类已著录。二书《中国古籍善本书目》著录，有国家图书馆藏清抄本。

《春秋释例世族谱补缺》一卷、《释例补遗》一卷、《长历考》一卷，存。清孔广栻撰。三书《中国古籍善本书目》著录，有国家图书馆藏稿本。

《春秋世族谱》一卷、《春秋氏族谱》考一卷，存。清孔广栻撰，《中国古籍善本书目》著录。有国家图书馆藏清抄本。

《春秋土地名考》一卷、《补遗》一卷、《疏引土地名》一卷、《土地名考异》一卷，存。清孔广栻撰。是书《中国古籍善本书目》著录据国家图书馆藏清抄本。

论语类

《论语注》十卷，存。汉郑玄撰，清孔广林辑。广林辑有《周易注》，本部易类已著录。是书《中国丛书综录》等著录。是书有清光绪十六年（1890 年）山东书局刊《通德遗书所见录》本、国家图书馆藏清抄《郑学十八种》本、北京大学图书馆藏《郑学十八种》本。

《论语篇目弟子》一卷，存。汉郑玄撰，清孔广林辑。是书《中国丛书综录》等著录，有清光绪十六年（1890 年）山东书局刊《通德遗书所见录》本、国家图书馆藏清抄《郑学十八种》本、北京大学图书馆藏《郑学十八种》本、福建省图书馆藏《郑学十八种》本。

《论语集注》无卷数，未见。清孔昭杰撰。昭杰初名昭辰，字汉瞻，号俊峰，一说字俊峰，号友兰，室名拜经书屋，孔子七十一代孙。嘉庆六年（1801 年）举人，官江南盐城县知县，敕授儒林郎。是书《续修县志》《著述记》皆著录，未见传本。

《大学正文约注》一卷，存。清孔贞瑄撰。贞瑄有《大成乐律全书》，本部乐类已著录。是书《山东通志》著录。有康熙三十八年（1699年）五经博士刻本。

《大学指掌》一卷《中庸指掌》三卷，存。清孔昭杰撰。昭杰有《论语集注》，本部论语类已著录。是书《贩书偶记》著录。有清嘉庆十三年（1808年）刊本、清道光六年（1826年）阙里刊巾箱本等。

《学庸一贯录》无卷数，未见。清孔广循撰。广循字雅山，恩贡生，孔子七十代孙。是书《续修县志》著录，未见传本。

孟子类

《孟子摘要》，未见。清孔昭杰撰。昭杰有《论语集注》，本部论语类已著录。是书《续修县志》《著述记》皆著录，未见传本。

《论孟注辑要》，未见。清孔昭杰撰。是书《山东通志》著录，今未见传本。

四书类

《四书讲义》六卷，未见。清孔兴治撰。兴治字麟祥，号朴庵。孔子六十六代孙，康熙三十七年（1698年）拔贡生，官郯城教谕，是书《曲阜志》《阙里文献考》皆著录，未见传本。

孝经类

《孝经注》一卷，存。汉郑玄撰，清孔广林辑。广林辑有《周易注》，本部易类已著录。是书《中国丛书综录》等著录。是书有清光绪十六年（1890年）山东书局刊《通德遗书所见录》本、国家图书馆藏清抄《郑学十八种》本、北京大学图书馆藏《郑学十八种》本、福建省图书馆藏《郑学十八种》本。

小学类

《小学集略》七卷补一卷，存。清孔继涵辑。继涵有《考工车度记》，本部周礼类已著录。是书《中国古籍善本书目》著录复旦大学图书馆藏稿本。

《拼音识字表》一卷，未见。清孔繁社撰。繁社，孔子七十四代孙。是书《贩书偶记》著录清光绪间刊本，今未见传本。

群经总义类

《驳五经异义》十卷，存。汉郑玄撰，清孔广林辑。广林辑有《周易注》，本部易类已著录。是书《中国丛书综录》等著录。是书有清光绪十六年（1890年）山东书局刊《通德遗书所见录》本、国家图书馆藏清抄《郑学十八种》本、北京大学图书馆藏《郑学十八种》本、福建省图书馆藏《郑学十八种》本。

《六艺论》一卷，存。汉郑玄撰，清孔广林辑。是书《中国丛书综录》、稿本《续修四库全书提要》著录。广林《叙录》云："徐彦云：'郑君先作《六艺论》讫，然后注书。'盖《六艺论》，犹注书纲领也。《六艺论》大较有四，首叙原始，次论旨趣，次叙师承，终述著作之意。《论语》郑君既为之注，亦宜有论无闻焉尔。"是书有清光绪十六年（1890年）山东书局刊《通德遗书所见录》本、国家图书馆藏清抄《郑学十八种》本、北京大学图书馆藏《郑学十八种》本、福建省图书馆藏《郑学十八种》本。

《郑志》八卷，存。魏郑小同编，清孔广林辑。是书《中国丛书综录》《中国古籍善本书目》等皆著录。是书有乾隆三十九年(1774年)古俊楼刻本、清刊《通德遗书所见录》本、国家图书馆藏清抄《郑学十八种》本、北京大学图书馆藏《郑学十八种》本、福建省图书馆藏《郑学十八种》本等。

《五经文字疑》一卷，存。清孔继涵撰。继涵有《考工车度记》，本部周礼类已著录。是书《中国丛书综录》《续修四库全书提要》皆著录。《提要》云："继涵刻有《微波榭遗书》，是编即其《遗书》中《五经文字》所附之一种也。书之分卷，一如《五经文字》原册，即分上、中、下三卷。《五经文字》与《九经字样》，原附于开成石经之后，嘉靖乙卯地震，二刻与石经并损。西安王尧典等，乃按旧文，集其缺字，别刊于石经碑旁，以便摹补，然多讹误，殊不足据。乾隆中叶，扬州马日昶得宋拓本摹刻，始有完本。孔氏因石既坏，补缺又舛，乃取马本校补石刻损字，遂有是作。凡石刻阙字，据马本增补者，悉著于篇，以明其所本。其石刻损字，马本可补，而因疑不敢即据以补入者，亦悉著之于篇，存以俟考，用备参证，而代校勘。故附于所刊《五经文字》之后，别自为编，而以‘疑’名其书焉。据是编以校其所刊《五经文字》，乃知其所增补，无一不有所本。而于马本可补原石之损字，因疑宁阙，尤为不苟。其核定之善，于是编可以证之，不惟戴东原推其精审，严可均讥其改窜，两家持论，孰是孰非，可据是编而新定，其石刻《五经文字》损字，凡王补、马本之异同，孔刊增补之取舍，亦可据是编一一从而考索也。”《戴震文集》《重刊五经文字九经字样序》云：“唐国子司业张参《五经文字》，初书于屋壁，日久剥坏，乃更土塗，以木板关其背，使负墉相比，而书其表，语详刘禹锡《国学新修五经壁记》。及开成二年，国子监《九经》石壁成，翰林勒字官唐玄度复拾补参所略，为《九经字样》。二书即列《石经》之后。今石刻俱存，字多损阙，末有庸妄人补字。乾隆戊子冬，曲阜孔君体生谓拓本不能家有其书，遂雕印成帙，又详加考证，别自为卷附焉。前此祁门马氏新刊版本，识诸末云：‘旧购宋拓《石经》中有此，因依样缮写，雕版于家塾，庶广其传。’孔君语余曰：‘马氏本虽完善，然以石刻校之，有字画尚存，而其本改易者，岂石刻有异欤？不然矣。又其本脱去‘(四幸)’字注十有九字，‘盩’字并注凡八字，余亦时涉讹舛。‘余闻知孔君用心之审慎，其留意于小学也，好之深是以能辨之详如此。孔君好古而知所能从事，能去华取实于世之所不讲。余读是本，核订精审，不徒有功小学而已，治经之儒，先欲识字，其必自此书始。”是书有《微波榭丛书》本、《青照堂丛书》本等。

《九经字样疑》一卷，存。清孔继涵撰。是书《清志》、《曲阜志》、稿本《续修四库全书提要》著录。《提要》云：“是编系与《五经文字疑》同时所作，故编中于石刻缺文，据马本增者著之。于石刻缺文，马本不缺，疑而不据以增补者亦著之，一如《五经文字疑》之例。而附于原书之后，名之以‘疑’，亦与《五经文字》并同焉。《五经文字疑》，其核订号称精审。是编据开卷所记，牛部石经作凡五字，马氏本作凡六字，石经误也。今仍之，附证于此。其于石刻原刻五字，明审其为六字，而其据刊之本，仍依石刻五字，但记马氏作六之不误于编中，以备读者之参考，而不据之以改原刻。其不轻改窜于此可见，其用意矜慎，尤于此可征。是其核订，又与《五经文字疑》同一精审。编中校订虽仅寥寥数则，不及《五经文字疑》之什一，而核订攸关，要亦考索石刻《九经字样》之缺字者在所必资也。”是书有《微波榭丛书》本、《青照堂丛书》本。

《孔丛伯说经五稿》三十六卷附录一卷，存。清孔广林撰。广林辑有《周易注》，本部易类已著录。是书《中国丛书综录》《中国古籍善本书目》、稿本《续修四库提要》等著录。《提要》云："《说经稿》五种，均系研讨《三礼》者，第一种为《周官肊测》，乃其父继汾将校《十三经》定本，刊藏敦本家塾，广林承命校勘，因于订正讹脱外，更参考义训，有疑者辄以己意测之。书内不列全经，但载所释之经文。次为《仪礼肊测》，盖广林于《周官》校毕后，即从事此经，遇有疑义，则意测而笔存之，仿郑君《目录》，而为之录，每篇之断章分节附注焉，全书亦但出所释经文。次曰《吉凶礼名用篇》，乃因其弟广森所辑《礼服释名》未能该洽，用是反覆经传，细绎注疏，通修吉凶衣服，掇为八篇，取《周官·司服》辨其名物与其用事之文，因题此名，次曰《禘祫觿解篇》，乃得汉世以来诸君子禘祫之说，考诸《戴记》，证以《三传》，而折衷于《周官》经，笔为《觿解》二十篇。次为《明堂亿》，乃广林紬取群经，独辟新义，与弟广森朝夕考证，亿其规制，仍主五室，而以九室为诞妄。全书共四十三条，逐条设问，而称'广林亿'以明之。末附《仪礼士冠礼笺》一卷，广林研究淹经，欲仿郑笺《毛传》而为之笺，增其所未备，申所未显，辨其所可疑，参考互证，补其所未备者。"是书有清光绪十六年（1890 年）山东书局刻本、曲阜文管会藏稿本、杭州大学图书馆藏清抄本等。

《北海经学七录》八卷，存。清孔广林辑。是书《贩书偶记》《中国善本书提要》、稿本《续修四库全书提要》等著录。《续修四库提要》云："是书即《郑志》也，按：《四库》著录《郑志》三卷，无辑人名氏，题魏侍中郑小同撰，与此不同。广林盖本之《后汉书·郑玄传》及刘知几《史通》，视库本为有据，各条下具注出处，亦胜库本。以校库本，互有详略，即两本共收者，亦互有异同。亦有库本在'毛诗类'中，而此入之'周礼'，库本在'周礼类'，而此入'仪礼'者。标题之不一者亦有之。按：是本刊于乾隆三十九年，库本颁行，尚在其后，而馆臣乃未见是本取以相校，甚属可怪。读者取两本而合观之，从而补遗订误，于治郑学者不无裨也。"王重民《中国善本书提要》著录清乾隆间刻本，曰："卷内题'乾隆甲午古俊楼校刊'。按：此仅刻《郑志》，为《北海经学七录》第七种。有眉校，据笔记知出卢文弨手。按：此书后编入《通德遗书所见录》。为第十七种。乾隆五十四年卢文弨有《与孔荭谷书》，索是书刻本（《抱经堂文集》卷二十），并为校正若干条。持验此本，其误俱在；持校《所见录》本，则大概改从卢说。此本校语与书札中所举，不相重复，疑为抱经再校本，未录别纸，既以原书致孔氏，故校语措辞颇委婉。再校阅《所见录》本，又复大致改从矣。抱经《致孔荭谷书》云：'令侄丛伯所辑《郑志》极佳，在诸本中最有条理，且点画亦致不苟，几与相台岳氏所刻诸经相伯仲。'《答临孝存周礼难》此本附《周礼》后，《所见录》本另刻为第八种。卷三十六抱经为校'集'字一条，《所见录》本亦已改从其说。"是书有乾隆三十九年(1774 年)古俊楼刻本、《通德遗书所见录》本等。

《通德遗书所见录》七十二卷，存。清孔广林辑。广林《叙录》云："取经史诸子，以及先儒名家著述，蒐罗缀辑，补漏正舛，引而广之，录《六艺论》第一（一卷）；《周易注》第二（十二卷）；《尚书注》第三（十卷）；《中候注》第四（六卷）；《书大传注》第五（十卷）；《毛诗谱》第六（一卷）；《三礼目录》第七（一卷）；《答周礼难》第八（一卷）；《鲁禘祫义》第九（一卷）；《丧服变除》第十（一卷）；《箴左氏膏肓》第十一，《发公羊墨守》第十二，《释穀梁废疾》第十三（各一卷）；《论语注》第十四（十卷）；《论语篇目弟子》第十五（一卷）；《驳五经异义》第十六（十卷）；《郑志》第十七（八卷）；《孝经注》第十八（一卷），凡七十一卷，都为一集，题曰《郑学》。既而幡然，曰：嘻，过矣。郑君之学，有经焉，有纬焉。是编也，纬学自《中候》而外，概未之及。其经学，若《丧服记》《天文七政论》，及《唐艺文志》所载《孟子注》七卷，皆莫能得其一二，而曰'郑君学'俱在于斯乎？夫亦惟是，既目中所经见者，录备遗忘云尔，乃改题曰《通德遗书所见录》。表颠末，别义例，撰目录如左，为第七十二卷。"北京大学藏清抄本，凡一函六册，半叶九行、行二十字。有巴陵方氏传经堂藏书印、方功惠藏书印。末题："嘉庆六年岁在辛酉夏六月偕俞理初之合借于后孙公园研山草堂，汉阳叶志铣记。"是书有清光绪十六年（1890 年）山东书局刻本、国家图书馆藏各种清抄本、北京大学图书馆藏叶志铣校清抄本、福建省图书馆藏清赵在翰校清抄本（存十三种三十卷）等。

《经学卮言》六卷，存。清孔广森撰。广森有《周易卮言》，本部易类已著录。是书《郑堂读书记》《书目答问》及《清史稿·艺文志》均有著录。孔广森遍治群经，除《大戴礼记补注》《春秋公羊通义》《礼学卮言》有专书外，尚存大量札记汇编为本书。广森《书末》云："治经贵有家法，向之凿空臆说如此类者，悉痛自删汰。而于《春秋》，壹守《公羊》师说。《左氏》于经岂无所当？倾贾、服旧学已为杜征南所汨，故此卷于说经义例，罔敢置议，略识其训诂肤末，附诸他经所得，汇为一编。”全书六卷：凡《周易》三十一条一卷、《尚书》三十四条一卷、《毛诗》四十六条并《尔雅》二十条一卷、《论语》二十七条一卷、《孟子》二十六条一卷及《左传》三十四条一卷。有清嘉庆十七年（1812年）《顨轩孔氏所著书》本、《皇清经解》本、《指海》本、《续修四库全书》本（据《顨轩孔氏所著书》本影印）。另有《仲轩群书杂著》本（清焦廷琥辑，稿本），仅一卷，不全。

《顨轩经说》十卷，不全。清孔广森撰。《中国古籍善本书目》著录曲阜文管会藏稿本，五册，凡半叶九行、行二十字，无行格。

《十三经札记》不分卷，存。清孔广森撰。是书《中国古籍善本书目》著录曲阜文管会藏稿本著录，一册，字数、行格不一。

《十三经讲义稿》无卷数，未见。清孔继枋撰。继枋字荫寰，号朴谷，孔子六十九代孙，岁贡生，候选训导。是书《续修县志》著录，今未见传本。

二、史部（存54种，不全2种，未见20种，凡76种）

杂史类

《国语定讹》二卷《附录》一卷，未见。清孔继涵撰。继涵有《考工车度记》，本部周礼类已著录。《古书经眼录》著录，今未见传本。

《国语解订讹》一卷、《惠栋九经古义所引国语》一卷，存。清孔广栻撰。广栻有《周官联事》，经部周礼类已著录。《中国古籍善本书目》著录。国家图书馆藏稿本，一册，半叶十行、二十一字，小字双行同，红格，白口，四周双边。

《南北史意摭》不分卷，存。清孔广栻辑。广栻有《周官联事》，经部周礼类已著录。是书《中国古籍善本书目》《北京图书馆古籍善本书目》著录稿本一册，十二行、大小字不等，兰格，白口，四周双边，无直格，书藏国家图书馆。

《左国蒙求》，存。清孔广栻撰。是书国家图书馆藏有抄本。

《读史格言》无卷数，未见。清孔昭杰撰。昭杰有《论语集注》，经部论语类已著录。是书《续修县志》《著述记》等著录，今未见传本。

传记类

《出山异数记》一卷，存。清孔尚任撰。尚任有《圣门乐志》，经部乐类已著录。是书《山东通志》、稿本《续修四库提要》著录。是书有《昭代丛书》本、1994年上海书店《丛书集成续编》影印《昭代丛书》本、曲阜师范大学图书馆藏旧抄本、济宁市文管局藏清抄本。又有1994年济宁市新闻出版局准印《孔尚任佚文遗墨》本等。

《人瑞录》一卷，存。清孔尚任撰。是书《山东通志》《四库全书总目》《郑堂读书记》俱有著录。是书有康熙《昭代丛书》本、1996年齐鲁书社《四库全书存目丛书》影印康熙《昭代丛书》本、1994年上海书店《丛书集成续编》影印《昭代丛书》本，又有1962年中华书局《孔尚任诗文集》本等。

《四氏学录》无卷数，未见。清孔尚任撰。是书《曲阜志》《阙里文献考》皆著录，未见传本。

《木皮散客传》一卷，存。清孔尚任撰。是书据《中国丛书目录及子目录索引汇编》著录此书所传“木皮散客”系邑人贾应宠。应宠字思退，号凫西，自号木皮散客，著有《周易浅解》等书。是书有北京大学图书馆藏手抄《闲情逸致四种》本，又有1962年中华书局《孔尚任诗文集》本。

《孝行录》无卷数，未见。清孔兴持撰。兴持字川来，孔子六十六代孙，贡生，海丰县教谕。是书据《续修县志》著录，未见传本。

《熊文端公年谱》一卷，存。清孔继涵撰。继涵有《考工车度记》，经部周礼类已著录。是书《清志补编》《续修四库提要》著录。《提要》云：“是谱为熊赐履作也。赐履以康熙戊戌进士授翰林院检讨，官至东阁大学士、吏部尚书。殁谥‘文端’。继涵于其行事多所遗漏，即如赐履在康熙三十三年曾监修《明史》，乃《谱》中绝不之及。《谱》后有赐履《世系表》，并及其弟赐瓒。又有《女系表》载赐履所出六女，其第六女适曲阜孔传钲，即继涵生母也。继涵于赐履为外孙，故作是《谱》以崇之云。”此书又为《杂体文稿》之一，收入《微波榭遗书》内。据《孔氏大宗支谱》，继涵系庶出，生母为泰安唐氏，而非熊氏。又此谱原题：“经筵讲官太子太保东阁大学士兼吏部尚书熊文端公赐履年谱。”因其作于谱主卒后六十年，致多疏漏。《近三百年人物年谱知见录》《中国历代人物年谱考录》《山东文献书目》等皆著录此《谱》。是书有清乾隆间《微波榭遗书》本，2001年上海古籍出版社《续修四库全书》影印辽宁省图书馆藏清乾隆《微波榭遗书》本。又有《碑传集》本、上海古籍出版社1987年版《清代碑传全集》本。

《国朝词人名氏爵里表补》一卷，存。清孔继涵撰。是书《中国古籍善本书目》著有北京大学图书馆藏稿本。

《温静楼年谱》一卷，存。清孔广林撰。广林辑有《周易注》，经部易类已著录。是书《近三百年人物年谱知见录》《中国历代人物年谱考录》著录。此谱原题《阙党赘翁自叙》，系广林晚年自叙一生读书、应试、交游、治经及家事而成，尤以家事居多。是书有国家图书馆藏稿本、首都图书馆藏清抄本等。

《知非录》一卷，存。清孔昭杰撰，孔宪阶等注。昭杰有《论语集注》，经部论语类已著录。宪阶，昭杰长子，字升伯，号星庐，直隶景和镇巡检，加六品衔。是书有清咸丰刊本，白口双边，半叶十行、行二十字、满格二十一，注文小字双行。内题“阙里孔昭杰俊峰编；男宪阶、宪彝、宪庚仝谨注”。书内自乾隆庚子一岁叙起，末有宪阶等跋。是书有清咸丰二年(1852年）刻本，1999年北京图书馆藏珍本年谱丛刊影印本。

《毕太夫人行述》一卷，存。清孔繁灏撰。繁灏字文渊，号伯海，孔子七十四代孙，道光二十一年（1841年）袭封衍圣公，诰授光禄大夫，晋太子太保，谥端恪。是书稿本《续修四库提要》著录，云：“太夫人为两湖总督毕沅女，适衍圣公孔庆镕。其姑于太夫人，大学士金坛于敏中女也，沅为敏中门下士，巡山东时，诣谒林庙，并拜于太夫人，因订婚焉。沅殁，家被查抄，太夫人才八岁，婚后迎养其母于阙里……繁灏为太夫人出。是篇述太夫人懿行及他琐事甚备，然可传者，则在其家世也。”国家图书馆藏有道光刊本。

《内阁汉票签中书舍人题名》不分卷，存。清孔宪彝辑。宪彝字叙仲，号绣山，一号秀珊，又号韩斋，昭杰仲子，孔子七十二代孙，道光十七年(1837年）举人，官内阁侍读。是书咸丰十一年（1861年）刻本，凡一册一百零七叶，半叶八行、行二十一字，小字双行、行字同，白口双边。姓名大字，里贯爵秩小字，与鲍康《续编》《内阁撰拟文字》《皇朝谥法考》共一函。书前有张祥河序、长洲彭蕴章序及孔宪彝、鲍康序。有清咸丰十一年（1861年）直房刻本等。

《管彤撰美》无卷数，未见。清孔宪彝撰。是书据《桐城文学撰述考》著录，今未见传本。

《周文忠公事状祭文》合一卷，存。清孔宪庚撰。宪庚字和叔，号经之，昭杰第三子，孔子七十二代孙。是书《中南西南地区省市图书馆藏古籍稿本提要》（附抄本联合目录）著有湖南省图书馆藏清抄本。

《圣迹图》不分卷，存。清孔宪兰撰。宪兰，孔子七十二代孙，同治元年（1862年）举人，官新泰县训导。是书《山东通志》《续修县志》、稿本《续修四库提要》《台湾公藏普通线装书目书名索引》皆著录。《续修四库提要》云："统观其书，自祷尼山，至汉高祖过鲁修祠，通二十九事。图首并附序事及赞词，若能常玩其图、考其实、颂其赞，宛然如身生其时、亲历其地，而聆乎木铎之余音者。考明代张楷曾刻是图，仅二十事，流传极少，与此册异同若何，不得而详矣。"是书有清同治十三年（1874年）刻本。

《圣贤像赞》四册，存。清孔宪兰增补。是书《山东通志》《续修县志》皆著录。是书有清光绪四年（1878年）刻本。

《历代帝王总记》一卷，未见。清孔宪逵撰。宪逵字仪鸿，号逸泉，亦曰柳泉，道光廪生，圣庙四品官。是书《续修县志》《著述记》皆著录，今未见传本。

《孔祥珂起居日记》一卷，不全。清孔祥珂撰。祥珂字君则，号观堂，繁灏长子，孔子七十五代孙，同治二年（1863年）袭封衍圣公，谥"庄悫"。是书见孔府档案第一三零九卷，全称《七十五代衍圣公孔祥珂起居日记》，书藏曲阜文管会。骆承烈等《孔府档案选》（中国文史出版社2002年版）摘有部分内容。是书有曲阜文管会藏残本。

《孔令贻起居日记》一卷，存。清孔令贻撰。令贻字谷孙，号燕庭，祥珂子，孔子七十六代孙，光绪三年（1877年）袭封衍圣公，诰授光禄大夫。是书见孔府档案第一三一零卷，全称《七十六代衍圣公孔令贻起居日记》。有曲阜文管会藏抄本。

阙里文献类

《东野志》二卷，存。明吕化舜原辑，东野武旧订；清孔衍治增辑，东野沛然续订，顾龙标校正，东野枝盛增镌，东野兴辉参订。衍治字虞臣，号靖轩，孔子六十五代孙，康熙四十八年（1709年）进士，官吏部观政。

是书曲阜师范大学图书馆藏有清刻本，分上、下二卷，凡四册，半页十行、行十八至二十一字不等，盖经多次修订刻印。内题："安阳吕化舜原辑，七十三代东野武旧订，圣裔孔衍治增辑，七十五代东野沛然续订，仙源顾龙标校正，七十六代东野枝盛增镌，七十七代东野兴辉参订。"有清康熙间刻本、康熙间刻雍正间递补本。

《阙里志》二十四卷，存。清孔尚任撰。尚任有《圣门乐志》，经部乐类已著录。是书宫衍兴《孔尚任佚文翰墨》有著录。是书孔府藏有金丝堂刻本，内署"太子少师袭封衍生公孔毓圻鉴定，世袭翰林院五经博士孔毓埏参订，曲阜县世职知县孔兴认监修，林庙举事孔贞枚督刊，太学生孔尚任编纂"。其中有孔尚任《敕褒节孝朱氏传》《敕褒节孝陆氏传》《皇清敕封承德郎户部江南清吏司主事雪谷先生暨原配陆安人合葬墓志铭》三篇，及康熙四十一年（1702 年）、四十五年（1706 年）的材料。有清康熙曲阜孔氏金丝堂刻本。

《孔庭摘要》无卷数，未见。清孔衍法撰。衍法字学易，号歇庵，别号学易道人，孔子六十五代孙，廪贡生。《续修县志》著录，今未见传本。

《阙里纂要》四卷，存。清孔衍珻集。衍珻字懋璧，号荆函，孔子六十五代孙，恩贡生，历任林庙举事、广东潮州府通判。是书曲阜师范大学图书馆藏有康熙刻本，封内题"孔圣阙里志合纂、竹林堂梓"，右上有"邹鲁圣迹合备"六字及"古今书籍""圣贤精义"圆、方印。卷端题"阙里纂要、六十五代孙衍珻翕庵氏编集"，书末署"书林还峰堂重梓"。凡半叶九行十九字，无刻书年月，卷四纪事至康熙二十六年（1687 年）。书共四卷：卷一为圣源发祥类、谥封崇典类，卷二为阙里图绘类、孔乐图绘类，卷三为名贤配享类、山川古迹类，卷四为宠荫恩秩类，下有子目九十六。是书有清康熙七年（1668 年）刊本、康熙潮州书林环峰堂重刊本。

《杏坛圣迹》四卷，存。清孔衍珻辑。是书《中国人民大学图书馆古籍善本书目》著录清康熙书林素位堂刻本，一函六册，九行十九字，白口单鱼尾，四周单边或双边。有图五十余幅。卷末镌"书林素位堂重梓"。内辑孔子及诸先贤、先儒像赞、传记、孔氏后裔传记。是书有清康熙书林素位堂刻本。

《阙里文献考》一百卷《卷末》一卷，存。清孔继汾撰。继汾有《孔氏家仪》，经部三礼总义类已著录。是书《郑堂读书记》、稿本《续修四库提要》《贩书偶记》《著述记》著录。此前十卷为《世系考》，卷十一至十三为

《林庙考》，卷十四至十七为《祀典考》，卷十八为《世爵职官考》，卷十九至二十二为《礼考》，卷二十三至二十五为《乐考》，卷二十六为《户田考》，卷二十七至二十八为《学校考》，卷二十九为《城邑山川考》，卷三十为《宗谱考》，卷三十一为《孔氏著述考》，卷三十二至四十一为《艺文考》，卷四十二为《圣门弟子考》，卷四十三至七十二为《从祀贤儒考》，卷七十三至九十九为《子孙著闻者考》，卷一百为《叙考》，卷末为《辨讹》。书前有衍圣公孔昭焕《序》及《进书折子》。《序》曰："余每读家乘，至《孔丛》《连从》之篇，未尝不废书而叹也。先生文章道德，备于《六经》，散见于百家传记，而论次于《史记·世家》，载籍极博，固无事我一家之私述为也。惟历世久远，子上、子家而下，显晦不常，至如敦尚儒术，代有褒崇，而史志详略异裁，非贯串而会通之，亦何见典章之因革，则是史乘之作当与史兼行，而不可忽者。叔祖止堂公《阙里文献考》书成，类别分门，薙繁辨误，言不越六十万，而二千三百余年之事，灿然大备。不曰《志》，而曰《考》，要之《志》亦不外文献，即马氏之体裁，补龙门之阙佚，于以成一家言，追踪二《丛》，实有赖焉。"《郑堂读书记》云："孔氏家乘，自宋以来，作者不一，以《东家杂记》为最古，然叙述甚略。《祖庭广记》《佥载》又病其芜。后有新旧两《志》《复祖庭记》，尤为考据未精。又《新志》成于康熙丁丑，自后未经纂述，止堂因撰是书……卷末为附识一卷，不入卷数，则皆辨《旧志》之讹，其间门分类别，芟繁正误，条理整密，固非从前诸书所及也。书成于乾隆辛巳，曾进呈御览，至明年衍圣公（昭焕）为序。"是书有乾隆二十七年（1762 年）刻本、1989 年孔子文化大全影印本、2001 年上海古籍出版社《续修四库全书》影印本、台湾"国家图书馆"藏乾隆二十七年（1762 年）刊朱墨套印本、光绪二十七年（1901 年）湘阴李氏重刊本等。

《优复恩例》一卷，存。清孔衍佩、孔兴善等汇集。衍佩，孔子六十五代孙，兴善，孔子六十六代孙。是书有光绪四年（1878 年）刊本，此书凡半叶八行、行二十二字。封题《阙里孔氏优复恩例》，内题"《优复恩例》，至圣裔孔衍佩、孔兴善，复圣裔颜绍伦、颜懋端，宗圣裔曾衍楚、曾衍格，亚圣裔孟毓隆、孟传佩仝汇集；至圣裔孔毓全、孔继恒，复圣裔颜崇相、颜崇枋，宗圣裔曾贞任、曾衍相，亚圣裔孟兴蔚、孟兴均、孟传锐仝汇阅"。其书内四氏通录。书内记事，自汉高祖十三年（公元前 194 年）至清嘉庆二十二年（1817年）。嘉庆二十二年（1817年）仅一条，盖为续刊时增补。是书有清光绪四年（1878年）刻《孔氏宗谱总录》本。

《续优复恩例》不分卷，存。清孔继善、孔昭铭等汇集。继善，孔子六十九代孙。昭铭，孔子七十一代孙。是书有清刊本，内题"《续修优复恩例》，至圣裔孔继善、孔昭铭，复圣裔颜怀环、颜士璋，宗圣裔曾传正、曾继瑛，亚圣裔孟毓洪、孟广辑汇辑；至圣裔孔庆藻、孔繁庚，复圣裔颜锡轩、颜振庚，宗圣裔曾继烈、曾继孚，亚圣裔孟广钦、孟广范、孟昭兰校对"。内纪历代帝王优渥孔、颜、曾、孟四氏例，上起汉高祖十三年（公元前194年），下迄清道光十九年（1839年），内附闵、仲、东野氏。是书有清同治六年（1867年）刻本、光绪三十二年（1906年）增补本。

《增补孔庭摘要》不分卷，存。清孔昭玺编集，孔昭璠参订。昭玺字文符，一字宝臣，号寿昌，别号宝文主人，孔子七十一代孙，增生，洙泗书院学录。昭璠字鲁珍，孔子七十一代孙，增生，执事府七品官。是书有清光绪二十三年（1897年）刊本，封皮署《世泽堂孔庭摘要》。内题"《孔庭摘要》，四氏学优增生兼洙泗书院学录昭玺编集，四氏学优增生兼执事府七品官昭璠参订"。书凡半叶九行、行二十字。书前有孔昭瑾光绪二十三年（1897年）《序》及衍圣公孔令贻题诗，并冠孔子行教像于首。末有诸城彭寿题诗。书内计有本源、毓圣、年谱、生像、圣庙、章服、谥号、四配、十哲、两庑先贤、从祀先儒、桧树、圣林等四十余目。此书《续修县志》《山东文献书目》有著录。有清光绪二十三年（1897年）孔昭干、孔昭礼校刊本、1990年孔子文化大全影印本。

家谱类

《孔子世家宗谱》二十三卷，未见。清孔兴燮纂。兴燮字起吕，号辅垣。孔子六十六代孙，顺治五年（1648年）袭封衍圣公，官太子少保兼太子太保。《著述记》著录，今未见传本。

《孔子世家谱》二十四卷《卷首》一卷，存。清孔毓圻鉴定，孔尚任编次。毓圻字钟在，号兰堂，孔子六十七代孙，康熙六年（1667年）袭封衍圣公，官太子少师，谥恭悫。尚任有《圣门乐志》，经部乐类已著录。是书有康熙二十三年（1684年）刻本，凡每半叶九行、行二十二字，满格二十一字，注文小字双行，行字同。内钤衍圣公印。卷首署"太子少师六十七代衍圣公孔毓圻鉴定，敕封儒林郎江南道监察御史六十五代孔衍堉、敕封文林郎原任武进县知县六十五代孔衍洪监修，钦设家庭族长六十一代孔弘依、钦设林庙举事六十三代孔贞枚督刊，太学生六十四代孔尚任编次，四氏学生六十六代孔兴钊校阅”。《谱》前有孔毓圻、孔兴认《序》及旧《序》若干与孔尚任《题识》，另有《修谱榜示》《修谱条规》《纂谱日号》《刊谱字数》《各户输捐》《各项支销》等事项，后有孔尚任《跋》。此书《阙里文献考》《续修县志》《著述记》有著录。是书有清康熙二十三年（1684 年）孔府刻本，1969 年台湾“国立中央图书馆”影印康熙二十三年（1684 年）本。

《孔子世家谱》二十二卷《卷首》一卷，存。清孔昭焕鉴定，孔继汾等编次。昭焕字显文，号尧峰，孔子七十一代孙，乾隆八年（1743 年）袭封衍圣公，诰授光禄大夫。继汾著有《孔氏家仪》，经部三礼总义类已著录。是书有清乾隆十年（1745 年）刊本，半叶八行、行二十一字，注文小字双行，白口，四周双边，单鱼尾。内钤衍圣公印。题“鉴定：袭封衍圣公孔昭焕，鉴修：三品执事官阙里盛典纂修恩荫生孔传钲、世袭翰林院五经博士阙里盛典纂修孔继溥，提调：正一品荫生候选员外郎孔广柞、曲阜世职知县孔传松，编次：五品执事官孔传斌、候选知县孔继儒、恩贡生孔继汾、四氏学廪膳生孔毓佶”。另有收掌二人、校阅四人、誊录二人、督刊三人、收发二人、供应二人。书前有孔昭焕、孔传松《序》，及孔宗翰、孔弘颙、孔胤植、孔闻简、孔兴燮、孔胤淳、孔毓圻、孔兴认等人旧《序》，并“榜示”“告示”“条规”“凡例”“刊谱字数”“各户捐输”“支谱”等事项，末有孔尚任旧《跋》与孔继汾、孔兴柞《跋》。因该谱编纂时忘记避讳，后衍圣公府又通令各户收缴此谱，并加改版重印。是书有清乾隆十年孔府刻本，乾隆四十八年（1783 年）孔府改正本。

《孔子世家谱纂要》一卷，存。清孔毓佶著。毓佶字钟善，又字克壮，号环溪，孔子六十七代孙，廪生。乾隆大谱纂修人之一。是书与《家谱》同刻于乾隆十年（1745 年）。书不分卷，半叶八行、行二十一字，注文小字双行、行字同，四周双边，白口，单鱼尾。前后分别有孔毓佶《序》《跋》，内容有姓源、世系、中兴、分支、二十派、六十户、南北宗、分派分户图、嫡裔相承图、南宗相承图等。《阙里文献考》《续修县志》《著述记》著录此书。是书有清乾隆十年孔府刻本。

《孔子世家谱》四卷，存。清孔兴教、孔毓均撰。兴教，孔子六十六代孙；毓均，孔子六十七代孙，皆居南宫。是书北京大学图书馆藏有乾隆刻本，一函二册，半叶九行、行二十一字，四周双边，单黑鱼尾，白口。此为南宫支谱，前有孔昭焕《序》及前衍圣公孔广棨、四十八代孙端朝、四十八代端朝续编承事郎秘书监秘书郎淑、四十六代孙朝议大夫知洪州军事监管勾劝农事江南西路兵马钤辖柱国赐金鱼袋宗翰、丹阳洪兴祖等旧《序》。另有一《序》，疑洪武时衍圣公所作。又附有《历代衍嗣歌》《史记·世家》《修谱凡例》。卷末有空端朝旧《跋》及“继梓”“心斋”“自娱氏”等印记。是书《北京大学图书馆藏古籍善本书目》《中国历代人物年谱考录》等著录。该书有清乾隆二十三年（1758 年）孔昭焕序刊本。

《东家嫡系小谱》十卷《齿序》一卷，未见。清孔继汾、孔广柞撰。继汾有《孔氏家仪》，经部三礼总义类已著录。广柞字京修，号省山，继濩次子，正一品荫生。是书稿本《续修四库提要》《山东通志》《著述记》等著录，今未见传本。

《孔氏大宗支谱》十四卷《齿序》一卷，存。清孔广林重修。广林辑有《周易注》，经部易类已著录。是谱有嘉庆元年（1796 年）刊本，内题“孔子七十代孙署太常寺博士广林敬录”。凡半叶十行、行二十字，内分四栏，黑口单边，前有广林《自序》。

《孔子世家谱》不分卷，存。清孔传义纂。传义，孔子六十八代孙，生平不详。是书《中国历代人物年谱考录》著录。有清道光八年（1828 年）孔庆镕刊本、民国四年（1915 年）孔氏诗礼堂石印本。

《孔氏大宗支谱》十四卷《齿序》一卷。清孔昭薪重修。昭薪字孟翘，号克樵，广林子，孔子七十一代孙，嘉庆二十三年（1818 年）举人。是书《续修县志》《著述记》《上海图书馆馆藏家谱提要》著录。道光三年(1823 年)刻本封皮题“《大宗支谱》，道光年敦本堂孟翘二太爷修”。版式黑口单边，正文四栏，序文十行二十字。此谱分为十四卷，即《孔氏大宗谱》《孔氏凝祉堂支谱》《孔氏凝远堂支谱》《孔氏凝道堂支谱》《孔氏宁静唐支谱》《孔氏世泽堂支谱》《孔氏绳起堂支谱》《孔氏诒燕堂支谱》《孔氏敦本堂支谱》《孔氏谦益堂支谱》《孔氏克荷堂支谱》《孔氏博观堂支谱》《孔氏炊经堂支谱》《孔氏远秀堂支谱》各一卷，另有《孔氏支谱齿序》一卷。内题“孔子七十一代孙嘉庆戊寅恩科举人昭薪敬录”，书前有衍圣公孔庆镕《序》、孔昭薪《自序》、乾隆《癸未修小谱原序》《甲午重修支谱原序例》、嘉庆《丙辰重修支谱原序》。是书有道光三年（1823 年）家刻本。

《孔氏大宗支谱》十四卷《齿序》一卷，存。清孔宪璜重修。宪璜字仲黼，号泾石，昭薪嗣子，孔子七十二代孙，道光二十三年（1843 年）举人，候选知县。此书《续修县志》《著述记》《上海图书馆馆藏家谱提要》有著录。此书版式如旧，内题“孔子七十二代孙道光恩科举人候选知县宪璜敬录”。此为《孔氏大宗支谱》第三次续修。是书有道光二十七年（1847 年）家刻本。

《孔氏大宗支谱》十四卷《齿序》一卷，不全。清孔宪璜编，孔庆余校补。庆余字积甫，宪璜嗣子，孔子七十三代孙。是书《清志补编》、《山东通志》、《上海图书馆馆藏家谱提要》、稿本《续修四库提要》著录。稿本《续修四库提要》云：“书首以历代衍圣公爵者通为一卷，曰《大宗谱》。次各支《支谱》，由近及远，每支为一篇，各以始分支之支子所居题曰某堂《支谱》。全书用谱牒合一之法，不另立《世系图》。每页分代子孙顶贯于父祖之下，每一名后小字注其字号、官阶、生卒、婚配、子女等，但不书葬所，以世附祖茔也。其别营墓域者，则特书之。至先世懿美，固已详于大《谱》，亦不备录。其有伟绩畸行者，则另立家传，亦不轻变谱格。其历任多官、晋累阶秩者，止书后官，叙其崇阶，以从简易。又凡修谱时生存之人，概于名外围以方圈，以便观览。谱末更附支谱《齿序》，盖以明长幼之伦者，先标某代，次书名氏，按序排列，名氏下更注以排行生年，其生存者亦概以方圈围之。书前有历次修谱序及《凡例》，又有七十五代衍圣公孔祥珂序。全书体例颇极谨严。先生之后不同于庶姓。孔氏虽世胄，然历代科甲则甚多，且儒者亦辈出。如继汾、广林、广森、继涑、继涵、广栻，均其小宗子也。”是书有清同治二年（1863 年）家刻残本。

《孔氏炊经堂支谱》不分卷，存。清孔昭焜纂。昭焜字石藻，号堇生，孔子七十一代孙，嘉庆十八年（1813 年）举人，历任四川开县知县、候选主事，诰赠中宪大夫。是谱有清道光刻本，内分《孔氏炊经堂长支谱》《次支谱》《三支谱》《四支谱》《五支谱》，各谱前分别题有“昭焜敬录”。是书有清道光十七年（1837 年）家刻本。

《孔氏炊经堂支谱》不分卷，存。清孔宪瑴纂。宪瑴录有《圣门乐志》，经部乐类已著录。是书有清光绪刊本，黑口双边，内分四栏，前半为《孔氏大宗谱》，记载自孔子至七十六代衍圣公孔令贻；后半为孔氏炊经堂长支、次支、三支、四支、五支谱。每谱均题“孔子七十二代孙翰林院庶吉士户部江西司员外郎吏科掌印给事中广东肇阳罗道宪瑴敬录”。书前有宪瑴光绪二十六年（1900年）《序》，半叶九行、行十六字。是书有清光绪二十六年（1900年）家刻本。

《孔氏世系本末》一卷，存。清孔宪锟纂录。宪锟字宝锋，号心泉，孔子七十二代孙，增生，军功五品衔，后以次孙繁朴贵，赠中议大夫。是书山东省图书馆藏有写本，一册二十页。书为表格式，封题“《孔子世系本末》，光绪壬子春敬录”。书前有宪锟序，半叶八行、行二十四字。内容有世系表、二十派分六十户、流寓，中有粘贴。《世系表》下止孔令贻，材料皆采自旧谱。是书有山东省图书馆藏手写本。

《孔子世家谱林前户支谱》不分卷，存。清孔传镗监修，孔传壁等纂。传镗，孔子六十八代孙，武生，管理户事。传壁，字星墀，孔子六十八代孙，五品执事官，孔庭族长。是书有清刊本，无刻书日月，半叶八行、行二十一字，注文小字双行，封题《孔子世家谱》，内题“《孔子世家谱·林前户》，曲阜东关集文斋刊”。此《谱》前半为林前户世系，始于四十三代中兴祖仁玉，止于七十四代繁桂。书前有孔传壁宣统元年（1909年）《续修孔氏家谱序》《修谱凡例》及总理修谱事务名单，后有补遗三页。是书有清宣统间曲阜东关集文斋刻本。

诏令奏议类

《西台奏议》，未见。清孔兴釪撰。兴釪字起韶，又字绍先，号霁安，孔子六十六代孙，康熙九年进士，选庶吉士，散馆授江西道监察御史。是书《续修县志》《著述记》著录，并称“卷佚”，今未见传本。

《钦定台规》四十二卷，存。清孔宪瑴等纂修。宪瑴有《圣门乐志》，经部乐类已著录。此书有光绪十八年（1892年）刻本，九行二十字，白口双边。前有都察院《奏疏》、总阅人员、分修人员、分校人员、覆校人员、详校人员、收掌人员、校对人员衔名，及《凡例》《目录》。分修共三十七人，宪瑴为第一纂修人。1989年全国图书馆文献微缩复制中心有整理本，收入《中国文献珍本丛书》。是书有光绪十八年（1892年）刻本、1989年全国图书馆文献微缩复制中心整理本。

时令类

《节序同风录》十二卷，未见。清孔尚任撰。尚任有《圣门乐志》，经部乐类已著录。是书《清志》《山东通志》《阙里文献考》《曲阜志》《著述记》皆著录，今未见传本。

地理类

《玉华洞志》三卷，未见。清孔兴训撰。兴训，孔子六十六代孙，官将乐县知县。是书《山东通志》著录，今未见传本。

《泰山纪胜》一卷，存。清孔贞瑄撰。贞瑄有《大成乐律全书》，经部乐类已著录。是书有清康熙刻《说铃》本，半叶十一行、行二十五字，白口，左右双边，内题“阙里孔贞瑄六甫纂”。前有自作《小引》。是书有清康熙间写刻《说铃》丛书本、写刻补配本、《泰山丛书》本、《龙威秘书》本、《小方壶舆地丛钞》本、《艺苑捃华》本《古今说部丛书》本、《丛书集成初编》本。1996年齐鲁书社《四库全书存目丛书》据《说铃》本影印。

《豫楚黔滇行程记》无卷数，未见。清孔贞瑄撰。是书据《山东通志》著录，今未见传本。

《缩地歌》一卷，未见。清孔贞瑄撰。是书《山东通志》《曲阜志》《阙里文献考》《著述记》均著录，今未见传本。

《平阳府志》三十六卷《卷首》一卷，存。清刘棨修，孔尚任等纂。尚任有《圣门乐志》，经部乐类已著录。是书有清康熙四十七年（1708年）刻本，前有平阳府知府刘棨康熙四十七年（1708年）序、张克嶷跋、纂修姓氏及目录。其书凡三十六目：图考、星野、建置、沿革、疆域、山川、关津、城池、公署、学校、祠祀、户口、田赋、水利、屯田、盐法、邮政、兵防、帝王、职官、宦绩、选举、封荫、人物、隐逸、流寓、列女、仙释、方伎、风俗、物产、古迹、陵墓、寺观、祥异、杂志、艺文。据修纂姓氏，分人纂修共四人，而以尚任居首。卷三十六又收有孔尚任《拜平阳文庙时方习礼》《二月朔日同人游龙子祠（二首）》《清音亭》《金龙池》诗五首，《清音亭记》《山依亭记》文二篇。此书《中国地方志综录》《中国地方志联合目录》《中国丛书广录》等著录，有清康熙四十七年（1708年）刻本、1992年中国书店《稀见中国地方志汇刊》影印本。

《莱州府志》十二卷《卷首》一卷，存。清陈谦修、孔尚任、刘以贵纂。是书有清康熙五十一年（1712年）刊本，书前有山东巡抚蒋陈锡、登莱青海防道副使甘国璧、莱州知府陈谦、莱州府同知靳治荆诸序及《修志姓氏》。是书共分十二目：方舆、建置、赋役、学校、兵防、封建、职官、名宦、选举、人物、艺文、闻见。内署“总裁：山东布政使司分守登莱青整饬海防道副使加二级甘国璧、候补按察司副使前莱州知府陈谦，纂修：原任户部广东司员外郎孔尚任、原任广西思恩府武缘县知县刘以贵”。此书《中国地方志联合目录》有著录，有清康熙五十一年（1712年）刻本。

《曲阜县志》二十六卷，未见。清孔毓琚撰。毓琚字季玉，号朴斋，世职知县孔兴认第四子，孔子六十七代孙，雍正三年（1725年）以岁贡生荐授曲阜世职知县。是书《清志》《著述记》著录。今未见传本。

《清河县志》十四卷，存。清朱元丰、孔传橿纂修。传橿字振茂，号历九。雍正五年举贤良方正，历官五河、清河县知县，升江防同知。是书据《台湾公藏普通本线装书目书名索引》著录，有清乾隆十五年（1750年）刻本。

《水经释地》八卷，存。清孔继涵撰。继涵有《考工车度记》，经部周礼类已著录。是书《清志》、《山东通志》、《续修县志》、《著述记》、稿本《续修四库提要》著录。《续修四库提要》云：“清光绪中，章寿康始得此书稿本刻以行世，徐乃昌又为刊于《积学斋丛书》中。此书取《水经》诸水所经州郡国邑山川之名，条系句举，注释于下，详述其地名之历代沿革，尤详于今地所在，盖专为解释《水经》一书之地名而作者。体制颇为整齐，读《水经》者，得此以资参考，免有治古而不知今之弊，其功用略同于王应麟之《通鉴地理今释》。书中所引，以戴震《校水经注》、陈芳绩《历代地理沿革表》两书为最多。戴校精要之语大致录入。陈氏书时尚未流行，继涵盖据传抄稿本，在当时为未见之书，是以所引尤多，皆其辨证之详确者，足征其淹雅矜慎。继涵本精于考据之学，书中下以己意者，若‘滱水’条下，据孔彪碑阴，以考汉时博陵为郡及其领县。‘泿水’条下，据《地理志》以临泿县为泿水县之误。‘湿余水’条下，据《说文考》为漯水之讹。……虽不甚多，具见悉心研核，非但撮录前人成说而已。”是书有北京大学图书馆藏稿本、清乾隆曲阜孔氏《微波榭遗书》本、会稽章寿康刻本、《积学斋丛书》本及台湾广文书局《史料丛编》本等。

《文选注引水经注》一卷，存。清孔继涵撰。《北京大学图书馆藏古籍善本书目》著有稿本。

《日下旧闻考》一百六十卷，存。清孔继涵等纂修。孔继涵为乾隆三十六年（1771 年）进士，官户部主事，充《日下旧闻》纂修官。该书凡总裁七人，督办四人，总纂五人，纂修八人，校录、誊录二十人。纂修人为潘曾起、吴锡麟、关槐、陆伯焜、戈源、孔继涵、德隆、宋调元。此书系乾隆三十九年（1774 年）乾隆帝下令窦光鼐、朱筠据朱彝尊《日下旧闻》增补、考订而成。书内汇辑北京历史、地理、城坊、宫殿、名胜等资料，向称完备。是书有清内府刻本、1981 年北京古籍出版社排印本。

《永年县志》四十四卷《卷首》一卷，存。清孔广棣纂修。广棣字京度，号谦思，孔子七十代孙，恩贡生，署四氏学教授，直隶献县知县，捐升员外郎。是书《中国地方志联合目录》《稀见地方志提要》著录，有清乾隆二十三年（1758 年）刻本。

《天台志书》无卷数，未见。清孔庆鉏撰。庆鉏字稷臣，号诚甫，孔子七十三代孙，道光十六年（1836 年）恩科进士，改庶吉士，官工部都水司郎中、军机处行走。是书《续修县志》著录，未见传本。

《绥德直隶州志》八卷首一卷，存。清孔繁朴等修，高维岳等纂。繁朴字厚安，孔子七十四代孙，光绪十六年（1890 年）进士，官至陕西同州府知府，民国初曾任孔教会总会长。是书有清光绪三十一年（1905 年）刻本，白口，左右双边，半叶九行、行二十字至二十二字不等。前有孔繁朴《重修绥德州志序》、张铭坤《重修绥德州志跋后》，及陕西巡抚毕沅、陕西学政温常绶、州牧吴忠诰、州牧蒋勋、州人李继峤原序，并《凡例》十八条，后有高维岳跋。卷一题孔繁朴、张铭坤监修，高维岳总纂，柳恩培等分纂。是书有光绪三十一年（1905 年）刻本、民国二十五年（1936 年）重印本、台北成文书店《中国地方志丛书》影印本、上海书店《中国地方志集成》影印本。

政书类

《庙庭礼乐典故》，未见。清孔衍璐撰。衍璐字懋畹，一字庭珍，号躬滋，孔子六十五代孙，康熙八年（1669 年）恩贡生。是书《山东通志》《曲阜志》《著述记》等著录，今未见传本。

《幸鲁盛典》四十卷，存。清孔毓圻等撰。毓圻有《孔子世家谱》，本部家谱类已著录。是书《清志》《山东通志》《曲阜志》《阙里文献考》《郑堂读书记》《四库全书总目》等著录。《四库全书总目》云："《幸鲁盛典》四十卷，国朝袭封衍圣公孔毓圻等撰进。先是，康熙二十三年，圣祖仁皇帝临幸曲阜，亲祀孔庙，行九拜之礼。特命留曲柄伞于庙庭。复亲制碑文，遣官勒石于孔庙大成门左。周公、孟子诸庙，咸蒙制文刊石。并录圣贤后裔，给世官以奉祠祀。巨典裔皇，薄海忻舞。毓圻以圣天子尊师隆轨，超迈古今，宜勒为成书，垂示来叶。二十四年疏请纂修，并举进士金居敬等八人司其事，得旨俞允。至二十七年，成书十八卷奏进，蒙特示应改正者二十八条，及臣工诗文尚有应遴选录入者，谕毓圻等覆加校订。会诏发帑金，重建庙庭，御制亏张，磨镌乐石，尊崇之典，视昔弥加。毓圻等乃续事编摩，增辑完备。凡修成事迹二十卷、艺文二十卷，刊刻表进，即此本也。洪惟我圣祖仁皇帝统接羲轩，心源洙泗，褒崇圣教，典礼优隆，为亘古所未有，非区区管窥蠡测所可形容。然文物典章，毓圻等得诸见闻，颇能胪具。伏读是编，大圣人崇儒重道之至意，犹可仰见其万一。是固宜藏诸金匮，以昭示无极者矣。"此书今有康熙红萼轩刻本，半叶十行、行二十字。前有康熙二十八年（1689 年）御制序、孔毓圻康熙五十年（1711 年）《进表》，及《职名》《凡例》等。据《职名》所列，此书总裁为孔毓圻，副总裁为孔毓埏，纂修官有金居敬等七人，另有校阅、收掌、誊录十一人。是书有清康熙二十八年（1689 年）曲阜孔氏红萼轩刻本、北京大学图书馆藏抄本、《四库全书》本、武英殿聚珍本等。

《圣门礼志》一卷，未见。清孔尚忻编。尚忻有《圣门乐志》，经部乐类已著录。是书《山东通志》《阙里文献考》《著述记》等著录，今未见传本。

《阙里盛典》五十卷，未见。清孔传铎撰。传铎有《礼记摘藻》，经部礼记类已著录。是书《山东通志》《曲阜志》《阙里文献考》《著述记》等著录，今未见传本。《孔子文化大全图书总目》记载有稿本传世，不知藏于何处。

《祀孔典礼》三十五卷，不全。清孔传铎撰。是书《中国古籍善本书目》著有辽宁省图书馆藏清抄本。书存二十二卷，即卷一、卷六至十，卷二十、卷二十二至三十五。

《圣门礼志》一卷附《乐志》一卷、《圣贤像赞》一卷，存。清孔令贻辑刊，孔庆辅、孔祥霖续纂。令贻有《孔令贻起居日记》，本部传记类已著录。是书《徐家汇藏书楼所藏古籍目录稿初编总录》《山东文献书目》著录。行款为半叶十行、行二十二字，内页题“光绪丁亥重刊，板藏阙里砚宽亭，袭封衍圣公孔令贻燕庭汇辑合刊，刑部郎中甲子科举人孔庆辅斐轩、翰林院编修孔祥霖少霑续纂，曲阜学优廪生陈庆彬甫子均、金德昌甫佩秋校字”。内容有丁祭全礼、祭品制作法、陈设图、礼器图、礼器名义、建官履历、礼生履历、礼学规范等项。书前有孔宪兰《重刊礼乐志总序》及孔衍泽康熙《旧序》。是书有清光绪十三年（1887 年）阙里砚宽亭重刊本、1989 年孔子文化大全影印本。

目录类

《七略》一卷，存。汉刘歆撰，孔广林辑。广林辑有《周易注》，经部易类已著录。是书《中南西南地区省市图书馆藏古籍稿本提要》著录湖北省图书馆藏武昌徐氏桐风庼抄本，二册。

金石类

《微波榭丛钞》不分卷，存。清孔继涵辑，继涵有《考工车度记》，经部周礼类已著录。是书《中国古籍善本书目》著录，有山东省博物馆藏稿本。

《玉虹楼全部目录》一卷，存。清孔继涑撰。继涑字体实，号古园，又号信夫，别号葭谷居士，道号东山居士，衍圣公传铎第五子，孔子六十九代孙。乾隆三十三年（1768 年）举人，候补内阁中书。是书，山东师范大学图书馆藏有写本一册，书为册页木夹，夹板题《玉虹楼全部目录》。正文凡十八面，页八行，楷书，无格，共列“百一帖”目五百七十有九。末有民国二十六年（1937 年）赵锡霖《玉虹楼法帖题志》三面。是书有山东师范大学图书馆藏写本。

《古印初集》不分卷，未见。清孔光铎、桂馥同集印。广铎，孔子七十代孙。王敦化《印谱知见传本书目》著录此书有道光集汇本，今未见传本。

《藤梧馆金石题咏集录》一卷，存。清孔广栻辑。广栻有《周官联事》，经部周礼类已著录。是书《双行精舍书跋集存》《山东文献书目》著录，有山东省博物馆藏稿本。

《至圣林庙碑目》六卷，存。清孔昭薰、孔宪庚编。昭熏字惠如，号琴南，继涑孙，孔子七十一代孙，嘉庆十八年（1813 年）举人，官临邑训导，署翰林院五经博士。宪庚有《周文忠公事状祭文》合一卷，史部传记类有著录。是书《山东通志》、稿本《续修四库提要》、《贩书偶记》等著录。是书按照御制碑、林庙圣迹及大宗墓碑、历代宗派碑、林碑、庙碑的类别排列，每一类中则依时代顺序编排，共收汉代至明碑刻一百二十余种。是书有清道光十八年（1838 年）曲阜孔氏刻本、光绪二十二年（1896 年）《积学斋丛书》本。

三、子部（存 37 种，不全 1 种，未见 11 种，凡 49 种）

儒家类

《编正孔子家语》二卷，存。清孔毓圻撰。毓圻有鉴定《孔子世家谱》，史部家谱类已著录。是书《著述记》著录，有清康熙间刻本。

《家语注》二卷，未见。清孔广謇撰。广謇字谔卿，号东篱，孔子七十代孙，光绪元年（1875 年）举人，官大挑知县。是书《续修县志》《著述记》有著录，今未见传本。

《曾子十二篇读本》一卷，存。北周卢辩注，清孔广森补注。广森有《周易卮言》，经部易类已著录。此书系民国严式诲选取《大戴礼记补注》中十一篇与《曾子》有关者，与王闿运笺《礼记·曾子问》合为一书。该书与严式诲《重辑曾子遗书》、阮元《曾子十篇注释》、毛奇龄《曾子问讲录》合刻为《曾子四种》。此书有民国九年（1920 年）渭南严氏孝义家塾成都刊本，台湾广文书局 1975 年《中国哲学思想要籍丛编》有影印本。

《傅子补遗》一卷，存。晋傅玄撰，清孔广根辑。广根字心仲，号小莛，自称仙源第一酒人，继涵次子，戴震之婿，孔子七十代孙。诸生，署翰林院五经博士。此书《藏园群书经眼录》《中国古籍善本书目》著录，国家图书馆藏有稿本。

《塾训》一卷，未见。清孔兴釪撰。兴釪有《西台奏议》，史部诏令奏议类已著录。是书《续修县志》《著述记》著录，今未见传本。

《京师太学讲义》九种，存。清孔继涵编。继涵有《考工车度记》，经部周礼类已著录。是书《台湾公藏普通本线装书目书名索引》著录有台湾“中央研究院”历史语言研究所藏清乾隆三十四年（1769 年）刻本。

《家塾劝诫》一卷，存。清孔昭任撰。昭任字仁甫，号芝芸，继汾孙，孔子七十一代孙，嘉庆二十一年（1816年）举人，广西平南县知县。是书有清道光刻本，半叶九行、行十九字，白口，四周双边。此书本书于家塾之壁，后编入其自著丛书《慎独斋存稿》中。书前有昭任《自序》，文共十八则：敬祠墓、重谱系、敦伦纪、睦宗族、豫蒙养、肃闺门、培心田、正名分、励廉耻、谨言语、凛遵循、崇节俭、勤职业、厚姻里、急正供、慎交游、息争讼、戒荡佚。是书有清道光《慎独斋存稿》刻本。

农家类

《小言录》一卷，存。清孔宪庚撰。宪庚有《周文忠公事状祭文》合一卷，史部传记类有著录。是书《中国古籍善本书目子部农家类》《中南西南地区省市图书馆馆藏古籍稿本提要》分别著录湖北省图书馆藏稿本。据《古籍稿本提要》，此书用白棉纸书写，无格，半叶十行、行二十一字，间有朱笔眉批，正文间亦有少许朱笔圈点和批校。前有宪庚《识语》。书内收有关生民衣食器用文章十六篇，计有《节俭说》《布帛毛褐说》《棉和棉不同而棉又有草木两种说》《裘说》《谷说》《杂粮说》《菌说》《白菜说》《盐说》。是书有湖北省图书馆藏清咸丰间稿本（一册）。

天文算法类

《解勾股粟米算法释数》一卷，存。清孔继涵撰。继涵有《考工车度记》，经部周礼类已著录。是书《续修县志》《山东通志》《双行精舍书跋辑存续编》著录，有山东省图书馆藏民国二十三年（1934年）山东省立图书馆抄《红榈书屋未刻稿》本。

《同度记》四卷，存。清孔继涵撰。是书，《中国古籍善本书目》《贩书偶记集部·别集类》等著录。北京大学图书馆所藏稿本，凡十行、行二十字，白口，四周双边，版心上镌“文集”，下有“微波榭刻”四字。全书凡四卷，经准上片尾卷一、中篇为卷二、下篇为卷三，表为卷四。书前有孔继涵《序》。是书有北京大学图书馆藏稿本（二册，又手稿本一卷一册）、国家图书馆藏稿本、《微波榭遗书》本、《积学斋丛书》本等。《续修四库全书》据国家图书馆藏稿本影印。

《算经十书》十种附二种，存。清孔继涵辑。是书《郑堂读书记》《中国丛书综录》著录。《读书记》云："唐以前明经取士，限以年，《九章》《海岛》共三岁，《周髀》《五经算》共一岁，《孙子》《五曹》共一岁，《张丘建》《夏侯阳》各一岁，《缀术》（祖冲之撰）四岁，《辑古》三岁，《记遗》《三等数》皆兼习之。试之日，《九章》三条，《海岛》等七部各一条，十通六，《记遗》《三等数》贴读，十得九，为第。落经者虽通六不第，是唐人为经者八，《缀术》《辑古》不谓之经，《算经十书》之名所由起也。五季佤立，其科既废，迨宋而《缀术》《记遗》《三等数》皆亡佚，嘉定戊申鲍浣之复录得《记遗》于《道藏》中，则是十经中经亡其一，而《三等数》不数焉。体生得毛氏汲古阁所藏宋元丰监本七种，又假戴东原（震）所辑《永乐大典》中《海岛算》《五经算》，而十书备其九，旧附一，今附三，而并梓之。前有体生序目，其所刊书，武英殿聚珍版及浙省重刊本俱有之，今分而记之，仍存其目于左云。《周髀算经》二卷（汉赵爽注、周甄鸾重述、唐李淳风音释）、《音义》一卷（宋李籍撰）、《九章算术》九卷（魏刘徽注、唐李淳风释、国朝戴震补图）、《音义》一卷（宋李籍撰）附《策算》一卷（戴震撰）、《海岛算经》一卷（魏刘徽撰、唐李淳风注）、《孙子算经》三卷、《五曹算经》五卷、《张丘建算经》三卷（唐李淳风注、刘孝孙撰细草）、《缀术》（齐祖冲之撰、唐李淳风注，原阙）、《辑古算经》一卷（唐王孝通撰并注）、《数术记遗》一卷（汉徐岳撰、周甄鸾注）附《勾股割圜记》三卷。"是书有清乾隆中《微波榭丛书》本、光绪十六年（1890 年）上海重刻本、《国学基本丛书》排印本等。

《少广正负数内外篇》六卷，存。清孔广森撰。广森有《周易卮言》，经部易类已著录。《书目答问》《清史稿·艺文志》等有著录。该书是专门研究高次方程的解法和应用的著作。全书凡六卷，内篇三卷卷上为"平方"，卷中为"三乘方"，卷下为"诸开方"；外篇卷上为"割圜弧矢"（十条）、"新设三角法"（六条）、"方田杂法"（二条）、"推秦氏方斜求圆算草"（一条）、"堆垛"（一条），卷中为"勾股合较难题"（十二条）、"勾股幂难题"（三条）、"勾股边幂相求难题"（二十四条）、"勾股容方难题"（二十四条）、"勾股中长难题"（十条）、"勾股不同式难题"（一条），卷下为斛方补问；卷末附"订正算法统宗求筑堤法"一则。该书有清嘉庆十九年（1814 年）《顨轩孔氏所著书》本、《指海》本、《藏修堂丛书》本及《翠琅玕馆丛书》本。1994 年上海书店《丛书集成续编》本影印《翠琅玕馆丛书》本。

《勾股难题》一卷，未见。清孔广森撰。是书稿本《续修四库提要》据《顨轩所著书》本著录云："此书一卷，皆论《勾股难题》者，首刊勾股要例，次勾股容方边幂中长互求诸难题，凡数十条。自谓：'赵君卿《勾股图注》法已尽善，但文意简古。梅氏推衍申畅，书复浩繁。广森谬称知数，好事者时见咨访，辄撮其指要，撰为难题若干事，以代讲义云云。'"此书今未见传本。今本《顨轩孔氏所著书》凡六种附一种，即《诗声类》《礼学卮言》《大戴礼记补注》《公羊春秋经传通义》《经学卮言》《少广正负术》六种附《骈俪文》一种，未有《勾股难题》。考《续修四库提要》所言，内容与今本《少广正负术内外篇》外篇卷中基本相同，或为该书外篇卷中单行本。

《衍元小草》二卷，存。清孔庆霁、孔庆霨等撰。庆霁字孙昉，号晴甫，孔子七十三代孙，候选直隶州知州。庆霨字稚庭，号和甫，候选县丞。是书，山东大学书馆所藏清光绪刻本，上下二卷，黑口，左右双边，十行、行二十二字，无格。该书系用天元筹算法推算《九数通考》的数学书籍。有清光绪二十四年（1898 年）劳乃宣清苑官廨刻本、《矩斋筹算六种》本等。

术数类

《续尧夫经世绪言》一本，未见。清孔庆翰撰。庆翰有《简贯易解》，经部易类已著录。是书《续修县志》等有著录。邵雍《皇极经世》系用卦象推算物理之书，庆翰此书当为阐发邵氏之书。今未见传本。

艺术类

《琴瑟谱》一卷，存。清孔贞瑄撰。贞瑄有《大成乐律全书》，经部乐类已著录。是书据《著述记》著录，今未见传本。

《琴谱》一卷，未见。清孔贞遇撰，贞遇号行素，孔子六十三代孙，庠生，因子尚则贵，封奉直大夫、刑部郎中。是书据《山东通志》《曲阜志》著录。今未见传本。

《琴苑心传全编》二十卷，存。清孔兴诱辑。兴诱字起正，号秀岩，孔子六十六代孙，岁贡生，官即墨县训导。是书《贩书偶记续编》、《中国古代音乐书目》、稿本《续修四库提要》均著录。是书卷首为历代帝王圣贤名氏，卷一为琴议、声音、感摄、律吕，卷二为黄钟、《乐记》《家语》、子说，卷三述制琴定徽诸法，卷四述历代琴制，卷五为杂引琴议、徽弦本制、传琴、启蒙，卷六为抚琴式、五音审辨、弹琴之要、手诀，卷七为辨指及左右指法、抚弦诸论，卷八为左右手势，卷九以下罗列诸谱所载曲名。是书有重庆市图书馆藏清康熙九年（1670 年）刻本、中央音乐学院中国音乐学院研究所藏重庆图书馆本摄制本等。

《太古遗音》八卷，存。清孔兴诱辑。是书据《清华大学图书馆藏善本书目》著录，有清华大学图书馆藏清道光间抄本。

《享金薄》一卷，存。清孔尚任撰。尚任有《圣门乐志》，经部乐类已著录。是书《中国丛书综录》有著录。此书为尚任所编自藏文物目录，凡书画题记八十二则，玉器十则，山石九则，乐器七则，法帖六则，钟鼎六则，砚池六则，铜器三则，瓷器、漆器、古尺、印玺、镜、屏风、纸张各二则，旧档案、白描传奇、弩机、刁斗、刀笔、军特砚、香炉、钱币、雕刻、小葫芦、龙卵、骨器、绞绫帕、香各一则，共一百五十七则。是书有《济宁李氏靡墨亭丛书》本、《美术丛书初集》本，又收入《孔尚任诗文集》。

《享金薄摘抄》一卷，存。清孔尚任撰。是书《中国丛书综录・子部・金石类》有著录。是书为钱启同《玉说芸刊》一书摘抄孔尚任《享金薄》中玉器、石器部分而成，有民国二十年（1931 年）《玉说芸刊》排印本。

《画林雁塔》一卷，存。清孔尚任撰。是书，山东省图书馆藏有清朝本，一册，半叶八行、行字不等，注文小字双行。其书收录历代画家小传，始自先秦，迄于清初，依时代顺序排列。有山东省博物馆藏清朝本。

《画诀》一卷，存。清孔衍栻撰。衍栻字懋法，号石村，孔子六十五代孙，贡生，官济宁训导。是书《曲阜志》《阙里文献考》《中国图书综录》等著录。是书记载作画之法，凡十则：一立意；二取神；三运笔；四造景；五位置；六避俗；七点缀；八渴染；九款识；十图章。是书有清康熙《昭代丛书》本，1995 年齐鲁书社《四库全书存目丛书》据此影印；《翠琅轩馆丛书》本，1994 年上海书店《丛书集成续编》本据此影印。又有《艺术丛书》本、《芋园丛书》本、《美术丛书初编》本、《画论丛刊》本、《历代论画名著汇编》本等。

《续画诀》一卷，未见。清孔衍栻撰。是书《曲阜志》《阙里文献考》等著录，今未见传本。

《琴律易知》四卷，未见。清孔传堂撰。传堂字振升，号升庵，孔子六十八代孙，雍正二年进士，历任礼部主事、员外郎、兵部郎中、广西镇安知府、贵州思南知府。是书《山东通志》《著述记》等著录，今未见传本。

《篆镂心得》不分卷，存。清孔继浩撰。继浩，传鈷长子，字体充，号义壑，孔子六十九代孙，至圣庙四品职事官，署曲阜县世职知县，即用州同知。是书，国家图书馆藏有稿本，一册，半叶九行、行十七字，无格。内收《篆总论》《章法》《落墨》《执刀》《奏刀》《识白文》《识朱文》《阴铁线文》等文，凡四十七篇。又附录唐张怀瓘《十体书断》、宋张表臣《论虫鸟书》、欧阳修《论仙篆》、苏轼《天篆记》、元吾丘衍《三十五举》、明王应电《书法指要》《部字原病》、朱谋玮《论古今奇字》、丰坊《论篆书》、赵宧光《论四体书》等间。是书有本经图书馆藏清稿本，上海古籍出版社《续修四库全书》据此影印。

《谷园论书》一卷，存。清孔继涑撰。继涑有《玉虹楼贴目录》，史部金石类已著录》是书，山东省榆树馆藏有清同治抄清晏棣辑《国朝书法名家考略》附录本，半叶八行、行三十六字至四十字不等，无格，亦无序目。书凡八叶，收文三十七篇。是书有山东省图书馆藏清同治九年（1870 年）抄本。

《谷园临古帖》一册，存。清孔继涑书。是书山东大学图书馆藏有手写本，题签《孔继涑墨迹》，半叶七行、行十五字。内临欧阳询、颜真卿、蔡襄、米芾四家书，共若干通。是书有山东大学图书馆藏手写本。

《谷园摹古法帖》二十卷，存。清孔继涑摹勒。是书乃重摹前人碑帖，以宋四家为主，多取材《三希堂》而删汰《三希堂》伪帖。卷一为汉《华山碑》《石经》，卷二为钟繇、王羲之书三种，卷三为王羲之、智永书及《崔敬邕墓志》，卷四、卷五为李邕书《麓山寺碑》《李思训碑》二种，卷六为柳公权书一种，卷七为摹《群玉堂贴》二十则，卷八至十为苏轼书，卷十二之十四为黄庭坚书，卷十五为蔡襄书，卷十六至十九为米芾书，卷二十为赵孟頫书。是帖有清曲阜孔氏摹刻本。

《谷园摹古法帖》一卷，未见。清孔继涑摹勒。是帖《山东文献书目》著录清曲阜孔氏摹刻本，今未见传本。

《玉虹鉴真帖》十三卷、《续帖》十三卷，存。清孔继涑摹勒。前十三卷所刻字晋王羲之至明董其昌书共七十五种，续帖所刻唐李白至明王铎书公七十种。是书有清曲阜孔氏摹勒本。

《玉虹楼法帖》十六卷，存。清孔继涑、孔广廉辑刻。广廉字季直，号静吾，继汾子，出嗣为继涑后，孔子七十代孙，官刑部主事、会典馆纂修、诰授奉直大夫。是帖《续修四库全书提要》著录。内收孔继涑辑刻张照书十二卷及孔广廉辑刻继涑书四卷。孔继涑系张照之婿，故收藏张氏真迹甚多，又学书于张氏，风格近似。是帖有清曲阜孔氏摹刻本。

《瀛海仙班帖》十卷，存。清孔继涑辑刻。是帖《续修四库全书提要》著录。此帖为继涑所临张照书，内多御制诗文及应制书，计三十四种。是帖有清曲阜孔氏辑刻本。

《隐墨斋帖》八卷，存。清孔继涑书，孔昭薰辑刻。昭熏有《至圣林庙碑目》，史部金石类已著录。是书《续修县志》《续修四库提要》等著录。此帖共辑刻继涑书帖二十六种，有清曲阜孔氏辑刻本。

《国朝名人法帖》十二卷，存。清孔继涑摹勒，孔广廉、孔昭薰续摹勒。是书收录清人书法作品，卷一为陆陇其等七人书，卷二为沈荃、笪重光、高士奇三人书，卷三为王士禛等六人书，卷四为王鸿绪、恽寿平书，卷五为吴梅鼎等五人书，卷六为朱彝尊等七人书，卷七为姜宸英、徐用锡书，卷八为汪士鋐书，卷九为汪士鋐、陈邦彦书，卷十为张照等十一人书，卷十二为沈栻、梁同书书。是帖有清曲阜孔氏辑刻本。

《玉虹楼石刻》四卷，存。

清孔昭焕、孔广廉摹勒。昭焕有《孔子世家谱》，史部家谱类已著录。是书卷一、卷二为张照书，卷三、卷四为孔继涑书，为昭焕、广廉在《玉虹楼法帖》之外，续收张照书及继涑书所刻。是帖有清曲阜孔氏辑刻本。

《玉虹楼零帖》九卷，存。清孔继涑摹勒。此帖卷一为宋黄庭坚书，卷二为米芾书，卷三为明祝允明书，卷四至七为清张照书，卷八、卷九为清孔毓圻书。是书有清曲阜孔氏辑刻本。

《玉虹楼帖》不分卷，存。清孔继涑书是书《山东文献书目》著录山东省图书馆藏稿本。此本五册，行格、字数不一。

《孔氏百一帖》一百零一卷，存。清孔继涑、孔广廉等辑刻。据《中华书法篆刻大词典记载》，为孔继涑、孔广廉汇辑《玉虹楼鉴真贴》十三卷、《续贴》十三卷、《谷园摹古法帖》二十卷、《玉虹楼零种》九卷、《国朝名人法帖》十二卷、《玉虹楼法帖》十二卷、《瀛海仙班帖》十卷、《玉虹楼石刻》四卷、《隐墨斋帖》八卷，共一百零一卷合称《百一帖》。此帖共刻石五百八十四块，现存曲阜孔庙。是帖有清曲阜孔氏辑刻本。

《天瓶斋书画题跋》二卷，存。清张照撰，沈栻、孔继涑合编。是书有清乾隆刻本、《丙子丛编》本、《美术丛编》本等。

《长行经》一卷，存。清孔继涵撰。继涵有《考工车度记》，经部周礼类已著录。是书《中国丛书综录》著有《微波榭遗书》本。凡半叶九行、行十九字，黑口，左右双边。有清乾隆《微波榭遗书》本。

杂家类

《家政》一卷，未见。清孔贞灿撰。贞灿字垣三，号西园，孔子六十三代孙，四氏学学录。是书《山东通志》《曲阜志》《阙里文献考》等皆著录。据《文献考》所言，系“录取古人嘉言懿行及孝弟敦睦之可纪者，居平以训示子弟”之书。今未见传本。

《会心录》四卷，不全。清孔尚任撰。是书《清志》《山东通志》《四库全书总目》《阙里文献考》《著述记》等皆著录。《四库总目》云：“是编杂采古人清言佳事，略如沈括《清夜录》、周密《志雅堂杂抄》之例。自序云：‘不考出处，不次前后，不分体例，间有复讹者，亦懒于删。’盖林居多暇，姑以寄意，非有意于著书也。”据宫衍兴《孔尚任佚文遗墨》记载，济宁市文管局藏孔尚任墨迹一册十二页，即其中至一卷。

《耕砚田笔记》，未见。清孔毓圻撰。毓圻有《孔子世家谱》，史部家谱类已著录。是书据《曲阜文史》第十辑《曲阜历代著述简介》一文著录，未见传本。

《拾箨余闲》一卷，存。清孔毓埏撰。毓埏有重刊《述圣图》，史部传记类已著录。是书，《清志补编》、《山东通志》、《曲阜志》、《阙里文献考》、《贩书偶记》、稿本《续修四库提要》、《中国古籍善本书目》等著录。是书康熙刻本凡半叶九行、行十九字，白口，单黑鱼尾，内题“阙里孔毓埏”，前有叶宾《序》。稿本《续修四库提要》云：“是编共百二十余条，皆其读书札记及其见闻所得者，不分类例，不标门目，举凡群籍考证、书院名称、考校字义，以及先世遗事、名人事迹、邑中掌故等，无不载之。”是书有清康熙五十九年（1720 年）刊本，《续修四库全书》本据此影印。又有国家图书馆藏孔继涵校《远秀堂集》本等。

《读古偶志》一卷，存。清孔传铎撰。传铎有《礼记摘藻》，经部礼记类已著录。是书《山东通志》《曲阜志》《阙里文献考》《贩书偶记》等皆著录，有清康熙刻本、道光十一年（1831年）刻本等。

《学修杂记》四卷、《识字日知录》二卷，未见。清孔传堂撰。传堂有《琴律易知》，本部艺术类已著录。二书《著述记》《山东通志》等著录，今未见传本。

《微波榭杂抄》不分卷，存。清孔广栻辑。广栻有《周官联事》，经部周礼类已著录。是书《北京图书馆善本书目》著录馆藏稿本一册。

《较正劝孝》十则，未见。清孔昭谨撰。昭谨字显恪，孔子七十一代孙，五品执事官。是书《续修县志》著录，今未见传本。

四、集部（存142种，不全2种，未见87种，凡231种）

别集类

《聊园诗略》十三卷、《补遗》一卷、《续集》一卷、《文集》一卷，存。清孔贞瑄撰。贞瑄有《大成乐律全书》经部乐类已著录。是书中国社会科学院文学研究所藏有清康熙五十年（1711年）汇刻本，半叶十一行、行二十二字，白口，左右双边。《诗略》收诗卷一古杂体十六首，卷二五言古诗三十七首，卷三七言古诗四首，卷四七言律诗三十七首，卷五五言律诗三十四首，卷六七言绝句六十八首，卷七五言绝句、五言排律十八首，卷八五言古诗三十五首，卷九七言古诗十三首，卷十七言律诗一百六十首，卷十一五言律诗一百一十五首，卷十二七言绝句二十六首，卷十三五言绝句、五言排律十四首，又补遗十二首。《续集》收诗一百八十八首。《文集》收文四十余篇。是书有清康熙五十年汇刻本，齐鲁书社《四库全书存目丛书》据此影印。

《聊园诗略前后集》十三卷，存。是书是前述汇刊本刊刻前，《聊园诗略》的单行本。据《北京图书馆善本书目》云，此书一册，半叶十一行、行二十二字，白口，左右双边。有请康熙四十七年（1708年）刊本。

《西园集》一卷，未见。清孔贞灿著。贞灿有《家政》，子部杂家类已著录。是书《山东通志》《曲阜志》《阙里文献考》等著录，今未见传本。

《石门山集》一卷，存。清孔尚任撰。尚任有《圣门乐志》，经部乐类已著录。是书曲阜师范大学图书馆及黄振立先生处藏有旧刻本，半叶九行、行二十二字，无序跋。内收《游石门山记》《募修玉泉寺疏》《告山灵文》

《买山券》《樵约》五篇，为孔尚任康熙十七年（1678 年）游石门山时所作。是书有清康熙间刻本、清抄本等。

《湖海集》十三卷，存。清孔尚任撰。是书《山东通志》《曲阜志》《阙里文献考》《著述记》《四库全书总目》《中国古籍善本书目》等俱有著录。是书卷一至七为诗，卷八至十为文，卷十一至十三为书札，为孔尚任赴江南治水期间的作品集。有清康熙介安堂刻十三卷本、《四库全书存目丛书》据此影印。又有清康熙介安堂初刻七卷本、山东大学图书馆藏介安堂第五刻红格抄本、1957 年上海古典文学出版社排印本等。

《岸堂稿》一卷，存。清孔尚任撰。是书《中国丛书综录》《中国古籍善本书目》著录。清康熙三十一年《辇下合鸣集》本，半叶十行、行十九字，黑口，四周单边，单鱼尾。是书凡诗七卷、文六卷，为奉使扬州时所作。有清康熙三十一年（1692 年）《辇下合鸣集》本。

《长留集》九卷，存。清孔尚任撰，刘廷玑选。《中国古籍善本书目》《清华大学图书馆藏善本书目》等著录。清康熙五十四年岱宝楼刻本，六册一函，九行十九字，细黑口，左右双边，双鱼尾。内容为刘廷玑所选孔尚任作于出使淮阳以后诗作，有见于《湖海集》《岸堂集》者。有康熙五十四年（1715 年）岱宝楼刻本。

《岸堂文集》六卷、《诗集》二卷，未见。清孔尚任撰。是书《著述记》有著录，今未见传本。

《鳣堂集》，未见。清孔尚任撰。是书陈万鼎《孔尚任著述记》著录为佚，今亦未见传本。

《石门集》一卷，未见。清孔尚任撰。是书《著述记》著录，今未见传本。

《介安堂集》无卷数，未见。清孔尚任撰。《孔尚任著述记》著录，今未见传本。

《孔尚任诗最》一卷，存。清孔尚任撰，倪匡世选。是书《清人别集总目》有著录，为倪匡世所编孔尚任诗选本。有国家图书馆藏抄本、安徽省图书馆藏抄本、曲阜师范大学图书馆藏振雅堂抄本及清康熙二十七年（1688 年）怀远堂《振雅堂汇编诗最》本等。

《续古宫词》一卷，存。清孔尚任撰。是书《中国古籍善本书目》《藏园订补郘亭知见传本书目》有著录。清康熙孔氏介安堂刻本，凡八行二十字，白口单边。

《友古斋诗》无卷数，未见。清孔尚恪撰。尚恪字宾之，又字敬思，号竹圃，孔子六十四代孙，诸生。是书《续修县志》《著述记》等著录，今未见传本。

《兰堂遗稿》二卷，未见。清孔毓圻撰。毓圻有《孔子世家谱》，史部家谱类有著录。是书《山东通志》《曲阜志》《阙里文献考》《著述记》等俱有著录，当为孔毓圻诗集。今未见传本。

《石仓诗选》一卷，未见。清孔兴釪撰。兴釪有《西台奏议》，史部诏令奏议类有著录。是书《曲阜志》《续修县志》《著述记》等有著录，今未见传本。

《孔绍先诗》一卷，存。清孔兴釪撰。是书《清人别集总目》《清人诗文集总目提要》著录。有清康熙十年（1671 年）福清魏氏枕江堂刻《皇清百名家诗》本著录。

《滇游集》一卷，未见。清孔兴诏撰。兴诏字起凤，号纶锡，孔子六十六代孙，官云南粮储道。是书《山东通志》《曲阜志》《阙里文献考》《著述记》等俱有著录，今未见传本。

《远秀堂集》八卷，存。清孔毓埏撰。毓埏有重刊《述圣图》，史部传记类已著录。是书《山东通志》《曲阜志》《阙里文献考》《著述记》《贩书偶记》《北京图书馆古籍善本书目》等著录。有清乾隆八年（1743 年）孔传镛刻本、国家图书馆藏孔继涵校清抄六卷本。

《丽则集》一卷，存。清孔毓埏撰。是书山东省图书馆藏有佚名评点稿本，一册三十四页，凡半叶十一行、行十八字，黑口双边，单鱼尾，无序跋目录。有山东省图书馆藏稿本、北京大学图书馆藏稿本等。

《曲阜县赋》一卷，存。清孔毓埏撰。是书《山东通志》《曲阜志》《著述记》等著录，有国家图书馆藏清抄本。

《温泉集》一卷，未见。清孔衍钦撰。衍钦字子敬，号简夫，孔子六十五代孙，诸生。是书《山东通志》《曲阜志》《阙里文献考》皆著录，今未见传本。

《世泽堂文集》无卷数，未见。清孔衍法撰。衍法有《孔庭摘要》，史部阙里文献类已著录。是书《续修县志》著录，今未见传本。

《湖海诗集》无卷数，未见。清孔衍治撰。衍治有增辑《东野志》，史部阙里文献类已著录。是书《续修县志》著录，未见传本。

《红杏山房诗》一卷，未见。清孔毓琚撰。毓琚有《曲阜县志》，史部地理类已著录。是书《山东通志》《曲阜志》《阙里文献考》《续修县志》皆著录，今未见传本。

《水木山房诗》一卷，未见。清孔毓璘撰。毓璘字叔玉，别字绣谷。孔子六十七代孙，贡生，官顺天府昌平州判。是书《山东通志》《曲阜志》《阙里文献考》《著述记》等皆著录，今未见传本。

《诗抄》一卷，未见。清孔兴治撰。兴治有《四书讲义》，经部四书类已著录。是书《山东通志》《曲阜志》《阙里文献考》皆著录，今未见传本。

《藉兰阁草》一卷，存。清孔丽贞撰。丽贞字蕴光，孔毓埏女，历城戴文谌妻。是书《山东通志》著录。曲阜师范大学黄立振藏有稿本，与颜懋伦《晚香堂诗》合订一册，凡半叶九行、行二十一字，共收《雪夜侍二大人饮酒而作》《对月弹琴》《七夕》等四十六首诗。

《鹄吟集》不分卷，未见。清孔丽贞撰。是书《山东通志》、稿本《续修四库提要》等有著录。《提要》云："《鹄吟集》不分卷，历城李氏抄本，清孔丽贞撰……是集共诗二百余首，古今体均有，而以律绝为多，亦随意编次者。"此本今未见。

《题画集》一卷，未见。清孔衍栻撰。衍栻有《画诀》，子部艺术类有著录。是书《山东通志》《曲阜志》《阙里文献考》等著录，今未见传本。

《申椒集》二卷，存。清孔传铎撰。传铎有《礼记摘藻》，经部礼记类已著录。是书《清志补编》、《贩书偶记》、稿本《续修四库提要》等著录。《续修四库提要》云："是集共诗四百九十余首，随意编次，不分体，亦不编年。传铎尝谓：学诗从李、杜入手，乃上乘之论。实未能领略，求其浅而易学者，于宋人得陆放翁，于明人得高季迪，此两家虽不逮李、杜，固是李、杜宗派。故所为诗清新浏亮，极近于陆。而一二古诗，不求奔放，惟尚浑朴，皆言根于至情。陈于王《叙》谓：'古体若《风》、若《雅》、若《颂》、若《骚》，近体是青莲、是浣花、是白香山、是陆剑南。'……书前有陈于王、宋荦、罗箴豫、顾彩诸人《序》，及《自序》。末附沙克岱《跋》。"是书有清康熙四十五年（1706 年）家刻本。

《盟欧草》一卷，存。清孔传铎撰。是书《山东通志》《曲阜志》《阙里文献考》等著录，亦为传铎诗集，有清康熙五十六年（1717 年）刻本。

《绘心集》二卷，存。清孔传铎撰。是书《曲阜志》《阙里文献考》《著述记》等著录。是书康熙刻本，半叶九行、行二十一字，白口单边，单黑鱼尾，分为上下二卷。有清康熙刻本。

《申椒二集》一卷，存。清孔传铎撰。《北京图书馆古籍善本书目》著录有清孔氏红萼书屋抄本，九行二十一字，无格。

《安怀堂文集》二卷，存。清孔传铎撰。是书《曲阜志》《阙里文献考》《著述记》等皆著录，有清康熙刻本、国家图书馆藏清红萼书屋抄本。

《鲁门诗集》一卷，存。清罗篮豫撰，孔传铎等选定。是书《清人别集总目》《清人诗文集总目提要》等著录。篮豫，字志行，安徽青阳人，为衍圣公外甥，故孔传铎、孔传鋕为其编订诗集，该集共收录诗作二百七十四首。有清康熙间刻本、安徽省图书馆藏红格抄本等。

《纯斋遗草》一卷，存。清孔继濩撰。继濩字体和，好纯斋，传铎长子，孔子六十九代孙，雍正十三年赠衍圣公。是书《山东通志》《曲阜志》《阙里文献考》《著述记》等著录。北京大学图书馆藏有清抄本，一册，半叶九行、行十九字。有康熙五十八年（1719 年）家刻本、北京大学图书馆藏清抄本等。

《补闲集》二卷，存。清孔传鋕撰。传鋕字振文，号西铭，别号蝶庵，衍圣公毓圻次子，孔子六十八代孙，袭封五经博士。是书《清志补编》、《山东通志》、《曲阜志》、《阙里文献考》、《贩书偶记》、稿本《续修四库提要》《中国古籍善本书目》等著录。是书山东大学图书馆藏有清康熙孔氏家刻本，凡上下二卷，每卷一册，半页九行、行十九字，白口，左右双边。收诗四百七十余首，不分体，亦不编年。是书有清康熙四十八年（1709 年）序刻本。

《小岸诗》一卷，未见。清孔衍谱撰。衍谱字榆村，号小岸，尚任长子，孔子六十五代孙，恩贡生，官丹阳主簿。是书《山东通志》《曲阜志》《阙里文献考》《著述记》等皆著录，今未见传本。

《虚镜斋诗》无卷数，未见。清孔传松撰。传松字振茂，号鹤林，孔子六十八代孙，举人，官世职知县、世袭六品官。是书《续修县志》《著述记》等著录，今未见传本。

《孔英尚文集》五卷，存。清孔毓琼撰。毓琼字英尚，号晓窗，孔子六十七代孙，官左都御史。《清人诗文总目提要》《贩书偶记》等著录，又名

《晓窗文集》，有清康熙三十六年（1697年）刻本。

《炊经堂诗集》四卷，未见。清孔传钲撰。传钲字振远，号松皋，衍圣公毓圻第三子，继涵父，孔子六十八代孙，三品执事官。是书《山东通志》《曲阜志》《阙里文献考》《著述记》皆著录，今未见传本。

《芳杜轩集》，未见。清孔传钲撰。《曲阜志》著录，今未见传本。

《炊经堂诗抄》一卷，未见。清孔传钲撰。是书据《清志补编》、稿本《续修四库提要》著录。《提要》云："《炊经堂诗抄》一卷，阙里孔氏抄本，清孔传钲撰。是集仅诗九十余首，古近体均有之。《县志》谓传钲所为《炊经堂诗集》计四卷，则此册当为选抄者。"今未见该抄本。

《听蕉斋诗集》无卷数，未见。清孔传镛撰。传镛字序东，号墨稼，衍圣公毓圻第四子，孔子六十八代孙，官太原同知。是书《山东通志》《续修县志》《著述记》皆著录，今未见传本。

《敏求斋文集》八卷、《诗集》四卷、《外集》一卷，未见。清孔广棨撰。广棨字京立，号石门，孔子第七十代孙，雍正九年（1731年）袭封衍圣公。是书《山东通志》《曲阜志》《阙里文献考》《著述记》皆著录，今未见传本。

《石门山人诗稿》一卷，存。清孔广棨撰。是书《北京大学图书馆藏古籍善本目录》著录，有清抄本一册。

《耀尘集》二卷，存。清孔继浩撰。继浩有《篆镂心得》，子部艺术类已著录。是书山东师范大学图书馆藏有清王士瓒誊稿本，一函六册，半叶九行、行十八字，白口，四周双边，单鱼尾。集内收文一百二十篇。是书有山东师范大学图书馆藏清王士瓒誊稿本、中国科学院馆藏清稿本等。

《弃余集》四卷，未见。清孔继浩撰。是书《孔子故里志》著录，云有旧抄本，今未见传本。

《五泉庄拟古乐府》一卷，未见。清孔继汧撰。继汧字体源，号蒲谷，传鋕次子，孔子六十九代孙，至圣庙五品执事官。是书《山东通志》《曲阜志》《阙里文献考》《著述记》皆著录，今未见传本。

《耘诗草》，未见。清孔传科撰。传科字振修，一字溟符，号行序，孔子六十八代孙，乾隆举人，官宁津知县。是书《续修县志》《著述记》著录，今未见传本。

《行余诗草》二卷，未见。清孔继汾撰。继汾有《孔氏家仪》，经部三礼总义类已著录。是书《续修县志》《著述记》等皆著录，今未见传本。

《焚余草》，未见。清孔继炌撰。继炌字体明，号菊亭，孔子六十九代孙，至圣庙执事官。是书《山东通志》《续修县志》《著述记》皆著录，今未见传本。

《涧水亭集》五卷、《修卉书屋诗集》三卷，未见。清孔广柞撰。广柞有《东家嫡系小谱》，史部家谱类已著录。二书《续修县志》等著录，今未见传本。

《戴东原先生文》一卷，存。清戴震撰，孔继涵编。继涵有《考工车度记》，经部周礼类已著录。是书《中国古籍善本书目》《北京大学图书馆藏古籍善本书目》著录，有北京大学图书馆藏稿本，收文二十四篇，胡适跋。

《红榈书屋诗集》四卷，存。清孔继涵撰。是书《清志》《山东通志》《续修县志》《著述记》《贩书偶记》等皆著录。山东大学图书馆藏有《微波榭遗书》本，半叶十二行、行二十四字，细黑口，双鱼尾，四周单边，无序目。是书有清乾隆《微波榭遗书》本，《续修四库全书》据此影印；又有国家图书馆藏清抄本。

《红榈书屋杂体文稿》七卷，存。清孔继涵撰。是书曲阜师范大学图书馆藏有《微波榭遗书》本，半叶十二行、行二十四字，黑口，四周单边。卷一为序，卷二为跋，卷三为记，卷四缺，卷五为颂、论、辩、志铭、传赞，卷六为文、杂题、启、表，卷七为《熊文端公年谱》。是书有清乾隆《微波榭遗书》本，上海古籍出版社《续修四库全书》影印辽宁省图书馆藏《微波榭遗书》本（存卷一至三、卷五至七）。又有重庆图书馆藏清乾隆藤梧馆抄本一册。

《红榈书屋未刻稿》二卷，存。清孔继涵撰。是书稿本《续修四库提要著录》。《提要》云："其所著述，曾汇刻《微波榭遗书》内《杂体文稿》一种旧未刻竣，前后失次，亦无序跋。其文稿底本，清末福山王懿荣收入《海岱人文》，继归临清徐坊。徐书散出，复归孔氏。是集为王献唐等所编者。取文稿底本，与已刻者相较，凡《杂体文稿》已收者，概不编入。共得文十余篇，并将继涵所著《考工车度记》《补林氏考工记》《解勾股粟米法释数》等篇，亦皆汇入，合厘为二卷。并附继涵行述于后，因题此名。其所载各文，亦以考证之文为多。李慈铭《越缦堂日记》谓继涵号持高论，诚非虚语也。"是书有山东省图书馆藏民国二十三年（1934 年）山东省立图书馆抄本。

《微波榭遗书》一卷，存。清孔继涵撰。是书《中国丛书综录》《续修四库全书提要》等著录，为继涵文集的节选本，有《二余堂丛书》本。

《红榈书屋文集》二卷，未见。清孔继涵撰。是书《续修县志》《著述记》皆著录，今未见传本。

《红榈书屋集》十四卷，存。清孔继涵撰。是书《清志补编》、稿本《续修四库提要》著录。《提要》云："《红榈书屋集》十四卷，清孔继涵撰。是集同刊而单行，凡《杂体文》七卷、《诗》四卷、《词》三卷。按：继涵学重考证，集中多经籍序文、碑拓题跋及杂考纪事之作。文皆征实，不尚空言。《宋太学石经记》就现存残石拓本，遍征群籍记载，钩稽原委，可辨正旧说者甚多，较朱彝尊所考，尤为详晰。其《同度记》附《衍细草》及《熊文端公年谱》附《熊氏世系表》《女系表》皆为专书，亦并入集中。诗戛戛独造，出入杜、韩、苏、黄，不涉纤弱家数，高者出虚入浑。《张埙推桃源行》一篇为压卷，集中亦不多见。有论诗绝句云：'才知不读书千卷，牙后拾人也不应。'自道所得如是。词为别调，要无恬熟语，不失其本色耳。"是书有清乾隆《微波榭遗书》本。

《玉虹楼诗》一卷，未见。清孔继涑撰。继涑有《玉虹楼帖目录》，史部金石类已著录。是书稿本《续修四库提要》著录。《提要》云："是编计古近体诗一百五十六首，分体编次之。如集中《题张文敏公墨迹后》云，'精研八法重天才，神趣纵横笔妙该。展卷曲江风度远，苏黄名自雨题来。评骘香光品不差，珍惜法宝勤天家。廿年私淑惨初步，已恨云烟过眼花'等篇，已自可成诵。而《乾隆甲辰驾幸阙里礼敬和御制元韵恭纪》等首，皆极有清遒真朴之概焉。"今未见传本。

《谷园稿》一卷，存。清孔继涑撰。是书中国科学院图书馆藏有稿本，折装一册。

《与红楼诗词》四卷，未见。清孔继涑撰。是书《续修县志》《著述记》均著录，未见传本。

《榕阴轩诗集》二卷，未见。清孔继睿撰。继睿字体范，号思亭，传松子，孔子六十九代孙，举人，官上虞、镇远知县。是书《续修县志》《著述记》著录，未见传本。

《文津轩文集》《秋水亭诗集》，未见。清孔毓书撰。毓书字东壁，孔子六十七代孙，举人，历官丘县、单县教谕。二书据《续修县志》著录，未见传本。

《延恩集》一卷，未见。清孔广林撰。广林辑有《周易注》，经部易类已著录。是书《续修县志》《著述记》皆著录，今未见传本。

《幼髯韵语录存》一卷、《外集》一卷，未见。清孔广林撰。是书《续修县志》、《著述记》、稿本《续修四库提要》著录。《提要》云："编中所载，只悼亡已有十五首，其中古律绝句皆有之。……其余诸作，集自唐人之语句，广林自亦云仅存悼亡十五首，以示子孙云云。此编除悼亡外，尚有其他诸作，或他人所羼入者矣。"今未见传本。

《骈俪文》三卷，存。清孔广森撰。广森有《周易卮言》，经部易类已著录。本书系收录孔广森文最为完备的别集，虽名为《骈俪文》，亦收有少量散文。卷一有赋二首、颂一首、褶子三首、呈文一首、书三首、札四首，卷二有序十二首、记一篇，卷三有书后三首、连珠九首、诔二首、哀词一首、祭文五首，卷末有孔广森外甥朱文翰跋。孔广森骈俪文在当时有盛名，孙星衍《仪郑堂遗文序》云："友人汪容甫出顨轩检讨骈体文相示，叹为绝手。"有清嘉庆十七年（1812年）《顨轩孔氏所著书》本，《四部备要》本据此本排印，《续修四库全书》本据此本影印。

《仪郑堂文》二卷，存。清孔广森撰。是书《持静斋书目》《书目答问》等著录。孔广森谢世次年，即乾隆五十二年（1787年）十一月，广森甥朱文翰编《仪郑堂文集》二卷"先刊以问世"。卷一收录颂一篇、书一篇、札三篇、序三篇，卷二有序四篇、书后一篇、记一篇、诔一篇、哀词一篇、祭文一篇，书前有阮元《叙录》，书后有孙星衍《序》、朱文翰《跋》。此本收录文章数不足《骈俪文》三卷本一半，但因刊刻早于《骈俪文》，可起到与《骈俪文》相互校勘的作用；前后所附阮元叙录、孙星衍序《骈俪文》未收，都是研究孔广森生平的重要资料，故此书相对《骈俪文》有其独特的价值。有清乾隆五十二年（1787年）《文选楼丛书》本、嘉庆三年（1798年）《小琅嬛迁馆叙录书》本、民国十四年（1925年）《食旧堂丛书》本。《丛书集成初编》本、台湾新文丰《丛书集成新编》本均据文选楼本排印。

《仪郑堂遗稿》一卷，存。清孔广森撰。此书系清吴鼒辑孔广森文十九篇编辑而成，与袁枚、邵齐焘、刘星炜、孔广森、吴锡麟、曾燠、孙星衍、洪亮吉八人骈文汇集为《八家四六文钞》。此本刊刻晚于《仪郑堂文》，收录不及《骈俪文》全面，故价值相对较小。有清嘉庆十八年（1813 年）校经堂刊本、民国扫叶山房石印本、光绪十七年（1891 年）年许贞幹注自刊本、光绪十八年（1892 年）上海图书集成印书局石印许氏注本等，1968 年台湾文史哲出版社又据许氏自刊本影印。

《仪郑堂诗稿》一卷，未见。清孔广森撰。是书《曲阜志》著录，今未见传本。

《蔗亭诗》二卷，未见。清孔继炘撰。继炘字景炎，号蔗亭，孔子六十九代孙，拔贡生，官永平府知府。是书《续修县志》《著述记》皆著录，今未见传本。

《藤梧馆诗钞》一卷，存。清孔广栻撰。广栻有《周官联事》，经部周礼类已著录。是书稿本《续修四库提要》著录，云："是编分体编次，计五古二百首，七古八十首，五律三百十二首，七律二百三十首，五绝一百五十首，七绝一百八十首，总计一千一百五十余首……"是书有国家图书馆藏清曲阜孔氏藤梧馆抄本、北京大学图书馆藏清抄本等。

《藤梧馆诗草》不分卷，存。清孔广栻撰。是书山东图书馆藏有稿本，一册六十四页，每半叶十行、行二十一字，无序跋、目录及行格。

《藤梧馆杂体文》一卷，存。清孔广栻撰。是书《中国古籍善本书目》著录国家图书馆藏稿本，半叶十行、行二十字，无格。

《秋蓼山房诗稿》二卷《补遗》一卷，存。清孔广根撰。广根有《傅子补遗》，子部儒家类已著录。是书稿本《续修四库提要》著录，云："是集计诗一百七十六首，古近体均有之，以近体为多。集中所收诗，类多酬唱之作，而咏景物之什，尤清倩宜人。"有清道光二十六年（1846 年）孔昭灿刻本。

《归来吟集》无卷数，未见。清孔昭烜撰。昭烜字显思，号晴峰，孔子七十一代孙，乾隆三十六年（1771 年）举人，官直隶肥乡县知县。是书《山东通志》《续修县志》《著述记》著录，今未见传本。

《小龙山人诗稿》无卷数，未见。清孔传经撰。传经字向亭，号巨川，孔子六十八代孙，诸生。是书《续修县志》《著述记》著录，未见传本。

《芥圃遗诗》一卷，未见。清孔传枞撰。传枞字振律，号虚轩，又号芥圃，孔子六十八代孙，诸生。是书《山东通志》《曲阜志》《阙里文献考》《著述记》皆著录。今未见传本。

《述耐堂诗集》八卷，存。清孔继熥撰。是书山东省图书馆藏有孔继熥誊稿本，一函六册，半叶八行、行十二字，无格。

《凝绪堂诗稿》八卷，存。清孔宪培撰。宪培原名宪允，字养元，号笃斋，昭焕长子，孔子七十二代孙，乾隆四十八年（1783 年）袭封衍圣公。是书《清志补编》、《山东通志》、《续修县志》、《著述记》、《中国古籍善本书目》、稿本《续修四库提要》等著录。《提要》云："是集亦将古近体诗混合编次者，计卷一七十一首，卷二一百四十七首，卷三一百四十三首，卷四八十八首，卷五七十二首，卷六七十首，卷起八十八首，卷八一百五十三首，总计八百四十余首。宪培酷好吟咏，尤工咏物，故集中诗所咏物之作，而于戚好酬唱者亦不少。乃宪培易箦时命其戚张昂求袁枚序而刊之者。"是书有嘉庆刻本。

《老槐书屋诗稿》一卷，未见。清孔昭炽撰。昭炽字丙咏，号曙峰，孔子七十一代孙，恩贡生，署太常博士。是书《著述记》有著录，未见传本。

《凝祉堂诗》无卷数，未见。清孔宪增撰。宪增字如川，号怡斋，昭焕次子，世袭五经博士，因其子庆镕入嗣大宗，追封衍圣公。是书《续修县志》著录，未见传本。

《一莲诗草》无卷数，未见。清孔宪逵撰，宪逵字一莲，号恬斋，昭烜长子，孔子七十二代孙，附贡生，候选县丞。是书《山东通志》《续修县志》著录，未见传本。

《抱真集》不分卷，存。清孔宪圭撰。宪圭字玉川，号镇斋，昭焕第三子，恩贡生，官四氏学教授，候选知县。是书《清人别集总目》《续修县志》《著述记》等著录。有道光二年（1822 年）刻本。

《志道集》三卷，未见。清孔宪圭撰。是书《续修县志》《著述记》著录，今未见传本。

《玉川诗抄》一卷，未见。清孔宪圭撰。是书稿本《续修四库提要》著有家抄本，云："是编仅四十三首，古律绝句均有之，而以古歌行为最多。"今未见传本。

《逸友堂适性草》一卷，未见。清孔宪堃撰。宪堃字载元，号厚斋，昭焕第五子，恩贡生，候选直隶州判。是书《续修县志》《著述记》皆著录，今未见传本。

《逸友堂遗稿》，存。是书《清人诗文集总目提要》著录国家图书馆藏道光二十年刻本，云："凡诗百四十二首，多为题诗，悼亡诗多露真情。"有道光二十年（1840年）刻本、中国科学院图书馆藏抄本。

《嵩阳遗稿文集》《九峰录诗集》，未见。清孔传崗撰。传崗字汉登，毓书第四子，贡生。二书《续修县志》著录，今未见传本。

《铁山园诗集》十二卷，存。清孔庆镕撰。庆镕，字陶甫，号铁山，孔子七十三代孙，乾隆五十九年袭封衍圣公。是书《清志补编》、《山东通志》、稿本《续修四库提要》、《清人诗集叙录》等著录。《叙录》云："当其时来游阙里者，花晨月夕，即景摅情，率多空言。集中扶乩、游仙诗，益荒诞不经。《偕阮芸台姊丈游园奉答四首》《谒尼山庙》，较存故实。然庆镕故亦能诗，耳目所及，亦成妙选。如《观绳伎》《登峄山》《嵩里山歌》《游灵岩（二首）》《地震纪异》《观演长生殿传奇（六首）》《题罗两峰鬼趣图》《观演太平钱剧戏成》，巨细毕举，咸可取资。搉其不善，不失作手。"是书有道光十年（1830年）刻本（七卷）、道光十九年（1839年）刻本（八卷）以及道光末刻本（十二卷）等。

《春华集》一卷，存。清孔庆镕撰。是书《续修县志》《著述记》皆著录。集内作品，后编入《铁山园诗集》。有清道光元年（1821年）刻本。

《铁山园诗稿》四卷，存。清孔庆镕撰。是书《贩书偶记续编》著录。集内作品亦编入《铁山园诗集》。有清道光元年（1821年）刻本。

《铁山园诗集》四卷《鹤鸣集》一卷《忠恕堂集》一卷，存。清孔庆镕撰。三书《续修县志》《著述记》皆著录。有清道光刻本。

《唐宋旧经楼诗稿》七卷，存。清孔璐华撰。璐华字经楼，孔庆镕姊，阮元继室。是书《历代妇女著作考》、《中国古籍善本书目》、《北京图书馆古籍善本书目》、稿本《续修四库提要》等著录。《提要》云："是编目录，次卷一各体诗八十余首，次卷二各体诗六十余首，次卷三各体诗七十余首，次卷四各体诗七十余首，次卷五各体诗八十余首，次卷六各体诗约九十首。不以体别，亦不以年编。"是书有清道光阙里孔氏刻本、嘉庆二十年（1815年）刻本、嘉庆间刊六卷本等。

《映槐堂集》二卷，未见。清孔继枋撰。继枋有《十三经讲义稿》，经部群经总义类已著录。是书一名《映槐书屋诗草》，《续修县志》《著述记》著录，今未见传本。

《爱莲书屋诗集》十余卷，未见。清孔广权撰。广权字继衡，号蘅浦，继涵第五子，孔子七十代孙，恩贡生，候选直隶州判，署翰林院五经博士。是书《续修县志》《著述记》皆著录，今未见传本。

《观海集》一卷，存。清孔广权撰。是书《清志补编》、《续修县志》、《山东通志》、稿本《续修四库提要》等著录。《提要》云："是集计古近体诗一百余首，随意编次，乃广权游台湾时所作，其从侄昭杰为之刊行者。"有清道光曲阜孔昭杰校刊本。

《默斋文稿》一卷，未见。清孔继鸿撰。继鸿字渐逵，号羽亭，别号默斋，孔子六十九代孙，进士，历任直隶、永年、怀柔、枣强等县知县，候升署冀州直隶州事。是书《续修县志》《著述记》等著录，今未见传本。

《镜虹吟室诗集》四卷，存。清孔昭虔撰。昭虔字元敬，号荃溪，广森子，孔子七十一代孙，嘉庆六年进士，授翰林编修，官至贵州布政使。是书山东省图书馆藏有道光刊本，半叶九行、行二十一字，白口，左右双边，单黑鱼尾，无目录，收诗数百首。是书原为聊城杨氏海源阁旧藏，与其《经进稿》一册、《镜虹吟室词集》一册合一函，共四册。有清道光十七年(1837年)曲阜孔宪恭、孔庆颐校刊本。

《镜虹书屋吟草》一卷，存。清孔昭虔撰。是书山东省博物馆藏有清历城余正酉辑抄本，一函一册，半页六行、行二十字，无格，有墨圈。收录《东楼晚眺》《春日杂句》《宫词二十首》等诗共五十三首。有山东省博物馆藏清历城余正酉辑抄本。

《镜虹吟室剩稿》，存。清孔昭虔撰。是书《清人别集总目》著录国家图书馆藏抄本。

《经进稿》一卷，存。清孔昭虔撰。是书山东省图书馆藏有道光间刊本，半叶九行、行二十一字，白口，左右双边，无目录。是书原为聊城杨氏海源阁旧藏，与其《镜虹吟室诗集》二册、《镜虹吟室词集》一册合一函，共四册。有清道光十七年（1837年）曲阜孔宪恭、孔庆颐校刊本。

《拜经书屋文稿》，存。清孔昭杰撰。昭杰有《论语集注》，经部论语类已著录。是书《续修县志》《著述记》《山东通志》等著录，有清道光十四年（1834年）刻本。

《孤灯吟草》一卷，存。清孔昭杰撰。是书《山东通志》《续修县志》《著述记》等著录。有清道光十四年（1834年）刻本。

《阜村文集》一卷，未见。清孔继堠撰。继堠字阜村，号叔方，孔子六十九代孙，嘉庆七年（1802 年）进士，户部四川司主事。是书《续修县志》《著述记》著录，今未见传本。

《紫薇花馆诗集》无卷数，未见。清孔继堂撰。继堂字荫召，孔子六十九代孙，嘉庆十二年（1807 年）举人，武城县教谕。是书《续修县志》著录，今未见传本。

《秀岭诗草》一卷，未见。清孔继平撰。继平字秀岭，继鸿弟，孔子六十九代孙，庠生，赠修职郎。是书《续修县志》《著述记》著录，未见传本。

《春及园虫鸣草》四卷，存。清孔昭恢撰。昭恢字景度，号鸿轩，广栻子，孔子七十一代孙，嘉庆十五年举人，候选布政使理问。是书《中国古籍善本书目》、《北京图书馆古籍善本书目》、稿本《续修四库提要》等有著录。《提要》云："是集计古近体诗四百余首，而古长歌行颇多，皆分体编次之。集中长歌行，如《新秋言怀用皮陆唱和韵》《辟暑犀效昌黎体》《用城南联句韵》《答客慰及杂感》诸篇，真有悲壮慷慨之情，溢于楮墨。"有国家图书馆藏稿本、清道光二十五年（1845 年）刻本。

《春及园虫鸣草选抄》一卷，存。清孔昭恢撰。是书《中国古籍善本书目》《北京图书馆古籍善本书目》著录有国家图书馆藏稿本，一册，九行二十字，无格。

《柳村诗》二卷，存。清孔昭熏撰。昭熏有《至圣林庙碑目》史部金石类已著录。是书《清志补编》、《续修县志》、稿本《续修四库提要》等著录。集中收录昭熏诗作百余首。有清道光间刻本。

《北游诗词小草》若干卷，未见。清孔昭薰撰。《曲阜志》著录，未见传本。

《丙申北游诗词小草》一卷，存。清孔昭薰撰。是书《清人别集总目》著录南京图书馆藏清刻本。

《雪门竹枝词》一卷，未见。清孔昭薰撰。是书《续修县志》《著述记》等著录，今未见传本。

《利于不息斋集》四册，存。清孔昭焜撰。昭焜有《孔氏炊经堂支谱》，史部家谱类已著录。是书《山东通志》《中国丛书广录》《清人诗文集总目提要》等著录。《提要》云："别本《利于不息斋集》，道光间抄本，共四册，中国国家图书馆藏。首为《利于不息斋集》，按年编次，即辛卯、壬辰、癸巳、甲午、乙未、丙申诗，当是道光十一年至十六年所作。"有清道光刻本、国家图书馆藏请道光间抄本。

《利于不息斋初集诗》四卷《文》不分卷，存。清孔昭焜撰。是书《清人别集总目》、稿本《续修四库提要》著录。《提要》云："是集首为《却扫山巢集》，计赋五首。次为《实我食馆吟稿》，计古今体诗三卷，分年编次。末为古文五十余篇。书首有自序，及花杰、张井等题跋。"有请道光间刻本。

《利于不息斋初集诗赋》五卷《文》一卷，存。清孔昭焜撰。是书《清人别集总目》著录华东师范大学图书馆藏家刻本。

《制艺》一卷，未见。清孔昭焜撰。是书《著述记》《续修县志》等著录，今未见传本。

《实我食馆吟稿》三卷《却扫山巢集》一卷，存。清孔昭焜撰。是书《续修县志》《著述记》《清人别集总目》《清人诗文集总目提要》等著录。《提要》云："今见《实我食馆吟稿》《却扫山巢集》抄本二册，中国科学院图书馆藏。前者为嘉庆十五年至二十年所作诗，凡四十七首。后者则嘉庆二十一年至道光三年所作诗，共百二十六首，附词十九阕。有笔墨改动，后无跋语。"《实我食馆吟稿》《却扫山巢集》又收入《利于不息斋初集诗》四卷《文》不分卷，此为单行本。二书有中国科学院图书馆藏抄本。

《出山小草》一卷，存。清孔昭任撰。昭任有《家塾劝诫》，子部儒家类已著录。是书《续修县志》《著述记》著录。此书昭任汇入全集《慎独斋存稿》中，此为第二编。有清道光间刻《慎独斋存稿》本。

《五馆鸿泥》一卷《荩箧蠹鱼》一卷，存。清孔昭任撰。二书收入昭任全集《慎独斋存稿》中，前者收诗二十三首，后者收古今体诗六十一首。有清道光间刻《慎独斋存稿》本。

《错余诗文集》无卷数，未见。清孔传钺撰。传钺字秉虔，号节倩，一说字节倩，号错余，孔子六十八代孙，嘉庆二十五年（1820年）进士，官礼部主事。是书《山东通志》《续修县志》《著述记》皆著录，今未见传本。

《孔节倩诗稿》不分卷，存。清孔传钺撰。是书《清华大学图书馆藏善本书目》著录清道光间孔纹江抄本，二册一函，九行二十字，小字双行，朱丝栏，白口，四周双边。

《未信堂诗草》无卷数，未见。清孔宪勋撰。宪勋，孔子七十二代孙。是书《续修县志》著录，今未见传本。

《西园草堂诗集》一卷，未见。清孔广义撰。广义，孔子七十代孙。是书《续修县志》著录，今未见传本。

《福持精舍诗集》无卷数，未见。清孔昭美撰。昭美字叔彦，号絅文，孔子七十一代孙，恩贡生，道光间保举贤良方正，官四氏学学录。是书《续修县志》著录，今未见传本。

《习近山房诗》无卷数，未见。清孔昭煊撰。昭煊字温甫，号小蘅，广杈子，孔子七十一代孙，道光二年（1822 年）举人。是书《山东通志》《续修县志》著录，今未见传本。

《学静斋遗诗》一卷，存。清孔淑成撰。淑成字淑凝，乐陵训导广鼒女，诸生颜士银妻。是书《清志补编》、《山东通志》、稿本《续修四库提要》等著录。有清道光十六年（1836 年）刻本、咸丰元年（1851 年）刻本、《逊敏堂丛书》本等。

《漱石山房诗集》不分卷，存。清孔广珪撰。广珪字借山，孔子七十代孙，道光十五年（1835 年）恩科举人，候选知县。是书有光绪戊子刊本，一册不分卷，七行十九字，白口，四周双边。内收古近体诗二百五十余首以及顾问、制艺二十五篇。有清光绪十四年（1888 年）刻本。

《省香斋诗集》六卷，存。清孔庆鏰撰。庆鏰有《天台志书》，史部地理类已著录。是书《清志补编》、《续修县志》、稿本《续修四库提要》等著录。《提要》云："是集计古今体诗四百七十余首，随意编次，乃庆鏰殁后，其子繁准持全集延潞河李嘉绩选定者。"有清光绪十七年（1891 年）阙里孔氏青门寓庐刻本。

《毓文斋文集》无卷数，未见。清孔庆鏰撰。是书《续修县志》著录，今未见传本。

《对岳楼诗录》二卷、《续录》四卷，存。清孔宪彝撰。宪彝有《内阁汉票签中书舍人题名》，史部传记类已著录。是书《贩书偶记》、《清志补编》、《杭州大学图书馆线装书总目》、稿本《续修四库提要》等著录。《提要》云："是集分年编次，计卷一古今体诗七十一首，为乙亥至壬寅四年所作；卷二古今体诗一百九首，为壬寅至甲辰者；卷三古今体诗七十首，则甲辰至戊申年者；卷四古近体诗八十三首，又戊申至丙辰九年见所撰者。总计三百四十余首，皆郑晓如自期全稿中选出者。"二书有清道光咸丰间刻本。

《韩斋文稿》四卷，存。清孔宪彝撰。是书《清志补编》、《续修县志》、

《著述记》、稿本《续修四库提要》等著录。《提要》云："是集前后无序跋，亦无刊刻时代，据《笔谏堂书目》，知与宪彝所著《对岳楼诗续录》同刻于道光中者。卷一为传纪、书札，卷二为《赠序》书序，卷三为书跋、题词，卷四为书后、祭文、碑志等。宪彝诗名其盛，文则传世甚少。此集所收，虽寥寥九十余篇，然皆非率意应酬之作，于考证经史、畅论诗文，莫不具有根柢。"是书有清道光间刻本。

《韩斋初稿》四卷，存。清孔宪彝撰。是书《中国古籍善本书目》著录广东中山图书馆藏稿本，十行二十一字。

《云馆诗草》一卷，存。清孔宪彝撰。是书《饭搜集》《续修县志》《著述记》等著录，又名《还乡草》。有道光十四年（1834 年）刻本。

《对岳楼诗稿》一卷，存。清孔宪彝撰。是书《中南西南地区省市图书馆馆藏古籍稿本提要》著录湖北省图书馆藏稿本。

《对岳楼诗稿》十卷，不全。清孔宪彝撰。是书北京大学图书馆藏有残稿本卷六至十，半叶十行、行二十一字，左右双边，单黑鱼尾。

《绣山诗草》一卷，存。清孔宪彝撰。是书《中南西南地区省市图书馆馆藏古籍稿本提要》著录湖北省图书馆藏稿本。

《云馆怀人诗草》一卷，存。清孔宪彝撰。是书《中南西南地区省市图书馆馆藏古籍稿本提要》著录湖北省图书馆藏稿本。

《云馆诗草》一卷，存。清孔宪彝撰。是书《中南西南地区省市图书馆馆藏古籍稿本提要》著录湖北省图书馆藏稿本。

《云馆小草》一卷，存。清孔宪彝撰。是书《中南西南地区省市图书馆馆藏古籍稿本提要》著录湖北省图书馆藏稿本。

《孔叙仲诗草》六卷，存。清孔宪彝撰。《中国古籍善本书目》著录有湖北省图书馆藏稿本，含《绣山诗草》一卷、《拏云馆诗草》一卷、《拏云馆小草》三卷、《对岳楼诗稿》一卷，《孔叙仲诗草》即上述四种稿本之合称。

《种芝山馆遗稿》一卷，存。清孔庆铦撰。庆铦字菊农，号仪甫，孔子七十三代孙，道光十八年（1838 年）进士，候选直隶平乡县知县，追赠知府。是书《续修县志》《清人别集总目》等著录。有中国科学院图书馆藏抄本。

《云樵诗集》五卷，未见。清孔广棣按撰。广电字瑞枢，号云樵，孔子七十代孙，道光二十年（1840 年）恩科举人，官至新乡知县、加运同衔。是书《续修县志》著录，今未见传本。

《十三经阁诗录》二卷，存。清孔宪庚撰。宪庚有《周文忠公事状祭文》合一卷，史部传记类有著录。是书山东省图书馆藏有清道光刻本，半叶十行、行二十一字，黑口，左右双边，单黑鱼尾。其书原为聊城杨氏海源阁旧藏，共一册三十页，收诗近百首。有清道光十七年（1837 年）刻本。

《疏华馆纪年十》一卷，未见。清孔宪庚撰。是书《续修县志》《著述记》皆著录，未见传本。

《经之文抄》一卷，存。清孔宪庚撰。是书《清志补编》《中国丛书综录》等著录。收录《周公践阼解》《昭陵陪葬碑论略》等经解、书后、纪事、论说、序跋文章二十余篇，尤精于史地考证。有民国潍县丁氏《习盦丛书》(又名《潍县文献丛刊》) 排印本。

《顾庐文抄》一卷，存。清孔宪庚撰。是书台湾《“国立中央”图书馆善本书目》藏有清怀宁方氏枕经堂抄本。

《荫春轩诗稿》三卷，未见。清孔繁灏撰。繁灏有《毕太夫人行述》，史部传记类已著录。是书《续修县志》《著述记》皆著录，未见传本。

《种蕉吟馆试贴近稿》二卷，不全。清孔宪瑴撰。宪瑴有《孔氏炊经堂支谱》，史部家谱类已著录。是书曲阜师范大学黄立振先生藏有稿本卷下，小品十二页，半叶十二行、行十八字，无格。

《春风坐余草》四册，存。清孔宪瑴撰。是书《山东文献书目》著有青岛市图书馆藏稿本。

《韵香阁诗草》一卷，存。清孔祥淑撰。祥淑字齐贤，孔子七十五代孙女，永昌观察刘树堂妻。是书《清志补编》、《贩书偶记》、稿本《续修四库提要》著录。《提要》云：“祥淑既卒，树堂辑其遗诗八十余首，裒为一卷，而以邹振岳等序，及祥淑诔词、挽诗、祭文、小传等，分列卷前后，概不入卷次。”有清光绪十二年（1886 年）刻本、十三年（1887 年）石印本、十三年与刘树堂《师竹轩诗集》合刻本及山东省图书馆藏稿本等。

《觉庵诗钞》二卷，未见。清孔祥淑撰。是书《清志补编》著录，今未见传本。

《松园草堂诗集记》，未见。清孔广锦撰。广谨字秦川，孔子七十代孙，监生。是书《续修县志》著录，今未见传本。

总集类

《庙茔诗集》二卷，存。清孔胤淳撰。胤淳有《续修曲阜县志》，史部地理类已著录。是书曲阜师范大学图书馆藏有清康熙六年（1667年）刻本，白口单边，八行二十字。卷一为《圣庙诗集》，收录汉蔡邕《登奎文革》至清金一凤《谒圣庙》等诗，卷二为《圣茔诗集》，收录唐李白《谒圣林题林楼》至清黄敬玑《谒防山》等诗。是书有清康熙六年（1667年）曲阜孔氏刻本。

《燕九竹枝词》，存。清孔尚任等著，袁启旭纂刻。尚任有《圣门乐志》，经部乐类已著录。是书收录孔尚任、陈于王、袁启旭等九人七绝诗各十首。孔尚任诗为其集外稿。有清康熙间刻本，1962年北京出版社、1982年北京古籍出版社分别据此排印。

《古文源》二卷，未见。清孔传铎编。传铎有《礼记摘藻》，经部礼记类已著录。是书《山东通志》《阙里文献考》均著录，今未见传本。

《旧雨集》二卷，存。清孔传铎编。是书《清史稿艺文志拾遗》《中国古籍善本书目》等著录，有上海图书馆藏清抄本。

《湖山吟集》无卷数，未见。清孔衍谱等撰。衍谱有《小岸诗》本部别集类已著录。是书《山东通志》《续修县志》著录，收录衍谱与弟衍志及邑人六人酬唱之诗歌。今未见传本。

《微波榭抄诗三种》八卷，存。清孔继涵编。继涵有《考工车度记》，经部周礼类已著录。是书《中国古籍善本书目》著录山东省图书馆藏抄本，九行二十一字，无格。收录刘克庄《南岳唫稿》、张公庠《张泗州集》、吴龙翰《古梅吟稿》三种宋人诗集。

《炊经堂有朋诗文杂稿》一卷，存。清孔继涵撰。是书北京大学图书馆藏有稿本一册，收录江蘅、张埙、孔传钲、陈璐、孔继涵等二十三人诗作。

《拟元人梅花百咏》一卷，未见。清孔璐华编纂。璐华有《唐宋旧经楼诗稿》，本部别集类已著录。是书《历代妇女著作考》著录旧稿本，收录孔璐华、闺友三人、大儿妇及女六人咏梅五律公百余首。此本今未见传本。

《阙里孔氏诗抄》十四卷，存。清孔宪彝撰。宪彝有《内阁汉票签中书舍人题名》，史部传记类已著录。是书《续修县志》《著述记》《贩书偶记》《中国古籍善本书目》等著录。此书选录清代道光以前曲阜孔氏诗人百余人作品各若干首。有清道光二十二年（1842 年）曲阜孔氏刻本、首都图书馆藏稿本等。

《曲阜诗抄》八卷，存。清孔宪彝编。是书《清志》《山东通志》《续修县志》《著述记》《贩书偶记》《中国古籍善本书目》等著录。收录清代道光以前十一姓诗人五十一人诗作凡五百六十余首。有清道光二十三年（1843 年）曲阜孔氏刻本、中国科学院图书馆藏稿本。

《小莲华室图卷题辞》五卷，未见。清孔宪彝编。是书《贩书偶记》著录清道光二十五年（1845 年）刻本，今未见传本。

《尺五庄饯春诗芸》一卷《题辞》一卷。清孔宪彝编。是书《贩书偶记》、稿本《续修四库提要》等著录。尺五庄位于京师右安门外，道光时孔宪彝常与士大夫觞咏于此，此为汇集诸家诗作之总集。有清道光二十七年（1847 年）刻本。

《韩雅斋集图诗册》无卷数，未见。清孔宪彝编。是书《山东志》著录，为汇集宪彝与友人绘图征诗作品之总集。今未见传本。

《慈仁寺展禊诗》一卷，未见。清孔宪彝编。是书《山东文献书目》著录，有清咸丰刻本，未详藏于何处。

《孔庙汉碑唱和诗》一卷附《曲阜古树唱和诗》一卷，未见。清孔宪庚等撰。宪庚有《周文忠公事状祭文》合一卷，史部传记类有著录。是书收录沈宗约、孔祥庚、王大堉、王鸿唱和之诗。《山东通志》著录有清刊本，今未见传本。

《集古梅花诗百首》，未见。清孔祥珂编。祥珂有《孔祥珂起居日记》，史部传记类已著录。是书《曲阜文史》第十辑《曲阜历代著作简介》著录，今未见传本。

《普天忠愤集》十四卷，存。清孔广德编。广德为光绪时人，别号鲁阳生。是书编纂于甲午战争之后，收录中外人士政论文章及爱国诗歌。有清光绪二十一年（1895 年）石印本、1966 年台北文海出版社《近代中国史料丛刊汇编》本等。

诗文评类

《韩斋诗话》，未见。清孔宪彝撰。宪彝有《内阁汉票签中书舍人题名》，史部传记类已著录。是书《桐城文学撰述考》著录，今未见传本。

词曲类

《绰约词》无卷数，未见。清孔尚任撰。尚任有《圣门乐志》，经部乐类已著录。是书《山东通志》著录，今未见传本。

《蕉露词》无卷数，未见。清孔毓埏撰。毓埏有重刊《述圣图》，史部传记类已著录。是书《山东通志》著录，今未见传本。

《红萼词》二卷，存。清孔传铎撰。传铎有《礼记摛藻》，经部礼记类已著录。是书《山东通志》《曲阜志》《阙里文献考》《著述记》等著录。《北京图书馆古籍善本书目》著录清康熙刻本，半叶九行、行十九或二十一字，白口，左右双边。

《红萼词二编》一卷，存。清孔传铎撰。是书《中国古籍善本书目》著录国家图书馆藏清曲阜孔氏红萼书屋抄本。

《炊香词》三卷，未见。清孔传铎撰。是书《山东通志》《曲阜志》《阙里文献考》等有著录，今未见传本。

《藕香词》一卷，存。清孔传商撰。传商字振子，号大光，又号实秋，别号雪村，孔子六十八代孙。雍正时人，官至县丞。是书《山东通志》《续修县志》《著述记》等著录，有国家图书馆藏清抄《名家词抄》本。

《清涛词》二卷，存。清孔传鋕撰。传鋕有《补闲集》，本部别集类有著录。是书《山东通志》《曲阜志》《阙里文献考》《著述记》等皆著录。《北京图书馆古籍善本书目》著录清抄本二册，九行十九字，小字双行间，无格。有清康熙四十五年（1706 年）刻本、光绪十二年（1886 年）刻本、国家图书馆藏清抄本等。

《蝶庵词》一卷，存。清孔传鋕撰。是书《北京图书馆古籍善本书目》著录清抄本一册，半叶十行、行二十一字，无格。

《红榈书屋词集》九卷，未见。清孔继涵撰。继涵有《考工车度记》，经部周礼类已著录。是书《山东通志》著录，云卷一为《尼防杂事词》，卷二、卷三为《红榈书屋拟乐府》、卷四至卷八为《斲冰词》，卷九为《春歌》。今未见传本。

《红榈书屋词集附录》一卷，存。清孔继涵撰。是书北京大学图书馆藏有稿本一册。

《斲冰词》三卷，存。清孔继涵撰。是书《续修县志》《著述记》《中国古籍善本书目》《中国丛书综录》等著录。是书《微波榭遗书》本，凡上、中、下三卷，十二行二十四字，黑口，四周单边。有《微波榭遗书》本、国家图书馆藏清抄本等。

《斲冰词删定草本》三卷，存。清孔继涵撰。是书《北京图书馆古籍善本书目》著录清乾隆间孔氏删定稿本。

《尼防杂事词》一卷，存。清孔继涵撰。是书《中国古籍善本书目》《北京图书馆古籍善本书目》著录北京大学图书馆藏稿本一册。

《渔父词》一卷附《渔家傲月节词》，存。清孔继涵撰。是书《山东文献书目》著录山东省博物馆藏本。

《诗余》一卷，存。清孔继熥撰。继熥有《茝亭年谱》，史部传记类已著录。是书有山东省图书馆藏清稿本。

《诗余偶存》一卷，未见。清孔宪堃撰。宪堃有《逸友堂适性草》，本部别集类已著录。是书《续修县志》《著述记》皆著录，未见传本。

《秋蓼山房词稿》一卷，存。清孔广根撰。广根有《傅子补遗》，子部儒家类已著录。是书山东省图书馆藏有清道光刻本，半叶七行、行二十一字，白口，四周双边，一册五十页，无目录，不分卷。此书原为聊城杨氏海源阁旧藏，收词百余阙。有清道光二十六年（1846年）孔昭灿刻本。

《镜虹吟室词集》二卷，存。清孔昭虔撰。昭虔有《镜虹吟室诗集》，本部别集类已著录。是书《山东通志》《贩书偶记》《学报》等著录。是书山东省图书馆藏有清道光间孔宪恭、孔庆颐校刊本，凡半叶九行、行二十一字，白口，左右双边，收词近百阕。

《扣弦小草词》一卷，未见。清孔昭虔撰。是书《续修县志》《著述记》著录，今未见传本。

《诗余》，无卷数，未见。清孔昭杰撰。昭杰有《论语集注》，经部论语类已著录。是书《续修县志》《著述记》著录，未见传本。

《春及园词稿》无卷数，未见。清孔昭恢撰。昭恢有《春及园虫鸣草》，本部别集类已著录。是书《续修县志》《著述记》著录，今未见传本。

《贮云词》三卷，存。清孔昭薰撰。昭熏与宪庚编有《至圣林庙碑目》，史部金石类已著录。是书《贩书偶记》《著述记》《续修县志》等著录，有道光十八年（1838年）刻本。

《绶藤吟舫词》一卷，存。清孔昭薰撰。是书《贩书偶记续编》著录。

国家图书馆藏有清道光十五年（1835年）刊本。

《片云词》无卷数，未见。清孔传钺撰。传钺有《错余诗文集》，本部别集类已著录。是书《山东通志》《续修县志》《著述记》等著录，今未见传本。

《半舫词》无卷数，未见。清孔昭煊撰。昭煊有《习静山房诗》，本部别集类已著录。是书《山东通志》《续修县志》《著述记》等著录，今未见传本。

《对岳楼词》一卷，未见。清孔宪彝撰。宪彝有《内阁汉票中书舍人题名》，史部传记类已著录。是书《续修县志》《著述记》已著录，未见传本。

《红萼轩词牌》一卷，存。清孔传铎辑。传铎有《礼记摘藻》，经部礼记类已著录。是书《山东通志》《贩书偶记》等著录。《北京图书馆古籍善本书目》著有清刻一册本与两册本，一册本，六行十五字或五行十三字，白口，四周花边。选录唐宋李煜、姜夔等人词作百余首。有清康熙精刻巾箱本、国家图书馆藏一册刻本及二册刻本。

《词余牌》不分卷，存。清孔传铎辑。是书《中国古籍善本书目》著录西北大学图书馆藏清刻本。

《名家词抄》六十卷，存。清孔传铎辑。是书《中国古籍善本书目》《北京图书馆古籍善本书目》著有国家图书馆藏清抄本，六册，半叶九行、行二十字，黑口，墨格，四周单边。收方大猷、袁惇大等六十余家词作，除个别为明人，均为清初人。有国家图书馆藏清抄本。

《同调词》一卷《余集词》一卷，存。清孔传铎辑。是书《中国古籍善本书目》《北京图书馆古籍善本书目》著录国家图书馆藏稿本，一册，半叶九行、行二十一字，无格。

《词韵》无卷数，未见。清孔传铎辑。是书《山东通志》著录，今未见传本。

《筠亭词选》二卷，存。清孔传镛定。传镛《听蕉斋诗集》，本部别集类已著录。是书《中国古籍善本书目》《清华大学图书馆藏善本书目》著录清华大学图书馆藏抄本，半叶八行、行十七字，无格。

《阙里孔氏词抄》五卷，存。清孔昭薰、孔昭蒸辑。昭蒸，昭熏弟。字仲侯，号云村，候选知县。是书《中国古籍善本书目》《北京图书馆古籍善本书目》著录清道光十九年（1839年）孔氏玉虹楼刻本，一册，半叶九行、行二十一字，黑口，左右双边。收录清代道光以前曲阜孔氏二十家（含女词人二家）词作。有道光十九年（1839年）孔氏玉虹楼刻本。

《桃花扇传奇》二卷，存。清孔尚任撰。尚任有《圣门乐志》，经部乐类已著录。是书《清志补编》《著述记》等著录。稿本《续修四库提要》《贩书偶记》著录康熙安介堂本，半叶十行、行十八字，白口单边。是书有清康熙四十七年（1708年）原刻本，1979年广陵古籍刻印社、1986年上海古籍出版社《古本戏曲丛刊五集》《续修四库全书》均据此本影印。又有清康熙间西园刻本、山东省图书馆藏清燕山堂抄本、国家图书馆等处藏《复庄今乐府选》稿本、清嘉庆二十一年（1816年）后序详注本、清光绪三十一年（1905年）《新民丛报》本、三十三年（1907年）兰雪堂校勘本、暖红室刻本、1925年益智书社本、1931年新文化书社排印本、1932年广益书局排印本、1933年扫叶山房石印本、商务印书馆《国学基本丛书》本、1934年大达图书供应社排印本、1936年中华书局梁启超注释本、石潭居士校订本、北平中华印书社本、1959年王季思校注本、1982年上海文艺出版社《中国十大古典悲剧集》排印本以及1989年浙江古籍出版社《中国四大古典名剧》校点本等。

《桃花扇图册》，存。清孔尚任原撰。是书《北京大学图书馆藏古籍善本书目》著录清同治彩绘照录三色笔曲文四摺册本。

《小忽雷传奇》二卷，存。清孔尚任、顾彩合撰。是书《中国古籍善本书目》、稿本《续修四库提要》、《曲阜志》、《著述记》等著录。有南京图书馆藏清刘喜海味经书屋抄本、清乾隆义竹斋抄本、上海图书馆藏清叶志铣跋清抄本、曲阜师范大学图书馆藏清抄本、山东省博物馆藏旧抄本、民国八年（1919年）贵池刘氏暖红室《汇刻传剧》本、台湾明文书局影印《暖红室汇刻传奇三种》本、1986年中州古籍出版社校注本及1988年齐鲁书社校注本等。

《大忽雷》一卷，存。清孔尚任撰。是书《中国丛书综录》《中国古籍善本书目》《曲阜志》著录。有南京榆树馆藏刘喜海味经书屋抄本（附《小忽雷传奇》后）、贵池刘氏暖红室本以及1988年齐鲁书社《小忽雷传奇》附录本等。

《软羊脂传奇》二卷，存。清孔传鋕撰。传鋕有《补闲集》，本部别集类已著录。是书《中国古籍善本书目》《古典戏曲存目汇考》等皆著录。上海图书馆藏稿本凡上、下二卷，每卷一册，半叶九行，行十九、二十字不等，无格。有上海图书馆藏稿本，1986 年上海古籍出版社《古本戏曲丛刊五集》据此影印。又有国家图书馆藏抄本、台湾图书馆藏旧抄本等。

《软邮筒》二卷，存。清孔传鋕撰。是书《中国古籍善本书目》著录上海图书馆藏稿本，上下二卷，每卷一册，半叶九行，行十九、二十字不等，无格。有上海图书馆藏稿本，1986 年上海古籍出版社《古本戏曲丛刊五集》据此影印。

《软锟语》二卷，存。清孔传鋕撰。是书《著述记》《续修县志》《曲阜志》著录。山东省图书馆藏传抄本，半叶十行，行十九、二十字不等，无格。有山东省图书馆藏传抄本，1986 年上海古籍出版社《古本戏曲丛刊五集》据此影印。

《温经楼游戏翰墨》二十卷《续录》一卷，存。清孔广林撰。广林有《周易注》，经部易类已著录，经部易类已著录。是书《山东文献书目》《北京大学图书馆藏古籍善本书目》著录。北京大学藏抄本一函五册，半叶十行、行二十字，白口单边、单黑鱼尾。有上海图书馆藏嘉庆十七年（1812 年）稿本、北京大学图书馆藏抄本。

《幼髯孔氏所撰传奇杂剧》三种、四卷，存。清孔广林撰。是书《中国古籍善本书目》《中国丛书综录》著录。内收《东城老父斗鸡忏传奇》二卷、《璿玑锦杂剧》一卷、《女专诸传奇》一卷。有上海图书馆藏稿本。

《温经楼杂剧》三种、三卷，未见。清孔广林撰。是书《西谛书目》著有年芍庐抄本，内含《璿玑锦》《女专诸》《松年长生引》各一卷，今未见传本。

《东城老父斗鸡忏传奇》二卷，存。清孔广林撰。是书《中国丛书综录》著录。是书有上海图书馆藏《幼髯孔氏所撰传奇杂剧三种》稿本、国家图书馆藏《温经楼四种》抄本及温经楼刊本。

《璿玑锦杂剧》一卷，存。清孔广林撰。是书《中国丛书综录》著录。是书有上海图书馆藏《幼髯孔氏所撰传奇杂剧三种》稿本、国家图书馆藏《温经楼四种》抄本、温经楼刊本及《清人杂剧二集》本等。

《女专诸传奇》一卷，存。清孔广林撰。是书《中国丛书综录》著录。是书有上海图书馆藏《幼髯孔氏所撰传奇杂剧三种》稿本、国家图书馆藏《温经楼四种》抄本、温经楼刊本及《清人杂剧二集》本等。

《松年长生引》一卷，存。清孔广林撰。是书《中国丛书综录》著录。是书有温经楼刊本、《清人杂剧二集》本等。

《荡妇秋思》四折附《葬花》一卷，存。清孔昭虔撰。昭虔有《镜虹吟室诗集》，本部别集类已著录。是书《中国古籍善本书目》《山东文献书目》等著录。山东省图书馆藏抄本一册，半叶十行、行二十字，书口写有书名、页码、折目，有孔昭薰朱墨批点。是书有山东省博物馆藏稿本、山东省图书馆藏清抄本、国家图书馆藏抄本及北京师范大学图书馆藏抄本等。

五、丛部（存5种，凡5种）

汇编类

《微波榭丛书》三十八种、一百四十五卷，存。清孔继涵辑。继涵有《考工车度记》，经部周礼类已著录。是书《中国丛书综录》著录，内收清戴震撰《戴氏遗书》：《东原文集》十卷、《毛郑诗考正》四卷《首》一卷、《杲溪诗经补注》二卷、《考工记图》二卷、《孟子字义疏证》三卷、《声韵考》四卷、《声类表》九卷《首》一卷、《原善》三卷、《原象》一卷、《续天文略》二卷、《水地记》一卷、《方言疏证》十三卷；孔继涵辑《算经十书》：《周髀算经》二卷附《音义》一卷《策算》一卷、《海岛算经》一卷、《孙子算经》三卷、《五曹算经》五卷、《夏侯阳算经》三卷、《张丘建算经》三卷、《五经算术》二卷附《考证》一卷、《辑古算经》一卷、《数术记遗》一卷、《勾股割圜记》三卷；晋杜预《春秋地名》一卷、《春秋长历》一卷、宋宋庠《国语补音》三卷、汉赵岐注《孟子》十四卷附宋孙奭《音义》一卷、唐张参《五经文字》三卷附孔继涵《五经文字疑》一卷、唐唐玄度《新加九经字样》一卷附孔继涵《九经字样疑》一卷、孔继涵《水经释地》八卷、《杂体文稿》七卷、《同度记》一卷、《红榈书屋诗集》四卷、《斲冰词》三卷。有清乾隆中曲阜孔氏刻本。

《戴氏遗书》十二种、五十六卷，存。清戴震撰，孔继涵编。是书是戴震去世后孔继涵为其编纂刊刻的全集，含《东原文集》十卷、《毛郑诗考正》四卷《首》一卷、《杲溪诗经补注》二卷、《考工记图》二卷、《孟子字义疏证》三卷、《声韵考》四卷、《声类表》九卷《首》一卷、《原善》三卷、《原象》一卷、《续天文略》二卷、《水地记》一卷、《方言疏证》十三卷。有清乾隆中曲阜孔氏微波榭刻本。

自著类

《微波榭遗书》六种、二十四卷，存。清孔继涵撰，继涵有《考工车度记》，经部周礼类已著录。《遗书》包含了继涵生前除《五经文字疑》《九经文字疑》以外，所有已刊著作。这些著作可能经过继涵生前校订，而由其后人付梓。其中包括《红榈书屋诗集》四卷、《斲冰词》三卷、《红榈书屋杂体文稿》七卷、《同度记》一卷、《水经释地》八卷、《长行经》一卷。有清乾隆间曲阜孔氏刻本。

《顨轩孔氏所著书》七种、六十卷，存。清孔广森撰。广森有《周易卮言》，经部易类已著录。是书为孔广森卒后其弟广廉、子昭虔校勘其主要著作刊刻而成的丛书。内含《诗声类》十二卷附《诗声分例》一卷、《礼学卮言》六卷、《大戴礼记补注》十三卷《序录》一卷、《公羊春秋经传通义》十一卷《叙》一卷、《经学卮言》六卷、《少广正负术内外篇》六卷、《骈俪文》三卷。有清嘉庆二十二年（1817 年）曲阜孔氏仪郑堂刊本、咸丰间嘉树轩辑刻本等。

《慎独斋存稿》四卷，存。清孔昭任撰。昭任有《家塾劝诫》，子部儒家类已著录。是书，曲阜师范大学图书馆藏有道光刻本，半叶九行、行十九字，白口，四周双边。内含《家塾劝诫》《出山小草》《五管鸿泥》《荩箧蠹余》各一卷。有清道光间孔氏家刻本。

（以上五部共计存 306 种，不全 7 种，未见 129 种，凡 442 种）

参考文献

一、古籍

[1] 十三经注疏 [M]. 北京：中华书局 1980 年影印阮元校刻本.

[2] 司马迁. 史记 [M]. 北京：中华书局 1959 年点校本.

[3] 班固. 汉书 [M]. 北京：中华书局 1962 年点校本.

[4] 朱熹. 四书章句集注 [M]. 北京：中华书局 1983 年点校本.

[5] 徐振贵. 孔尚任全集辑校注评 [M]. 山东：齐鲁书社，2004.

[6] 汪蔚林. 孔尚任诗文集 [M]. 北京：中华书局，1962.

[7] 戴震. 戴东原集 [M]. 上海：商务印书馆 1933 年国学基本丛书简编排印本.

[8] 姚鼐. 惜抱轩文集 [M] //续修四库全书：第 1453 册. 上海：上海古籍出版社 2001 年影印山东省图书馆藏清嘉庆三年刻增修本.

[9] 姚鼐. 惜抱轩诗集 [M] //续修四库全书：第 1453 册. 上海：上海古籍出版社 2001 年影印山东省图书馆藏清嘉庆三年刻增修本.

[10] 庄存与. 彖传论 [M]. 道光中阳湖庄氏味经斋遗书刻本.

[11] 庄存与. 春秋正辞 [M] //续修四库全书：第 141 册. 上海：上海古籍出版社 2001 年影印上海辞书藏清道光七年庄绶甲宝研堂刻味经斋遗书本.

[12] 翁方纲. 复初堂文集 [M] //续修四库全书：第 1454—1455 册. 上海：上海古籍出版社 2001 年影印清刻本.

[13] 翁方纲. 复初堂诗集 [M] //续修四库全书：第 1455 册. 上海：上海古籍出版社 2001 年影印清李彦章校刻本.

[14] 翁方纲．翁方纲题跋手札集录［M］．沈津，辑．桂林：广西师范大学出版社，2002.

[15] 卢文弨．抱经堂文集［M］//续修四库全书：第1432—1433册．上海：上海古籍出版社2001年影印清乾隆六十年刻本．

[16] 孔继汾．阙里文献考［M］//续修四库全书：第512册．上海：上海古籍出版社2001年影印北大图书馆藏清乾隆二十七年刻本。

[17] 孔继汾．孔氏家仪［M］．济南：山东友谊出版社1989年影印清乾隆中孔继汾家刻本．

[18] 孔继汾．家仪答问［M］．济南：山东友谊出版社1989年清乾隆中孔继汾家刻本．

[19] 孔继涵．五经文字疑［M］//丛书集成续编：第69册．台北：新文丰出版公司1988年影印清乾隆中微波榭刻本．

[20] 孔继涵．新加九经字样［M］//丛书集成续编：第69册．台北：新文丰出版公司1988年影印清乾隆中微波榭刻本．

[21] 孔继涵．水经释地［M］．台北：广文书局1972年影印光绪六年会稽章氏刻本．

[22] 孔继涵．杂体文稿［M］//续修四库全书：第1460册．上海：上海古籍出版社2001年影印辽宁省图书馆藏清乾隆刻微波榭遗书本．

[23] 洪榜．初堂遗稿［M］．北平通学斋1931年影印梅花书院藏二洪遗稿本．

[24] 赵翼．廿二史札记校证［M］．王树民，校证．中华书局，1984.

[25] 崔述．崔东壁遗书［M］．上海：上海古籍出版社，1983.

[26] 段玉裁．经韵楼集［M］//续修四库全书：第1435册．上海：上海古籍出版社2001年影印上海辞书藏清乾隆五十七年段玉裁刻本．

[27] 孔广林．孔丛伯说经五稿［M］//山东文献集成：第二辑第一册．济南：山东大学出版社2007年影印山东师范大学图书馆藏清光绪十六年山东书局刻本．

[28] 郑玄．通德遗书所见录［M］孔广林，辑．//山东文献集成：第一辑第一册．济南：山东大学出版社2007年影印山东大学图书馆藏清光绪十六年山东书局刻本．

[29] 孔广森．大戴礼记补注［M］//续修四库全书：第107册．上

海：上海古籍出版社 2001 年影印上海辞书清嘉庆刻巽轩孔氏所著书本.

[30] 孔广森. 礼学卮言 [M] //续修四库全书：第 110 册. 上海：上海古籍出版社 2001 年影印上海辞书藏清嘉庆刻巽轩孔氏所著书本.

[31] 孔广森. 公羊春秋经传通义 [M] //续修四库全书：第 129 册. 上海：上海古籍出版社 2001 年影印上海辞书藏清嘉庆刻巽轩孔氏所著书本.

[32] 孔广森. 经学卮言 [M] //续修四库全书：第 173 册. 上海：上海古籍出版社 2001 年影印华东师大图书馆藏清嘉庆刻巽轩孔氏所著书.

[33] 孔广森. 诗声类 [M]. 北京：中华书局 1983 年影印上海辞书藏清乾隆五十七年孔广廉谦益堂刻本.

[34] 孔广森. 少广正负术内外篇 [M] //藏修堂丛书：第 13 册，成都：巴蜀书社 2010 年影印本.

[35] 孔广森. 骈俪文 [M] //续修四库全书：第 1476 册. 上海：上海古籍出版社 2001 年影印清嘉庆十七年孔昭虔刻巽轩孔氏所著书本.

[36] 孔广森. 仪郑堂文 [M] //丛书集成新编：第 77 册. 台北：新文丰出版公司 1985 年排印本.

[37] 王聘珍. 大戴礼记解诂 [M]. 北京：中华书局 1983 年点校本.

[38] 王引之. 经义述闻 [M]. 南京：江苏古籍出版社 1985 年影印道光七年刻本.

[39] 钱泰吉. 曝书杂记 [M] //丛书集成初编：第 57 册. 上海：商务印书馆 1935 年排印本.

[40] 徐书受. 教经堂谈薮 [M] //丛书集成续编：第 91 册. 上海：上海书店 1994 年影印嘉庆五年刻本.

[41] 凌廷堪. 校礼堂诗集 [M] //续修四库全书：第 1480 册. 上海：上海古籍出版社 2001 年影印复旦图书馆藏清道光六年张其锦刻本.

[42] 凌廷堪. 校礼堂文集 [M] //续修四库全书：第 1480 册. 上海：上海古籍出版社 2001 年影印复旦图书馆藏清嘉庆十八年张其锦刻本.

[43] 阮元. 儒林传稿 [M] //续修四库全书：第 537 册. 上海：上海古籍出版社 2001 年影印南图藏清嘉庆刻本.

[44] 阮元. 揅经室集续集 [M] //续修四库全书：第 1478—1479 册. 上海：上海古籍出版社 2001 年影印上图藏清道光阮氏文选楼刻本.

[45] 江藩. 汉学师承记笺释 [M]. 漆永祥，笺释. 上海：上海古籍出版社，2006.

[46] 刘逢禄. 刘礼部集 [M] //续修四库全书：第 1501 册. 上海：上海古籍出版社 2001 年影印浙江图书馆藏清道光十年思误斋刻本.

[47] 钱仪吉. 碑传集 [M]. 北京：中华书局，1993 年点校本.

[48] 罗士琳. 畴人传补 [M] //续修四库全书：第 516 册，上海：上海古籍出版社 2001 年影印清嘉庆道光阮氏琅嬛仙馆刻本.

[49] 诸可宝. 畴人传三编 [M] //续修四库全书：第 516 册，上海：上海古籍出版社 2001 年影印清光绪十四年江阴南菁书院刻南菁书院丛书本.

[50] 周中孚. 郑堂读书记 [M]. 北京：商务印书馆，1959 年点校本.

[51] 李慈铭. 越缦堂读书记 [M]. 北京：中华书局，2006 年点校本.

[52] 张之洞. 劝学篇 [M]. 张之洞全集：第 12 册. 石家庄：河北人民出版社，1998 年点校本.

[53] 廖平. 何氏公羊解诂三十论 [M] //续修四库全书：第 131 册，上海：上海古籍出版社 2001 年影印上海辞书藏清光绪十二年成都刻四益馆经学丛书本.

[54] 罗振玉辑. 赖贵三笺释. 昭代经师手简笺释 [M]. 台北：里仁书局，1999.

[55] 杨士骧，孙葆田. 宣统山东通志 [M]. 上海：商务印书馆 1934 年影印民国四年铅印本.

[56] 赵尔巽. 清史稿 [M]. 北京：中华书局，1977 年点校本.

[57] 清史列传 [M]. 北京：中华书局，1987 年点校本.

[58] 徐世昌. 清儒学案 [M]. 北京：中国书店 1990 年影印民国二十七年徐氏刊蓝印本.

[59] 孙诒让. 大戴礼记斠补 [M]. 续修四库全书：第 107 册. 上海：上海古籍出版社 2001 年影印华东师大图书馆藏民国三年瑞安广明印刷所石印本.

[60] 王树楠. 校正孔氏大戴礼记补注 [M] //丛书集成新编：第 34 册，台北：新文丰出版公司 1985 年排印本.

[61] 章太炎. 国故论衡 [M] //章氏丛书：上. 台北：世界书局 1982

年影印民国八年浙江图书馆刻本.

[62] 民国《曲阜县志》[M]. 台北：成文出版社，1968 年影印本.

[63] 孔德成. 孔子世家谱 [M]. 济南：山东友谊书社，1990 年影印民国二十六年刻本.

[64] 中国科学院图书馆. 续修四库全书提要（稿本）[M]. 济南：齐鲁书社，1996.

[65] 曲阜县文管会. 曲阜孔府档案史料选编：第三编第一册 [M]. 济南：齐鲁书社，1980.

[66] 中国社会科学院近代史研究所中华民国史研究室、山东省曲阜文物管理委员会. 孔府档案选编 [M]. 北京：中华书局，1982.

二、学术著作

[1] 侯外庐. 中国思想通史 [M]. 北京：人民出版社，1956.

[2] 游国恩. 中国文学史 [M]. 北京：人民文学出版社，1964.

[3] 王力. 汉语史稿 [M]. 北京：中华书局，1980.

[4] 朱保炯，谢沛霖. 明清进士题名碑索引 [M]. 上海：上海古籍出版社，1980.

[5] 孔德懋. 孔府内宅轶事 [M]. 天津：天津人民出版社，1982.

[6] 杨向奎. 绎史斋学术文集 [M]. 上海：上海人民出版社，1983.

[7] 支伟成. 清代朴学大师列传 [M]. 长沙：岳麓书社，1987.

[8] 袁世硕. 孔尚任年谱 [M]. 济南：齐鲁书社，1987.

[9] 郭成康. 清代文字狱 [M]. 北京：群众出版社，1990.

[10] 刘韶军，谢贵安. 太玄大戴礼研究 [M]. 武汉：武汉出版社，1991.

[11] 王力. 清代古音学 [M]. 北京：中华书局，1992.

[12] 王绍增. 山东文献书目 [M]. 济南：齐鲁书社，1993.

[13] 杨向奎. 清儒学案新编 [M]. 济南：齐鲁书社，1994.

[14] 艾尔曼，从理学到朴学——中华帝国晚期思想与社会变化面面观 [M]. 南京：江苏人民出版社，1995.

[15] 梁启超. 中国近三百年学术史 [M]. 上海：东方出版社，1996.

[16] 胡适. 胡适文集 [M]. 北京：北京大学出版社，1997.

[17] 钱穆. 中国近三百年学术史 [M]. 北京：商务印书馆，1997.

[18] 陈其泰. 清代公羊学 [M]. 上海: 东方出版社, 1997.

[19] 艾尔曼. 经学、政治和宗族——中华帝国晚期常州今文学派研究 [M]. 南京: 江苏人民出版社, 1998.

[20] 陈新雄. 古音研究 [M]. 台北: 五南出版公司, 1999.

[21] 徐振贵. 孔尚任评传 [M]. 南京: 南京大学出版社, 2000.

[22] 葛兆光. 中国思想史 [M]. 上海: 复旦大学出版社, 2000.

[23] 张寿安. 以礼代理——凌廷堪与清中叶儒学思想之转变 [M]. 石家庄: 河北教育出版社, 2001.

[24] 沈津. 翁方纲年谱 [M]. 台北: "中央研究院"中国文哲研究所, 2002.

[25] 皮锡瑞. 经学历史 [M]. 周予同, 注释. 北京: 中华书局, 2004.

[26] 梁启超. 清代学术概论 [M]. 北京: 中国人民大学出版社, 2004.

[27] 钱穆. 中国学术思想史论丛 [M]. 合肥: 安徽教育出版社, 2004.

[28] 周洪才. 孔子故里著述考 [M]. 济南: 齐鲁书社, 2004.

[29] 张舜徽. 清人文集别录 [M]. 武汉: 华中师范大学出版社, 2004.

[30] 张舜徽. 清人笔记条辨 [M]. 武汉: 华中师范大学出版社, 2004.

[31] 张舜徽. 清儒学记 [M]. 武汉: 华中师范大学出版社, 2005.

[32] 朱维铮. 中国经学史十讲 [M]. 上海: 复旦大学出版社, 2005.

[33] 章太炎, 刘师培. 中国近三百年学术史论 [M]. 上海: 上海古籍出版社, 2006.

[34] 孙钦善. 中国古文献学 [M]. 北京: 北京大学出版社, 2006.

[35] 赵伯雄. 春秋学史 [M]. 济南: 山东教育出版社, 2006.

[36] 王章涛. 王念孙王引之年谱 [M]. 扬州: 广陵书社, 2006.

[37] 黄开国. 清代今文经学的兴起 [M]. 成都: 巴蜀书社, 2008.

[38] 来新夏. 近三百年年谱知见录 [M]. 北京: 中华书局, 2010.

[39] 赖慧敏. 清代的皇权与世家 [M]. 北京: 北京大学出版

社，2010.

[40] 黄怀信. 汉晋孔氏家学与伪书公案 [M]. 厦门：厦门大学出版社，2011.

[41] 马楠. 比经推例——汉唐经学导论 [M]. 北京：新世界出版社，2012.

三、学术论文

[1] 容肇祖. 孔尚任年谱 [J]. 岭南学报，1940，3 (2).

[2] 郑美宝. 孔氏《诗声分例》正补 [D]. 台北：台北中国文化大学中国文学系研究所，1975.

[3] 黄天骥. 孔尚任与桃花扇 [J]. 文学评论，1980 (1).

[4] 黄卓明. 有关评价孔尚任的几个问题 [J]. 文学评论，1981 (2).

[5] 程荣华. 孔尚任罢官原因初步探明 [J]. 徐州师范学院学报，1983 (3).

[6] 井维增. 桃花扇主题思想略说 [J]. 齐鲁学刊，1985 (3).

[7] 李汉武. 论魏源的经学思想及其影响 [J]. 船山学刊，1986 (2).

[8] 徐振贵. 桃花扇的主旨和纲领 [J]. 东岳论丛，1987 (1).

[9] 陆振岳. 孔广森的公羊学 [J]. 孔子研究，1988 (4).

[10] 许义夫. 孔广森关于高次方程的应用 [J]. 自然科学史研究，1989 (2).

[11] 王财贵. 孔广森公羊通义叙录 [J]. 鹅湖，1990，16 (2).

[12] 王玉堂. 侵宵对转说与词的引以关系研究 [J]. 古汉语研究，1991 (3).

[13] 杨向奎. 论公羊学派 [J]. 管子学刊，1991 (4).

[14] 陈国忠. 孔继涵与水经释地 [J]. 中国科技史料，1992 (3).

[15] 周洪才. 孔继汾与阙里文献考 [J]. 山东图书馆季刊，1992 (3).

[16] 陆振岳. 刘逢禄的公羊学 [J]. 苏州大学学报，1992 (3).

[17] 龚书铎. 晚清的儒学 [J]. 北京师范大学学报，1992 (5).

[18] 吴义雄. 清代中叶今文经学学派学术思想论略 [J]. 中山大学学报，1993 (2).

[19] 陆振岳. 关于清代今文经学的几个问题 [J]. 苏州大学学报（哲

学社会科学版)，1994 (1).

[20] 周洪才，钟叔娥. 简论孔祥霖的目录学成就 [J]. 山东图书馆季刊，1994 (1).

[21] 张燕瑾. 历史的沉思——桃花扇解读 [J]. 首都师范大学学报，1994 (2).

[21] 杨应芹. 戴震著述书目补正 [J]. 江淮论坛，1994 (2).

[22] 陈居渊. 论孔广森与刘逢禄的公羊学研究 [J]. 孔子研究，1995 (1).

[23] 吴泽，陈鹏鸣. 常州学派史学思想研究 [J]. 华东师范大学学报，1995 (3).

[24] 杨应芹. 孔氏原抄本水地记 [J]. 文献，1995 (4).

[25] 陈其泰. 孔广森的公羊学著述及其误区 [J]. 孔子研究，1996 (2).

[26] 陈其泰. 刘逢禄对公羊学说的出色建树 [J]. 北京师范大学学报，1997 (5).

[27] 王耘婕. 江永诗韵举例与孔广森诗韵分例比较研究 [J]. 声韵学会通讯，1998 (7).

[28] 陈鹏鸣. 魏源与今文经学 [J]. 历史教学，1998 (10).

[29] 张林涛. 孔广森古音学研究 [D]. 南京：南京大学，1998.

[30] 孟庆丽. 新时期以来孔尚任及其桃花扇研究述略 [J]. 辽宁大学学报，1999 (4).

[31] 王裕明. 庄存与经学思想渊源简论 [J]. 学海，1999 (4).

[32] 田汉云. 试论庄存与的春秋正辞 [J]. 清史研究，2000 (1).

[33] 陆振岳. 常州公羊学派的萌生及演进 [J]. 江苏社会科学，2000 (2).

[34] 孔燕. 献身图书校勘事业的孔继涵 [J]. 山东图书馆季刊，2000 (3).

[35] 周洪才. 孔继汾与阙里文献考 [J]. 山东图书馆季刊，2000 (3).

[36] 王嫦娟. 曲阜藏书家与藏书楼考 [J]. 晋图学刊，2001 (1).

[37] 林吉玲. 常州学派与公羊三世说之变异 [J]. 学术交流，2001 (4).

[38] 赵兴盛. 社会变迁与文化选择——近代山东孔氏家族 [J]. 山东

大学学报，2001 (5).

[39] 唐贵艳. 清代山东刻书史 [J]. 济南：山东大学，2001.

[40] 汤仁泽. 清代今文学诸问题——兼论庄存与与今文学派 [J]. 学术月刊，2002 (2).

[41] 丁亚杰，孔广森《公羊通义》的学术系谱与解经方法 [C] // 2002 年“中央研究院”中国文哲研究所晚清时期常州学者的经学研究第二次学术研讨会会议论文.

[42] 郜积意. 论庄存与的《公羊》学 [J]. 孔子研究，2003 (5).

[43] 黄世豪. 陈立公羊义疏研究 [D]. 台北：中国文化大学中国文学研究所，2003.

[44] 杨济襄. 孔广森公羊学三科九旨论述 [C]. 2004 年高雄中山大学清代学术中心第三届国际暨第八届清代学术研讨会会议论文.

[45] 杨济襄. 孔广森公羊通义与何休公羊解诂释经观点之异同 [G] // 中山人文学术论丛：第 6 辑. 澳门：澳门出版社，2005.

[46] 张竹梅. 孔广森真文不分刍议 [J]. 江苏大学学报，2005 (1).

[47] 陶善耕. 曲阜孔祥霖在河南图书馆的奋斗 [J]. 山东图书馆季刊，2005 (2).

[48] 孙运君. 清代今文学兴起考——以惠栋、戴震、张惠言为中心 [J]. 船山学刊，2005 (4).

[49] 黄开国. 庄存与春秋学新论 [J]. 哲学研究，2005 (4).

[50] 黄开国. 春秋正辞的书法 [J]. 社会科学战线，2005 (6).

[51] 徐立望. 清中期公羊学复兴与经世之检讨 [J]. 浙江学刊，2005 (6).

[52] 黄开国. 孔广森与何休的经学之异 [J]. 齐鲁学刊，2006 (2).

[53] 杨济襄. 通义与异义：孔广森对公羊学关键论题的统筹与澄清 [J]. 常州学者的经学研究. 台北：学生书局，2006.

[54] 黄佳骏. 孔广森的经学思想研究 [D]. 彰化：彰化师范大学，2006.

[55] 王俊义. 庄存与复兴今文经学起因于与和珅对立说辨析 [J]. 清史研究，2007 (1).

[56] 汤志钧. 从庄、刘到龚、魏：晚清启蒙思想生发之轨迹 [J]. 学术月刊，2007 (2).

[57] 李开. 孔广森古韵东部独立与郭店楚简韵例评析 [J]. 古汉语研究，2007 (2).

[58] 张勇. 孔广森与公羊家法 [J]. 中国史研究，2007 (4).

[59] 陈其泰. 公羊家法及清代公羊学复兴之统绪 [J]. 齐鲁学刊，2007 (4).

[60] 邸永君. 清代翰林中的孔圣后裔 [J]. 清史研究，2007 (11).

[61] 成玲. 孔广森《公羊通义》取义之道 [C] //第三届中国文哲之当代诠释学术研讨会会前论文集，2007.

[62] 黄佳骏. 孔广森《大戴礼记补注》的思想倾向 [C] //第三届中国文哲之当代诠释学术研讨会会前论文集，2007.

[63] 黄佳骏. 孔广森大戴礼记补注的思想取向 [J]. 中文标杆，2008 (1).

[64] 黄开国. 庄存与是清代公羊学的开创者 [J]. 天府新论，2008 (6).

[65] 杨济襄. 孔广森公羊通义的解经路线与关键主张 [J]. 文与哲，2008 (12).

[66] 张泗州. 清代山东进士地域分布初探 [D]. 曲阜：曲阜师范大学，2008.

[67] 陈沸宇，三江源最新科考成果——长江黄河发现新源头 [N]. 人民日报，2009-07-17 (6).

[68] 李鹏娟. 孔广森《诗声类》音注理论述评 [C] //第十一届国际第二十七届台湾声韵学学术研讨会论文集，2009.

[69] 江美仪. 孔广森生平及其古音学研究 [D]. 台北：台湾师范大学，2009.

[70] 李梅训. 孔广林生平资料一则 [J]. 中华文史论丛，2010 (1).

[71] 牛兴芬. 大戴礼记补注训诂研究 [D]. 曲阜：曲阜师范大学，2010.

[72] 董倩倩. 清代孔氏家族女性诗人诗作综考 [D]. 济南：山东大

学，2010.

[73] 胡凯闵. 孔广森春秋学探究——以公羊春秋经传通义为例 [D]. 台北：台北天主教辅仁大学，2010.

[74] 郑东元. 孔广森公羊学要义研究 [D]. 高雄：高雄师范大学，2010.

[75] 孙敬友. 孔广森公羊春秋经传通义简论 [D]. 曲阜：曲阜师范大学，2011.

后 记

本书是笔者在博士学位论文的基础上修改而成的。本书定稿时，我在华中师范大学已度过十四年的求学与工作生涯。博士论文的付梓，既是在桂子山十年求学生涯结出的果实，又是三年来工作经历所留下的脚印。十三年的学习与工作中，自己生性疏懒，又不善交际，幸有各位师友督促、关怀，庶不至一无所成。

本科至硕士阶段，本来一直对清代乾嘉史学关注较多。硕士二年级论文选题时，偶然读到黄侃云："清世经师如孔广森、戴望，皆年三十有五而殁。刘先生（师培）亦止三十五，所造尤为卓绝。此三君者，皆旷代奇材也。"遂突然对孔广森的公羊春秋学产生兴趣，误打误撞地转入清代经学研究。进入博士阶段后，在导师周国林老师的建议下，将硕士学位论文《孔广森及〈公羊春秋经传通义〉研究》扩展为《清代曲阜孔氏家族学术研究》，作为博士学位论文选题。一则与硕士学位论文较有延续性，二则曲阜孔氏家族乃圣人之后，在儒学传承中具有重要意义。论文写定后，深觉自己才疏学浅，未能充分领悟周老师的意图，实有负厚望。

在三年乃至十年的学习过程中，首先要感谢的是博士导师周国林老师。周老师学识渊博、治学严谨，在论文的选题和思路方面，均给了我极大的帮助。对于我所撰写的多篇论文，周老师均给予了细心的指导，提出了修改意见；对于个人学术与生活中的种种不足，周老师给予了大度的包容。能够顺利地完成博士学业，周老师的帮助不可替代。

接下来要感谢的是硕士导师李晓明老师。本科时李老师曾担任我三年的基地班指导老师，加上硕士三年时间，直接教导我的时间有六年之多。李老师手把手教会我论文写作的规范和方法。我后来一步步的成长，对

“学术研究”略窥门径，离不开李老师的启发教诲。

熊铁基老师、吴琦老师、王玉德老师、刘韶军老师、董恩林老师、张固也老师，都曾担任过我的任课老师，并对我的博士论文的写作提出了宝贵意见，使我受益匪浅。四川大学舒大刚老师、彭华老师，台湾师范大学赖贵三老师、陈廖安老师、江淑君老师，北京大学漆永祥老师、桥本秀美老师，或在访学、交换生涯中为我提供了无私的帮助，或请益问学时给予了细心详尽的答复，都让我铭记在心。

师兄师姐如叶秋菊、涂耀威、史振卿、单晓娜、冯明、王洪强等给了我许多关照。同年级同学如严鹏、霍慧新、王胜鹏、杨超、邹志明等或曾在学业上互相帮助、共同提高，或曾在困难时伸出援手。师弟师妹中如吴柱、周翔宇、王锐、邱亚等，亦曾给过我帮助和启发。同学、朋友间真挚的情谊，是我一生的宝贵财富。

博士毕业后，我有幸继续留在华中师范大学历史文化学院工作。承蒙学院与历史文献研究所的各位领导和老师的关心，我的工作和生活得到了妥善安排，获得了良好的科研与教学平台，顺利完成了由学生到教师的转变。华中师范大学出版社以及学校出版基金的大力支持，使得本书能够早日出版。

最后，要感谢我的家人。父母的支持和鼓励，使我不必急于工作，能够用十年时间学习历史这类基础学科最坚实的后盾。婚后，夫人刘琦也对我忙碌的工作与急躁的性格给予了理解与支持。这些都是我继续前行的动力。

今后的工作与生活中，仍有许多困难需要面对。相信有了博士阶段坚实的收获，在面对挑战时，我将有更多的坚持与毅力。

陈冬冬谨记于桂子山
2013 年 6 月初稿
2017 年 1 月改定